엑소더스 재팬

차례

추천사 · 010

프롤로그 : 우리는 과연 일본과 다른 미래를 만들 수 있을까? · 014

1부 · 일본호의 침몰

1장 사라진 기회

푸른 산호초에서 아베노믹스까지 · 026
'재팬포비아', 일본의 자본이 미국을 공습하다 | 잊히지 않는 아이돌, 마츠다 세이코 | 몰락의 서막, 플라자 합의 | 아베노믹스, "윤전기를 쌩쌩 돌려 돈을 무제한으로 찍어라"

프리터 인생과 언더클래스의 출현 · 036
세계 2위 경제국? 소설 속 세계 이야기 | 30년 불황이 가져온 신일본 계급사회 | 취업빙하기 세대의 역습

무료 급식소를 찾는 청년들 · 046
무료 급식소의 줄이 길어지는 이유 | '넷카페 난민'이 된 청년들 | "하루 한 끼로 버티고 있어요"

가부키초 뒷골목에 드리운 욕망과 방황 그리고 불안 · 053
밤마다 모여드는 청소년들과 콘카페 여성들 | 사라진 기회, 삶의 경로가 막히다

2장　균열의 시작

아베노믹스의 파도 위에서 · 062
디플레이션과의 전쟁 | 탈출구를 잃은 '세 개의 화살' | 돌파구가 없는 장기 침체, 등을 돌리는 청년들

꿈을 위해 캐나다를 선택한 발레리나 · 071
유례없는 슈퍼 엔저 현상 | 왜 해외로 눈을 돌릴까? | 인재 엑소더스, 고용의 질 저하로 이어지다

미래의 초밥 장인들은 왜 동남아로 떠나는가 · 079
해외에서 승부하겠다는 미래의 초밥왕들 | "거리에는 노인뿐이고 모든 게 멈춘 거 같아요"

3장　침몰의 가속화

자민당의 극장 정치와 얼굴 마담 총리 · 088
아베와 스가와 기시다, 도로 자민당 | "자민당의 변화, 그 첫걸음은 제가 물러나는 것입니다" | 얼굴만 바뀌는 총리, 뒷전으로 밀리는 민생 정책

호주 라멘집 알바 월수입 500만 원 시대 · 096
물가와 노동 강도는 높아지고 임금은 낮아지는 현실 | 대기업 직원보다 호주 라멘집 알바가 더 좋은 이유 | 일본과 선진국의 임금 격차, '되돌릴 수 없다'

위기에 처한 100년 전통의 계란말이 가게 · 104
전통과 혁신, 세대 간 가치의 충돌 | 책임에서 벗어나 행복을 추구하다

2부 · 탈출해야 하는 이유들

4장　아날로그에 갇혀 고립된 섬

아날로그 함정에 빠진 사람들 · 116
플로피 디스크가 있어야 기모노를 만들 수 있다? | PC보다 워드 프로세서를 선호하는 이유 | '지금의 일본은 에도시대에 가깝다'

핵개인화 시대의 '사람 빌리기' 서비스 · 124
고용 아닌 고독으로, 청년 고독사의 증가 | 자기 자신을 빌려주는 '직업'의 등장

일본 열도에 충격을 준 자살 사건 · 131
하루 20시간 노동, 91년생 다카하시의 죽음 | 또 다른 좌절, 젠더 격차와 유리 천장 | 청년세대, 전통을 걷어차고 열린 세계로 나아가다

5장　아베노믹스, 슈퍼 엔저의 후폭풍

후지산을 가려라, 오버투어리즘의 역습 · 140
관광객들이 가마쿠라시의 기찻길에 몰린 이유는? | 외국인에게 관광세를 부과한다고? | 값비싼 나라에서 '가성비 좋은 여행지'로

포켓몬 카드 투자 열풍 · 148
포켓몬 카드 한 장이 9억 원 | 안전한 투자 상품인가, 거품의 끝판왕인가?

주식과 부동산 시장에 다시 찾아온 거품 · 155
주식시장에 뛰어드는 청년들 | 34년 만의 주가 상승, 경제 부활의 신호탄일까?

구루메시 목재소 사장의 절규 · 163
부채 공장을 습격한 인건비와 원자재비 상승 | 사누키 우동이 잘 팔려도 걱정인 이유 | 슈퍼 엔저, 물가를 올리고 기업을 도산시키다

6장　고령화와 인구 감소의 그림자

인구 최하위 돗토리현의 쇼핑 난민 · 172
쇼핑 약자를 위한 '이동식 슈퍼마켓' | 초고령 사회는 마을을 어떻게 바꾸는가?

도쿄 외곽 신도시의 슬럼화 · 179
신도시가 올드 타운이 되어버린 사연 | 그들은 왜 재개발을 원하지 않을까?

천년 고도 교토, 빈집과의 전쟁 · 185
100평짜리 집, 100엔에 드립니다 | 철거가 아닌 재생, 정체된 도시의 가능성을 시험하다

3부 · 떠난 자들과 남은 자들

7장　엑소더스 이후의 일본

양극화, 격차사회의 함정 · 196
무역보복으로 번지는 한일 갈등 | 명문 도쿄대생도 어려운 정규직 전환 | 슈퍼카를 수집하는 부동산업자와 통장에 23만 엔뿐인 노동자

'마스다 보고서'의 충격 · 205
지방 도시가 사라지고 있다! | 쇠락한 시골 마을이 집값 상승률 1위를 찍은 비결 | 인재들이 지방으로 몰려간 이유

다사사회多死社会, 달라지는 죽음의 풍경들 · 213
메타버스 묘지, 아바타 성묘 | 가족 없는 시대, 새로운 장례 비즈니스

8장 엑소더스의 끝에서

베트남 IT 회사 인턴의 꿈 · 222
모리는 왜 베트남을 선택했을까? | 일본 경제가 축소될 수밖에 없는 이유

일본 기업들도 동남아에 뛰어들다 · 229
하노이에 고급 레지던스를 짓는 일본 기업들 | 인도와 베트남, 말레이시아로 투자 엑소더스가 확산되다

갈라파고스를 떠나 찾은 인생 · 235
대졸 초봉보다 많은 호주 아르바이트 | 급변하는 글로벌 환경 속에서 고립되는 일본

9장 남은 자들의 슬픔

리틀 아시아 마켓의 쇠락 · 242
외국인 알바생들이 사라지고 있다 | 악순환 고리에 빠져 탈출구를 잃은 자영업자들

흑자 도산의 도미노 · 249
작지만 강한 회사들의 예상치 못한 폐업 | 후계자 없는 시대, 무너지는 제조업의 허리

도쿄대 엘리트생의 딜레마 · 256
애도와 분노 사이 | 저성장 시대의 청년들이 말하는 새로운 성공의 의미

4부 · 난파선 위에서

10장 생존을 위한 변화

고립과 은둔에서 벗어나 공동체로 · 268
시골에서 일손을 돕는 니트족 | 지역사회와 함께 자립을 꿈꾸다

부모에 기대어 사는 '패러사이트 싱글' · 275
'폐를 끼치느니, 아들을 죽인 살인범이 되겠다' | 연애와 결혼, 출산의 선순환이 무너지고 있다

청년, 고령화 국가의 마지막 자산 · 281
청년의 일자리와 주거를 해결하기 위한 노력들 | 지방소멸을 막는 '지역살리기협력대'

11장 침몰을 막기 위한 구조선

출산율 2.95명 마을의 비밀 · 290
'30년 안에 마을이 사라질 수도 있다' | 지역의 미래를 사람에게 투자하라

연 소득 103만 엔의 벽 · 298
'쌀 파동'과 '상품권 스캔들', 궁지에 몰린 일본 총리 | 분노한 시민들, 임금 인상을 외치다

초고령화 시대의 재택의료 · 305
"환자의 집이 병원이 되는 것이죠" | 시골 마을의 고령 환자들을 위한 의료진의 고민들

12장 대전환의 항로에 서다

다문화 사회로의 전환 · 314
도쿄 시내에서 종종 만나는 외국인 택시 기사 | 이민자 유입, 문화와 경제를 풍요롭게 하다

인생학교에서 배운 지혜 · 321
청년과 육아 세대가 늘어나는 마을의 비결 | 사람이 사람을 부르다

선택의 기로에 선 일본 · 328
청년 없이는 미래도 없다 | '청년을 위한'이 아니라 '청년과 함께' 만드는 사회로의 전환

추천사
청년 없는 미래, 섬뜩한 상상

《엑소더스 재팬Exodus Japan》, 이 제목을 처음 접했을 때 일본에서 외국인 투자자금이 해외로 이탈하고 있다는 의미 정도로만 받아들였다. 투자 관련 업무를 해온 나로서는 자연스러운 반응이었다. 실제로 내가 자산관리 파트에서 투자 컨설팅 업무를 시작하던 2006~2007년 무렵에는, 일본의 자산 시장이 장기 불황을 딛고 서서히 회복 조짐을 보인다는 이야기가 나오고 있었다. 1989년을 정점으로 무너진 일본의 주식과 부동산 시장은 여전히 침체되어 있었고, 당시 투자업계에서는 아시아의 성장성을 믿되 일본은 투자 대상에서 제외하자는 이른바 'ex-Japan' 전략이 일반적이었다.

실제로 2007년 약 3개월간 일본에 체류했을 때 느낀 분위기는 1990년대 거품경제 시절의 호황과는 거리가 멀었고, 물가와 자산 가격은 다른 나라에 비해 현저히 낮았다. 외국인 투자자의 시각에서 보면 일본은 매력적인 투자처가 아니었다. 그래서 처음《엑소더스 재팬》이라는 제목을 접했을 때, 자연스레 외국인 자금이 일본에서 빠져나간다는 의미로 이해했었다.

그러나 책을 읽자마자, 충격을 받았다. 일본 탈출의 주어가 자본이 아니라 '청년'이었던 것이다. 대체 왜 청년들이 해외로 발길을 옮기는 것일까. 머릿속에서 많은 생각들이 스쳐갔다. 2007년 당시 일본에 머물 때만 해도 '잃어버린 20년'이라는 말이 회자되었다. 지금은 '잃어버린 30년'이라는 레토릭이 더 자연스럽다. 저성장, 저물가, 저금리, 그리고 낮은 자산 가격이 이어졌던 일본은 그 이후에도 장기 불황에서 빠져나오지 못했다.

이를 타개하기 위해 일본 정부는 아베노믹스를 중심으로 본격적인 '돈 풀기'에 나섰고, 그 결과 자산 시장은 부동산과 주식 가격의 급등이라는 반응을 보였다. 동시에 엔화 공급이 증가하면서 극심한 엔저 현상이 나타났고, 수입 물가가 오르며 일본은 오랜 저물가 기조에서 벗어나 인플레이션의 시대에 접어들게 되었다.

그렇지만 한 가지, 임금만은 오르지 않았다. 다른 선진국들의 임금 상승과 비교했을 때 일본의 청년들이 받는 임금 수준은 여전히 낮고, 이로 인해 생활은 더욱 팍팍해졌다. 책 속에 등장하는 일본의 청년들이 호주, 캐나다, 베트남 등에서 더 나은 임금과 삶의 여유를 찾아 떠나는 모습은 단순한 이주가 아니라 일본 사회 구조에 대한 체념의 표현처럼 보였다.

저성장·저금리·저물가에서 벗어나 고물가·고자산의 시대가 찾아왔지만, 임금이 제자리인 현실은 오히려 더 심각한 불균형을 만들어냈다. 물가 상승과 부동산 가격 급등은 청년들에게 주거비와 생활비 부담을 가중시켰고, 그 결과 '빈부 격차'는 더욱 뚜렷해졌다. 내 소득이 그대로인데 생활비만 계속 오르는 상황이 과연 과거의 장기 불황보다 덜 고통스러울까? 바로 이 지점에서 《엑소더스 재팬》이 던지는 질문이 깊이 와닿는다. 일본 청년들이 일본을 떠나는 진짜 이유는, 단순한 경제적 기회가 아닌 삶의 지속 가능성에 대한 의문 때문이 아닐까? 태어나서 단 한 번도 호황을 경험하지 못한 청년세대가 자신의 미래를 위해 선진국뿐 아니라 활기가 느껴지는 동남아 국가들로 발길을 옮기는 것이다.

이렇게 글을 쓰다 보면 문득 섬뜩한 생각이 들기도 한다. 우리나라는 과연 어떤가? 저성장은 분명하지만, 최근 급등한 생필품 가격을 떠올리면 '저물가'라는 표현은 어딘가 어울리지 않는다. 그리고 주거비를 대표하는 부동산 가격은 또 어떤가? 청년들이 감히 넘볼 수 없는 수준까지 치솟은 부동산 가격은 단순히 집값이 비싸다는 의미를 넘어선다. 어쩌면 그것은, 집값이 오르는 속도를 우리의 임금이 따라가지 못하고 있다는 것을 보여주는 지표는 아닐까? 그렇다면 오늘날 한국의 청년세대는 어떤 선택을 하게 될까? 이제 우리도 더 늦기 전에 한국의 젊은이들이 떠나가는 시나리오에 대해서 고민해봐야 하지 않을까? 《엑소더스 재팬》을 읽고 있는 2025년, 10년이 지난 2035년에 '엑소더스 코리아'라는 표현을 마주하지 않기를 진심으로 바란다.

우리에게 멀고도 가까운 나라 일본, 그 나라가 겪고 있는 현재의 위기를 피하려면 우리는 일본을 정확히 직시하는 것이 필요하다. 일본의 몰락이 아닌 한국 사회의 각성을 위해 이 책을 일독해보시기를 강력하게 권한다.

오건영
(신한은행 팀장, 《환율의 대전환》 저자)

프롤로그

우리는 과연 일본과 다른 미래를 만들 수 있을까?

"윤전기를 쌩쌩 돌려 돈을 무제한으로 찍어내겠습니다."

2012년 12월, 일본 총리 취임을 앞둔 자민당 총재 아베 신조는 정계와 재계를 뒤흔들 정책을 준비하고 있었다. 시장에 돈을 풀어 경기를 부양하고, 엔화 가치를 떨어뜨려 수출 경쟁력을 높이겠다는 구상이었다. 무엇보다 일본의 경제 황금기였던 1960~80년대를 그리워하는 거품경제 세대에게 삶의 희망과 정치적 지지를 끌어내는 효과도 있었다.

그로부터 9년 후인 2021년 11월, 나는 KBS PD특파원 자격으로 도쿄에 도착했다. 당시 아베는 총리직을 그만두었지만, 일본의 제100대 내각총리대신인 기시다 후미오가 아베노믹스를 계승하고 있었다. 나는 궁금했다. 과연 아베노믹스는 성공하고 있는 것일까.

2024년 2월 22일, 일본 증시에 역사적인 순간이 찾아왔다. 닛케이지수가 거품경제기에 기록했던 최고치를 경신한 것이다. 경제 황금기의 끝자락인 1989년 12월 29일에 기록한 3만 8,957포인트를 무려 34년 만에 넘어 3만 9천 선을 돌파했고, 열도의 시민들은 박수와 환호성을 터트렸다. 이후 몇몇 전문가들은 닛케이지수가 향후 5만 5,000포인트까지 오를 거라고 예측하며 일본 경제의 장밋빛 전망을 내놓았다. 당시 나는 일본 전역을 훑으며 서민들이 어떤 삶을 살아가는지를 취재하고 있었다. 주가가 최고치를 경신한 날, 뉴스를 통해 지켜보았지만 나는 그들의 미래를 축하할 수 없었다.

"일본은 안전하지만, 제 미래는 위험합니다"

"거리에는 젊은이들이 사라지고, 노인들뿐이에요."

신주쿠의 한 초밥 요리학교에서 만난 카지의 말이다. 카지는 일본에서 초밥 만드는 법을 배운 후에 베트남에서 초밥집을 창업할 생각이라고 했다. 왜 일본에서 창업하지 않냐고 물어보자, "지금 일본은 경제가 멈춘 듯한 느낌이 들어요. 앞으로의 미래가 보이지 않아요"라고 어두운 표정으로 말했다. 희망보다는 우려와 걱정이 섞인 대답에 다소 놀랐지만, 시간이 흐를수록 청년들의 불만은 이 사회의 지배적인 생각임을 알게 되었다.

프리터(아르바이트 노동자) 생활을 20년 넘게 해온 코시구치는 임금이 오르지 않아 예전보다 생활이 힘들어졌다고 하소연했다. 가부키초 뒷골목에는 콘카페(메이드, 요정 등 특정 복장을 입은 종업원들이 응대하는 카페), 걸즈바 여성들이 줄지어 있고, 월세가 없어서 넷카페(한국식 PC방)에서 숙식하는 청년들을 흔히 볼 수 있었다. 급기야 무료 급식소에서도 청년들을 어렵지 않게 만날 수 있었다. 청년들이 사회에 갓 진입하자마자 하류층, 이른바 언더클래스로 밀려나며, 일본 사회의 '상위 10퍼센트' 중심 격차 구조를 고착시키고 있었다. 이 같은 현실은 엘리트 청년들도 피해 가지 못했다.

대기업을 그만두고 호주에서 직장을 찾는 히우라, 전업 발레리나에 도전하기 위해 캐나다를 선택한 모리시게, 4대째 이어오는 백년 전통의 가업을 포기하고 캐나다로 간 마사키. 왜 청년들은 일본이 아닌 해외로 시선을 돌리고 발길을 옮길까. 외국에서 아르바이트만 해도 일본보다 더 많은 임금과 여가 시간을 보낼 수 있기 때문이었다. 베트남에서 음식 배달앱 개발 회사를 창업한 모리의 말이 인상적이었다.

"일본은 안전하지만, 제 미래는 위험합니다."

더 이상 일본에서 미래를 보장받기 어렵다는 것이었다. 이들은 흔히 꿈도 없고 도전도 하지 않는 사토리 세대라고 불리며 기성세대의 냉소적인 시선을 받기도 한다. 그러나 그들의 진심을 들여다보는 순간, 이 젊은 세대가 이미 결단을 내렸다는 사실을 실감했다. 전통 세대와의 소통을 내려놓고, 생존을 위한 선택을 하고 있었다. 그것은 바로, 일본을 떠나는 일이었다.

성장의 사다리가 무너진 사회, 청년들의 조용한 탈출

일본의 MZ세대들은 태어나 단 한 번도 경제성장을 실감해본 적이 없다. 1990년 이후 30년 동안 일본의 임금 인상률은 고작 4.4퍼센트에 그쳤고, 같은 기간 한국은 90퍼센트가 넘었다. 그 결과 일본의 정규직 노동자는 호주의 정규직과 아르바이트 노동자보다 더 낮은 임금을 받는 현실에 놓이게 되었다. 청년들은 높은 물가에 시달리며 미래의 꿈보다 당장의 생존을 걱정해야 했다. 이들이 마주한 업무 환경도 녹록지 않다. 일본의 기업문화는 위계가 강할 뿐 아니라 업무 강도도 높다. 2015년 광고 대기업인 덴츠에 입사한 91년생 신입사원 다카하시 마츠리의 자살은 일본 열도에 큰 충격을 주었다. 그녀는 정규 근무 외에 한 달 100시간이 넘는 초과 노동을 한 것으로 밝혀졌다.

청년들이 마주한 사회는 더더욱 암울하다. '모두가 중산층'을 선언했던 거품경제 시대와 달리, 지금의 일본은 하류층인 언더클래스가 확산되는 '격차사회'로 바뀌었다. 65세 이상 고령 인구는 전체의 30퍼센트를 넘어섰으며, 청년세대가 감당해야 할 세금 부담은 계속해서 늘고 있다. 연금, 의료, 지역 정치 참여 등 사회 전반은 고령층 중심으로 고착되어가고 청년세대는 그러한 구조적 모순을 받아들이는 듯한 모습으로 비춰진다.

그러나 내가 만난 일본 청년들은 그런 현실에 단순히 순응하지만은 않았다. 그들은 부모 세대와 달리 성장의 사다리가 무너진 사회에서 살아가고 있었다. '노력하면 성공한다'는 꿈의 공식은 더 이상 통하지 않는다. 대신 그들은 오로지 생존에 충실한 선택을 하고 있었다. 그것은 자신의 현실에 따라 '포기'와 '거부'를 선택하며 살아가는 방식이었다.

포기를 선택한 부류는 욕망을 줄이고 소확행을 추구한다. 집을 사지 않고, 차를 소유하지 않으며, 결혼과 출산을 미루거나 아예 포기한다. 가난을 피하기 위해 욕망을 내려놓는 것이다. 기업이 요구하는 과도한 위계와 책임을 거부하고, 프리터나 아르바이트를 선택한다. 장인정신을 중시하는 가업을 잇기보다는, 자신의 행복과 인생 목표를 더 우선시하는 삶을 선택한다.

반면 '거부'를 선택한 부류는 일본의 미래를 더욱 비관적으로 바라본다. 침체된 시장과 희망 없는 세습 정치에 염증을 느끼며, '일본은 이미 침몰했다'는 과격한 표현까지 서슴지 않는다. 이들은 '일본 탈출'을 적극적으로 시도하며, 스스로 미래를 설계할 수 있는 선진국이나 성장 가능성이 있는 동남아 국가들로 눈을 돌리고 있다. 그렇게 일본 청년들의 조용한 탈출이 시작되었다.

'일본'이라 쓰고 '한국'이라 읽는다

일본은 선진국 중에 가장 먼저 고령화와 저출산 문제를 겪으며 유례없는 인구 감소 시대에 접어들었다. 도쿄 외곽의 신도시들은 이제 '올드타운'이 되어 슬럼화가 진행 중이고, 일본의 정신적 고향이자 전통의 상징인 교토에서는 빈집 문제로 몸살을 앓고 있다. 지방의 상황은 더 심각하다. '소멸'이라는 단어가 더 이상 비유가 아닌 현실이 되었다. 일본 총무성이 주재한 '지자체 전략 2040 구상 연구회'의 보고서에 따르면, 2040년경에는 일본 전체 지자체의 절반에 해당하는 약 896개가 소멸 위기에 놓일 것이라고 경고했다. 이는 곧 지방의 붕괴가 국가 전체의 균형을 무너뜨리는 구조적 위기로 이어질 수 있다는 의미다.

이러한 인구 감소 시대에 청년들이 해외로 탈출한다면 일본은 어떻게 될까? 국가 경제를 지탱하는 생산·소비·분배의 축이 무너질 수밖에 없다. 노동 인구가 줄어들면서 생산량은 급격히 줄어들고, 축소된 세수는 복지체계에 위기를 불러올 것이다. 무엇보다 연애와 결혼, 출산이라는 고리가 끊기면서 소비는 급감하고, 인구는 더욱 빠르게 줄어들 것이다. 결국 한 국가를 흔드는 결정적인 요인, 즉 고령화와 저출산, 기나긴 경기 침체의 중심에는 청년 문제가 자리하고 있다. 그리고 이 위기를 극복할 수 있는 중요한 힘은 청년의 의지에 달려 있다.

겉보기엔 여전히 화려하지만, '일본 침몰'이라는 표현이 나올 만큼 일본 청년 문제가 심각한 것은 분명하다. 하지만 이것은 단지 일본만의 문제가 아닐지도 모른다. 내가 3년간의 특파원 임무를 수행하며 일본의 경제와 청년세대 문제를 다큐멘터리로 제작한 이유이기도 하다. KBS 다큐 인사이트 〈재팬 엑소더스〉는 일본의 현재를 다뤘지만, 그 속에서 한국의 미래를 미리 마주하고 우리의 삶을 돌아보자는 의도가 담겨 있었다. 다행히도 프로그램은 높은 시청률을 기록했고, 한국PD연합회 '이달의 피디상'을 수상하기도 했다. 이후 유튜브에 업로드된 영상은 93만 회가 넘는 조회 수를 기록했으며, 2,200개 이상의 댓글이 달렸다. '일본이라 쓰고 한국이라 읽는다', '우리에게 다가올 우울한 미래'와 같은 반응을 통해, 제작진의 문제의식이 시청자들에게 충분히 전달되었다는 것을 실감할 수 있었다.

일본이 한국의 미래가 되지 않으려면

　책의 제목은 방송과 달리《엑소더스 재팬》으로 정했다. 대규모로 탈출하는 상황인 '엑소더스'를 강조한 것이다. 청년을 위한 대책을 준비하지 않으면 어느 국가도 '탈출'을 막을 수 없다는 것을 전하고 싶었다.《엑소더스 재팬》은 한 시간 남짓한 다큐멘터리 방송에 다 담지 못한 이야기들, 기록하지 않으면 잊힐지 모를 사람들의 삶을 충실히 담고자 했다.

　무엇보다 책을 통해 꼭 전하고 싶은 메시지가 하나 있었다. 이제는 '우리가 일본보다 앞서 있다'는 막연한 인식보다는, '우리는 과연 일본과 다른 미래를 만들 수 있을까?'라는 질문을 던져야 할 때라는 것이다. 그리고 그 중심에는 청년의 삶이 있다. 그들이 이 사회의 현재이자 미래이기 때문이다.

　일본의 전철을 밟지 않기 위해서는 우리 역시 변해야 한다. 청년을 '위한' 정책을 논하기에 앞서, 청년과 '함께 살아가는' 사회를 만들기 위한 진지한 고민이 필요하다. 청년은 단지 도움을 받아야 할 존재가 아니라, 미래를 함께 이끌어갈 동반자이기 때문이다. 한국의 기성세대가 청년 문제에 대해 더 깊이 공감하고, 현실적인 대안을 마련할 수 있기를 간절히 바란다. 이 책이 그 변화의 작은 불씨가 되기를, 그래서 우리가 일본과는 다른 미래를 만들어갈 수 있기를 진심으로 희망한다.

　이 책이 출간되기까지 많은 분들의 응원과 격려가 큰 힘이 되었다. 언제나 아들의 방송을 지켜봐 주시는 부모님, 곁에서 한결같은 믿음으로 함께해준 아내 바다, 말없이 아빠를 응원해주는 딸 지오와 아들 시안에게 진심 어린 감사의 마음을 전한다. KBS 다큐 인사이트 〈재팬 엑소더스〉 제작을 위해 헌신적으로 함께해준 윤원덕 감독, 이종수 코디, 정윤미 작가에게도 깊이 감사드린다.

특별히, 방송을 통해 청년의 이야기에 주목하고 귀 기울여주신 시청자 여러분께, 이 자리를 빌려 고마운 마음을 전하고 싶다.

1부

일본호의 침몰

1장
사라진 기회

푸른 산호초에서
아베노믹스까지

"이대로 일본이 침몰할 수도 있을 것 같아요."

눈매가 선해 보이는 청년 아키라가 조심스럽게 말했다. 그는 대학 중퇴 후 요코하마시 외곽에 있는 허름한 집에서 지내며, 비정규직을 전전하고 있었다. 2023년 일본 경제에 대해 어떻게 생각하느냐는 질문에, 그는 잠시 망설이다가 '일본 침몰'이라는 대답을 내놓은 것이다.

나는 그 대답을 듣고 조금 당황했는데, 당시 언론은 닛케이지수가 거품경제 시절 수준을 회복했고, 일부 지방의 부동산 가격이 급등하고 있다는 소식을 연일 보도하는 때였다. 그러나 아키라의 말대로 일본은 상반된 두 얼굴을 지니고 있었다. 도쿄의 긴자와 신주쿠는 화려한 불빛과 분주한 발걸음으로 활기를 띠는 듯 보였다. 하지만 출장 중 마주한 도쿄 외곽과 지방 소도시들에서는 전혀 다른 풍경이 펼쳐지고 있었다. 침체와 불황의 그림자가 짙게 드리워진, 화려함 뒤편의 일본이 조용히 드러나고 있었다.

이처럼 극명하게 엇갈리는 풍경을 어떻게 설명할 수 있을까. 30년에 걸친 경제 침체와 아베노믹스Abenomics•의 실패 이후, 지금 이 시대의 일본 청년들은 어떤 삶을 살아가고 있을까. 그 답을 찾기 위해 여러 지역을 찾아다니며 다양한 계층의 사람들을 만나 이야기를 들었고, 그렇게 일본 사회의 오늘을 살아가는 청년들의 삶을 기록해 나갔다.

'재팬포비아', 일본의 자본이 미국을 공습하다

일본은 1990년대부터 지금까지 30년 넘게 경기 침체를 겪고 있다. 그러나 1960년대부터 30여 년간은 고도 경제성장으로 세계의 부러움을 샀다. 1960년대에는 연평균 10퍼센트, 1970년대에는 5퍼센트, 1980년대에는 4퍼센트의 경제성장률을 기록했으며, 1인당 GDP는 미국에 이어 세계 2위를 차지했다. 1980년대의 일본은 근현대사에서 유례없는 '부자 나라'였다.

KBS 다큐 인사이트 〈재팬 엑소더스〉를 만들기 전에 제작진은 도쿄 지국 특파원 선배들이 제작한 프로그램들을 모니터링했다. 그중 KBS

• 아베노믹스Abenomics: 2012년 아베 신조 전 총리가 시행한 경제정책으로 대규모 금융완화, 재정정책의 확대, 구조적 개혁의 세 가지 정책을 내세우고 있다. 장기 불황에서 벗어나 디플레이션의 악순환을 끊는 것을 목표로 한다.

스페셜 〈욕망과 혼돈의 기록, 도쿄 1991〉은 일본의 고도 성장기를 생생하게 그려내며 흥미롭게 다가왔다. 당시 일본 기업은 세계 50대 기업 순위 안에 33개를 차지하고 있었고, 전 세계 억만장자 중 70퍼센트가 일본인이었다. 다큐멘터리는 일본 거품경제의 상징적인 장면을 미술 경매시장을 통해 실감나게 보여주었다.

막대한 부를 창출한 일본의 기업들은 세계 유수의 미술 경매시장에서 고가의 미술품을 사들였다. 1987년 일본 야스다 화재보험의 야스오 회장은 빈센트 반 고흐의 〈15송이의 해바라기〉를 2,475만 파운드(당시 약 1,100억 원)에 낙찰받았다. 이 사건을 계기로 일본 사업가들은 경매를 통해 서양 인상주의 화가들의 작품을 높은 가격에 사들이기 시작했다. 1990년에는 다이쇼와제지(현 일본제지) 명예회장인 사이토 료에이가 뉴욕 크리스티 경매에서 고흐의 〈가셰 박사의 초상〉을 무려 8,250만 달러(당시 약 1,967억 원)에 낙찰받았다. 이는 당시 미술 경매 역사상 최고가였으며, 같은 해 소더비 경매에서는 르누아르의 〈물랑 드 라 갈레트의 무도회〉를 7,810만 달러(당시 약 1,842억 원)에 구매하기에 이른다. 이렇게 일본의 대규모 자본이 해외 미술시장으로 유입되면서, 고가 미술품의 가격은 천정부지로 치솟았다.

이뿐 아니라 일본의 가공할 만한 경제력은 당시 뉴스 자료에서 쉽게 접할 수 있었다. 1989년 미쓰비시 그룹은 14억 달러(당시 약 2조 8천억 원)에 미국 초고층 빌딩 록펠러 센터를 운영하던 록펠러 그룹의 지분 51퍼센트를 인수했다. 또한 LA와 하와이 고층건물의 70퍼센트가 일본인 소유라는 사실도 보도되었다. 자본이 넘쳐나는 일본은 미국 시장으로 눈을 돌려 미국의 상징적인 부동산을 무차별적으로 사들이기 시작

미국을 향한 일본의 자본 침공을 보도하는 KBS 9시 뉴스(1989년 11월).

한 것이다. 이를 접한 미국인들은 일본의 자본 침공을 우려하며 '제2의 진주만 공습'이라는 표현까지 사용했다. 소련이 미국을 무력으로 침공할 수 있다는 공포심보다 일본의 자본이 미국을 집어삼킬지도 모른다는 '재팬포비아 Japanophobia, 일본공포증'가 미국을 엄습하고 있었던 것이다. 결국 일본의 경제력을 견제해야 한다는 여론이 미국 내에 형성되기 시작했다.

잊히지 않는 아이돌, 마츠다 세이코

경제의 호황은 자연스럽게 문화로 이어지며, 풍요로운 대중문화를 만들어냈다. 거품경제기의 절정을 상징하는 인물 중 하나가 바로 가수 마츠다 세이코이다. 1980년 〈맨발의 계절〉로 데뷔하면서 일본을 대표하는 아이돌 스타가 된 후, 두 번째 싱글곡인 〈푸른 산호초〉가 대성공을 거두며, 마츠다 세이코는 누구도 견줄 수 없는 동경의 대상이 되었다. 1980년부터 1988년까지 그녀가 부른 24곡은 연속적으로 오리콘 주간 싱글 차트 1위를 차지하며, 독보적인 인기를 끌었다. 노래뿐만 아니라 그녀의 라이프 스타일과 패션, 헤어스타일은 일본 청년들의 열광적인 지지를 받았다. 특히 마츠다의 공연 중 눈에 띄는 장면이 있었는데, 바로 하네다 공항에서 열린 라이브 공연이었다.

TBS의 〈더 베스트 텐〉은 당시 일본에서 가장 인기 있었던 가요 순위 프로그램이었다. 마츠다 세이코가 출연 예정이었으나, 지방에서의 일정이 지체되면서 도착이 늦어져 스튜디오 출연이 어려운 상황이 발생했다. 이에 방송사는 긴급회의를 열었고, 여러 관계기관과 협력해 하네다 공항에서 생방송을 진행하기로 결정했다.

"나의 사랑은 남풍을 타고 달려가, 푸른 바람 가르며 달려가, 저 섬으로"

마츠다는 비행기에서 내리자마자 자신의 히트곡 〈푸른 산호초〉를 라이브로 부르기 시작했다. 마츠다가 청순한 외모와 청명한 목소리로 첫사랑의 설렘과 싱그러운 여름의 감성을 담아 이 노래를 부르자, 일본 열도는 열광했다. 공항과 비행기를 배경으로 한 라이브 공연은 시티팝의 세련된 선율과 경쾌한 리듬이 어우러져, 당시 일본 거품경제기의 찬란한 분위기와 맞아떨어지는 상징적인 장면을 연출해냈다.

최근 그룹 뉴진스의 하니는 일본 팬 미팅에서 리메이크 곡으로 〈푸른 산호초〉를 부르며 일본 팬들의 열광적인 환호를 받았다. 그 어떤 월드 스타의 공연에서도 조용히 감상하는 일본인들이었지만, 하니가 이 노래를 부르자 팬들은 함께 따라 부르고 공연장은 환호로 가득 찼다. 이 곡이 흐르는 단 3분의 시간, 40년 전 일본의 화려했던 시대를 소환해낸 것이다. 이 노래의 배경이 되는 1980년대는 일본 경제의 황금기이자 대중문화의 황금기였다. 지금 일본의 젊은 세대들은 자신들이 한 번도 경험하지 못한 일본의 전성기를, 1980년대의 자국 대중문화를 동경하고 있다.

몰락의 서막, 플라자 합의

일본은 찬란한 고도 경제성장을 경험했지만, 1980년대 후반부터 시작된 경기 침체는 일본인들에게 깊은 상처를 남겼다. 미국 중심의 세계 경제 질서 속에서 경제 사이클로 보면 어느 정도 예상할 만한 수순일 수 있지만, 그 침체 과정이 국제정치적으로 의도된 측면이 있었기 때문에 일본인들에게는 아픈 기억으로 남아있다. 이 변곡점이 생겨난 것은 미국 뉴욕의 플라자 호텔에서였다.

1985년 9월 22일 뉴욕 센트럴 파크 남쪽 끝에 위치한 플라자호텔에서 G5(프랑스, 서독, 일본, 미국, 영국)의 재무장관들과 중앙은행 총재들이 모여 환율에 관한 중요한 합의를 했다. 미국은 달러의 가치를 인위적으로 하락시키기 위해 다른 나라들의 화폐, 특히 일본 엔화의 가치를 높이는 방향으로 환율정책을 결정했다. 당시 일본은 높은 기술력과 수출 경쟁력을 바탕으로 소니의 워크맨, 도요타 자동차 등으로 기록적인 무역 흑자를 기록하고 있었다. 반면, 미국은 막대한 경상수지 적자를 겪고 있었고, '플라자 합의'를 통해 달러-엔 환율을 250엔에서 120엔으로 평가절상시키며 일본의 수출 경쟁력을 낮추는 데 성공한다. 오늘날 미국이 자국의 경제적 입지를 위협하는 중국을 관세와 경제 제재로 견제하듯, 당시에도 미국은 경제적으로 급부상하던 일본을 견제하기 위해 환율 조정에 나섰다. 그 결과물이 바로 '플라자 합의'였다.

플라자 합의 당시의 자료 영상은 역사적인 희비의 순간을 미묘하게 담고 있다. 아카이브 영상에는 2미터가 넘는 장신의 폴 볼커 연방준비제도 이사회 의장이 주요 선진국 재무장관들과 함께 기자단 앞에 발표하러 가는 모습이 기록되어 있다. 어두운 표정의 일본 대장성 대신 다케시타 노보루와 활짝 웃으며 기자단 앞에서 사진을 촬영하는 폴 볼커 의장의 모습. 역사적 운명 앞에서 두 사람의 표정은 향후 펼쳐질 일본과 미국의 미래를 암시하고 있었다.

플라자 호텔에서 이루어진 이 합의는 엄청난 후폭풍을 가져왔다. 엔화의 평가절상으로 일본은 본격적인 엔고円高 시대에 접어든 것이다. 이처럼 급격한 엔고는 일본 수출기업의 경쟁력을 약화시키며 경기 침체 우려를 불러왔고, 이에 대한 대응책으로 일본 정부는 저금리 기조와 유동성 공급 확대에 나섰다. 특히 일본은행은 1985년 말부터 1989년 5월까지 약 3년 반에 걸쳐 금리를 낮추고 시중에 막대한 엔화를 공급하는 양적완화 정책을 단행했다.

그러자 시중에 유동성이 급격히 늘어났고, 넘쳐나는 자금은 부동산과 주식 등 자산 시장으로 흘러들기 시작했다. 이는 단순한 투자 열기를 넘어 투기로 번지며, 결국 자산 가격에 거품이 형성되기에 이르렀다. 이 시기에 국내에 과잉 공급된 엔화는 결국 해외 시장으로까지 흘러들어가, 해외 부동산과 미술품 시장 등에서 자산 가격을 급등시키는 투기자본으로 작용하게 되었다.

아베노믹스, "윤전기를 쌩쌩 돌려 돈을 무제한으로 찍어라"

일본 대장성과 일본은행은 자산 시장의 거품이 더 이상 커지는 것을 막기 위해 긴축정책을 단행했다. 1989년부터 단기 금리 인상이 시작되었고, 같은 해 재할인율을 0.5퍼센트 인상한 것을 시작으로 1990년 8월까지 다섯 차례에 걸쳐 재할인율을 6퍼센트까지 끌어올렸다. 급격한 금리 인상은 곧 경제 전반에 심각한 충격을 주기 시작했다.

시중에 풀려 있던 유동성은 점차 일본은행으로 회수되었고, 주식시장에 유입되었던 자금은 수익률이 7퍼센트까지 오른 장기 국채로 이동했다. 은행 대출이 위축되면서, 부동산 투자자들이 현금을 확보하기 어려워졌고, 높은 금리를 감당하지 못한 부동산들이 시장에 대거 매물로 쏟아졌다. 여기에 대출 규제가 강화되자 부동산 가격은 급격히 하락했고, 경기 침체 우려와 함께 닛케이지수 역시 폭락하기 시작했다.

1989년 12월 29일, 닛케이지수는 38,957포인트를 기록하며 정점을 찍었으나, 이듬해 12월에는 1,200포인트가 하락하며 결국 3만 포인트

아베노믹스는 과연 성공을 거두고 있는 것일까.

선도 무너졌다. 같은 해 12월 5일, 지수는 21,902포인트까지 내려가며 1년 만에 주가가 43퍼센트나 급락하는 초유의 사태가 벌어졌다. 이때부터 일본의 자본 엑소더스가 본격화되었다. 1992년 말, 도쿄의 부동산 가격은 정점 대비 무려 60퍼센트 이상 하락했다. 부동산 투자를 위해 대출을 내준 은행들은 대규모 부실 채권을 떠안으며 부도 위기에 처했다.

'부도', '신용경색', '유동성 함정' 등 연쇄적인 금융위기가 일본 열도를 뒤덮었고, 자산 거품의 급격한 붕괴는 경제학자들이 우려하던 디플레이션으로 이어졌다. 이로써 일본 경제는 장기 침체 국면으로 접어들었고, 이른바 '잃어버린 10년'이 시작됐다. 하지만 그 10년은 끝나지 않았다. 2010년대를 지나면서 '잃어버린 20년', 그리고 지금은 '잃어버린

30년'이라는 말까지 듣고 있다. 이런 가운데 2012년 제2차 아베 신조 내각이 입각하면서 일본 경제에 새로운 터닝 포인트가 생겨난다.

장기간의 경기 침체를 회복하고 일본 경제를 다시 살리기 위해 등장한 '아베노믹스'는 과감한 금융완화와 재정지출 확대를 통한 경제성장을 목표로 하고 있다. 아베 총리는 집권하기 이전 자민당 총재 시절부터 "윤전기를 쌩쌩 돌려 일본은행으로 하여금 돈을 무제한으로 찍어내겠다"라고 발언하기도 했다. 이는 1980년대 거품경제기와 닮은 전략이었다. 양적완화로 시장에 유동성을 공급해 경기를 부양하고, 엔화의 가치를 떨어뜨려 수출 경쟁력을 얻는 정책이다.

우리에게는 '제로 금리'로 각인된 아베의 양적완화 정책, 이를 통해 30년 전 경제 황금기를 다시 이루겠다는 아베노믹스는 과연 성공을 거두고 있는 것일까? 서민과 청년들의 생활은 실제로 나아지고 있을까? 안타깝지만 '양적완화'라는 정부 정책이 시행되는 동안 '프리터Freeter'로 대변되는 비정규 노동자의 삶은 더욱 궁핍해지고, 일본 경제의 하부를 구성하는 사회 하층민인 언더클래스Underclass의 양산으로 이어지고 있었다.

프리터 인생과
언더클래스의 출현

'프리터'는 영어 'free(자유롭다)'와 독일어 'Arbeiter(노동자)'가 결합된 말이다. 정규직 취업 대신 아르바이트로 생계를 유지하는 사람들을 일컫는다. 1990년대 초반, 경기 침체가 본격화되면서 정규직 취업의 문이 좁아졌고, 이에 따라 아르바이트로 생활을 이어가는 청년들이 대거 등장하게 되었다. 그렇게 '프리터'는 단순한 일시적 직업 형태를 넘어, 일본 사회의 한 계층을 지칭하는 고유한 사회용어로 자리잡게 되었다.

내가 일본에서 '프리터'라는 개념을 처음 체감한 것은 1999년 초였다. 당시 워킹홀리데이 비자를 받아 도쿄에 머물며 다양한 아르바이트를 하고 있었다. 시나노마치에 위치한 한 식당에서 일할 때 내가 받았던 시급은 690엔이었다. 그 무렵 한국의 최저시급은 1,525원이었고, 환율(100엔 = 1,114원)을 감안하면, 한국에서 일할 때보다 거의 다섯 배에 가까운 수입을 올리고 있었던 셈이다. 게다가 일본의 물가도 지금보다 훨씬 안정되어 있었기 때문에, 아르바이트만으로도 그런대로 생활이 가능했다.

당시 함께 일했던 코시구치 아키노부는 대학 3학년에 재학 중이었고, 편의점 아르바이트로 생활비를 마련하고 있었다. 그 시절 일본 대학생들 대다수가 그렇듯, 학비는 학자금 대출로 충당하고, 생활비는 아르바이트로 마련했다. 아르바이트를 2~3개 정도 하면 정규직 수준의 수입을 올릴 수 있었고, 여행이나 여가생활도 가능했다. 이후 2021년 겨울, 나는 다시 도쿄 특파원으로 부임하게 되었고, 그때 코시구치를 다시 만났다.

그는 여전히 프리터로 살아가고 있었고, 지바현 이치카와시에 위치한 자택에서 이벤트 관련 부업과 영상 편집 아르바이트를 병행하며 재택근무를 하고 있었다. 어느덧 그는 40대 후반의 중년이 되어 있었지만 바뀐 것은 그의 얼굴만이 아니었다.

"형, 예전에는 아르바이트로 돈 모아서 여행도 다니고 쇼핑도 했는데, 지금은 그게 안 돼. 물가는 슬금슬금 올랐는데, 수입은 20년 전이랑 거의 차이가 없어."

그의 말에서, 20년 넘게 이어지고 있다는 일본의 경기 침체를 실감할 수 있었다.

세계 2위 경제국? 소설 속 세계 이야기

나는 KBS 〈추적 60분〉, 〈2020 한국경제 생존의 조건〉 3부작 등 시사 프로그램과 다큐멘터리 제작을 담당하며 일본 출장을 다닐 기회가 자주 있었다. 이 과정에서 비정규직 청년들, 특히 '프리터'로 불리는 청년들을 여러 차례 만나 인터뷰했다. 그중 가장 인상 깊은 인물이 후쿠무라 아키라였다.

그와의 첫 만남은 코로나19 팬데믹이 아직 종식되지 않았던 2022년 초겨울이었다. 후쿠무라는 요코하마 시립대학을 중퇴한 뒤, 비정규직 일자리를 전전하고 있는 전형적인 프리터 청년이었다. 그는 콘텐츠 제작 관련 아르바이트와 일주일에 두 번 정도 부동산 매물 사진을 찍어 인터넷에 게시하는 부업을 병행했다. 두 일을 합쳐 월수입이 약 10만~20만 엔 정도이다. 부동산 사진 촬영으로는 7~8만 엔, 간헐적인 글 기고와 콘텐츠 제작으로 10만 엔 안팎의 수입을 올리고 있었다.

수년째 후배와 함께 오래된 빈집을 공동으로 사용하고 있어 집세 부담은 적었지만, 극도로 절약하며 살아가는 삶은 이미 일상이 되어 있었다. 식사는 대부분 값싼 인스턴트 된장국과 낫토로 때우는 식이었다. 그날 식탁에 마주 앉아 있던 두 청년은 수년째 프리터 생활을 이어가고 있었다.

"상당히 열악한 상황입니다. 물론 겨우 먹고는 살지만, 여행은 꿈도 못 꾸고, 좋아하는 옷도 못 사고, 새 책 한 권도 선뜻 사기 어렵습니다."

후쿠무라는 영상 제작과 글쓰기 등 콘텐츠 작업을 하고 싶다는 꿈을 품고 프리랜서를 선택했지만, 정규직 취업 대신 택한 그 길은 어느새

밥과 낫토와 된장국으로 한끼 식사를 하는 프리터 청년들.

'붙박이 프리터'의 인생이 되어 있었다. 27세의 후쿠무라, 그리고 함께 있던 21세의 후지카와 카즈키에게 조심스레 미래에 대한 계획을 물었다. 돌아온 대답은 단호하고 짧았다.

"없습니다. 아무 생각도 하고 있지 않아요."

이 짧은 한마디는, 일본 청년세대 중에서도 특히 체념과 무욕을 특징으로 하는, 이른바 '사토리 세대'의 현실을 단적으로 보여주고 있었다.

사토리 세대란 일본 경제의 장기 침체로 희망을 포기한 젊은 세대를 일컫는 말이다. 일본어 '사토리'는 '깨닫다'를 뜻하는 '사토루(さとる)'에서 파생된 말이다. 본래 불교에서 욕망을 내려놓고 깨달음을 얻은 상태를 의미하지만, 현대 일본 사회에서는 물질적 욕망을 줄이고 돈, 명예,

출세에 큰 관심을 두지 않는 청년들을 지칭하기도 한다. 이들은 한국의 'N포 세대'와 유사하게 도전을 불필요하게 여기고, 희망이나 의욕 없이 소극적으로 삶을 이어가는 경향이 있다. 이들은 일본 경제 불황이 본격적으로 시작된 시점에 태어나 부모 세대가 누렸던 성장과 풍요를 한 번도 체험하지 못했다.

후쿠무라가 성인이 되었을 무렵, 이미 일본 경제는 저성장과 디플레이션이 깊숙이 자리잡고 있었고 많은 이들이 경제난으로 생활고를 겪기 시작했다고 이야기한다. 자기 또래 중에 '일본에 살면 무사태평하다'라고 생각하는 사람은 거의 없다고 단언한다.

실제로 2010년대 중반에 이르면 일본 전체 고용자 중 정규직은 약 2,302만 명으로 전체의 33.8퍼센트를 차지하며, 비정규직은 약 1,500만 명으로 36.9퍼센트를 차지하고 있다. 이들 비정규직은 일본 사회에서 새로운 하층 계층을 형성하고 있으며, 평균 연수입이 202만 엔에 불과하다. 이로 인해 비정규직의 상대적 빈곤율은 15.4퍼센트에 달하는 수준이다.

후쿠무라는 자신이 일본 사회 하층부를 형성하는 언더클래스Underclass•에 속한다는 것을 체념하며 받아들이고 있었다. 그에게 1980년대 고도경제성장기에 대해 아느냐고 물었다.

"저희는 모르는 과거 얘기니까요. 정말 일본이 활기 넘치는 시절이

• 언더클래스Underclass: 격차사회를 연구하는 와세다대학 하시모토 겐지 교수의 《신新일본 계급사회》에서는 소득 수준에 따라 일본 사회 구성원을 자본가계급, 신新중간계급, 정규직노동자, 구舊중간계급, 그리고 언더클래스(하층민)의 5계급으로 분류하고 있다. 최하층 계급인 언더클래스는 파트타임으로 일하는 전업주부를 제외한 비정규직 노동자를 지칭한다.

있었나 싶고 소설 속의 세계 같은 느낌입니다."

지금의 사토리 세대에게, 자신들이 태어나기 이전의 거품경제 시기는 마치 현실감 없는 소설 속 이야기처럼 들린다. 한때 세계 2위 경제 대국이었던 일본의 찬란했던 시절은, 이들에게는 상상하기도 어려운 '전설'에 가깝다.

30년 불황이 가져온 신일본 계급사회

2021년 12월 당시 KBS 〈특파원 보고, 세계는 지금〉의 제작을 위해 엔저로 생활고에 시달리는 일본 청년들을 취재하고 있었다. 그때 일본의 격차사회 연구가인 와세다대학교 하시모토 겐지 교수를 처음 만났다. 대학 캠퍼스는 사이타마현 도코로자와시에 위치해 있었고, KBS 도쿄지국이 있는 도쿄 시부야에서는 차로 약 한 시간 반 정도 걸리는 거리였다. 연구실에서 만난 머리가 희끗희끗한 노교수의 눈빛은 안경 너머에서 힘 있게 빛나고 있었다. 하시모토 교수는 임금 정체와 격차 확대로 악순환에 빠진 일본 경제에 대해 이야기했다.

"일본은 소비 침체가 심각합니다. 직접적인 원인은 '격차 확대'라고 생각합니다. 격차가 커지면 부자에게 돈이 집중되지요. 일본의 부자는 돈을 많이 가지고 있지만 그다지 돈을 쓰지 않습니다. 대부분 저금하거나 투자를 하지요. 반면 가난한 사람들은 소득이 적기 때문에 벌어들이는 돈의 대부분을 생활비로 소비할 수밖에 없습니다. 그런데 월급이 오르지 않으니 소비가 줄고, 소비가 줄어드니 기업은 성장할 수 없고 그

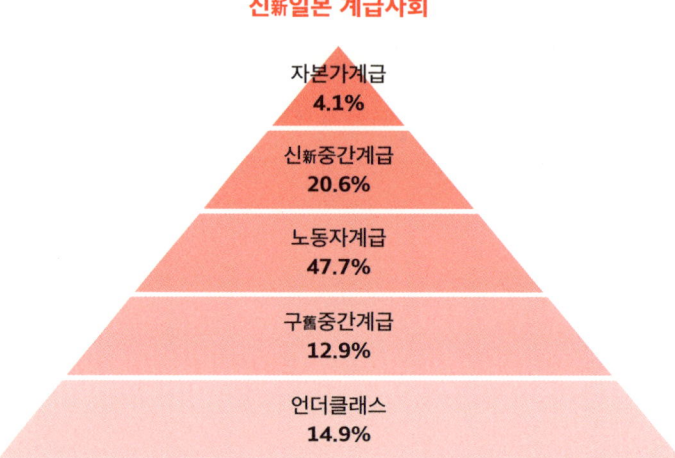

러니까 또 임금을 인하하게 되는 '악순환'에 빠지게 됩니다."

'1억 총중류', 즉 국민의 90퍼센트 이상이 중산층이라는 의식을 지녔던 일본은 거품경제 붕괴 이후 장기 불황에 접어들면서 소득 정체현상이 심화되었고, 이에 따라 경제의 선순환 구조가 멈추게 되었다. 저임금의 비정규직 일자리가 확산되면서 소득 양극화가 본격적으로 진행되었다. 이로써 빈곤층이 전체 취업인구의 약 15퍼센트에 해당하는 930만 명에 이르며, 게다가 빠르게 늘어나는 실정이라고 하시모토 교수는 이야기한다.

하시모토 교수는 이 같은 현실을 두고 '신일본 계급사회'라는 개념으로 설명한다. 그는 일본이 더 이상 '모두가 중산층'이라는 이상사회를 유지하지 못하고, 명백한 계급분화가 진행되고 있다고 지적한다. 고용형태의 불안정, 임금 격차의 고착화, 교육기회의 불평등 등이 맞물리면서 출발선의 차이가 세대를 거쳐 고착되는 구조가 만들어지고 있다는 것이다.

이런 맥락에서 주목할 개념이 바로 '언더클래스'다. 하시모토 교수는 프리터(비정규직 노동자), 파견 노동자, 장기 실업자 등 안정된 소득 기반이 없는 계층을 언더클래스로 분류한다. 이들은 단순히 '가난한 사람들'을 넘어서, 사회구조 안에서 지속적으로 배제되며, 교육·취업·복지 등에서 충분한 기회를 얻지 못하는 사회 최하층 계급이다.

하시모토 교수는 청년층에서 프리터와 같은 비정규직 노동자의 수가 늘기 시작한 것에 대해 큰 우려를 나타내고 있었다.

"일본은 거품경제 시절부터 비정규 노동자가 늘기 시작했습니다. 거품경제 시절에 비정규 노동자였던 청년들이 지금 50대가 되었죠. 앞으로 10년이 지나면 이들의 은퇴 시기가 되는데, 이들 중 생활보호 수급자가 급증할 겁니다. 이는 일본 정부에 엄청난 재정 부담이 될 가능성이 높습니다."

그는 프리터와 언더클래스의 확산이 단순한 경제 문제를 넘어 사회 통합의 위기로 이어질 수 있다고 경고한다. 계층 간 이동이 막힌 사회에서는 불만과 좌절이 쌓이고, 이는 정치적 극단주의나 공동체 해체로까지 이어질 수 있기 때문이다. 사회비용의 증가 역시 간과할 수 없다.

취업빙하기 세대의 역습

프리랜서 저널리스트 고바야시 미키는 취업빙하기 세대로서 자신의 체험을 바탕으로 일본의 비정규직 노동에 관한 취재와 연구를 수년째

해오고 있다. 그녀 역시 하시모토 겐지 교수와 같은 맥락에서 비정규직, 프리터 인구가 증가하는 것에 대해 경고를 하고 있다.

"현재 취업빙하기 세대인 40세부터 54세 사이의 비정규직 노동자들을 이대로 방치한다면 국가적인 재앙이 올지 모릅니다. 이들이 저소득 상태이거나 직업 없이 고령기에 접어들면, 생활보호에 드는 비용이 25조 엔에 달할 것이라고 추산하고 있습니다. 이는 국가 예산의 상당 부분이 생활보호 대상자 부양을 위해 들어가는 거죠. 정부의 재정 부담이 클 수밖에 없습니다."

일본에서 꾸준히 증가하고 있는 비정규직 청년, 프리터로 살아가는 젊은 세대를 이대로 방치해서는 안 되는 이유가 여기에 있다. 실제로 일본 종합연구개발기구NIRA의 연구에 따르면, 취업빙하기 시기에 비정규직이거나 실업 상태였던 약 77만 4,000명이 65세 이후 생애 전반에 걸쳐 국가로부터 받게 될 생활보호 비용은 약 17조~19조 엔에 이를 것으로 전망된다. 이는 국가 예산 규모로 따져도 큰 부담이 되는 막대한 금액이다.

일본 경제의 거품이 붕괴된 이후 어느덧 30여 년이 지났다. 거품 붕괴와 함께 일본 사회를 강타한 혹독한 고용 한파는 수치로도 명확히 드러난다. 1991년 1.34배였던 유효구인배율이 1999년에 이르러 0.49배까지 급락했다. 이는 구직자 수에 비해 일자리가 절반 수준밖에 안 된다는 의미로, 이 시기의 취업난이 얼마나 심각했는지를 보여준다. 현재 일본 사회의 언더클래스를 형성하고 있는 비정규직 노동자들 가운데

● 유효구인배율: 신규 고용과 무관하게 유효한 구직·구인 건수, 1이 넘으면 구직자보다 일자리가 더 많다는 의미다.

상당수는 바로 이 취업빙하기에 취업전선에 뛰어들었던 세대다. 이들은 머지않아 연금 수급 연령인 65세를 맞이하게 된다.

고바야시는 일본 청년세대들이 처한 딜레마적 상황에 대해 이야기를 이어갔다.

"프리터나 비정규직 노동자들은 지속적으로 낮은 수입에 머물며 생활이 고착화되기 때문에 다른 사회 구성원들과 격차가 점점 더 벌어지고 있습니다. 30년간의 경기 침체 속에서 저소득으로 인해 결혼도 못하고 자녀도 못 낳는 독신세대가 늘어나고 있습니다."

일본에서 정규직과 비정규직의 격차, 자산 격차, 그리고 실질임금의 감소가 일본 경제 시스템의 하층부를 무너뜨리고 있다는 것이었다. 한국에서는 '아베노믹스로 인해 최근 3년 사이에 일본 청년의 취업률이 높아지고 경제 상황이 나아지고 있다'고 알려졌는데 현실은 어떠한지 질문했다. 고바야시는 인상을 찌푸리며 단호하게 대답했다.

"아베노믹스 덕분에 청년들은 취업률이 높아졌다고 착각하기 쉬운데요, 사실은 아베노믹스 덕분이 아니라 단순히 인구 감소와 더불어 전체 노동자가 줄었기 때문입니다. 일손이 부족해서 청년을 낮은 임금에 고용하는 경향이 생겨난 거죠."

30년째 이어지는 장기 불황은 일본 사회를 새로운 형태의 계급구조, 이른바 '신일본 계급사회'로 재편하고 있다. 그 속에서 청년 프리터를 비롯한 언더클래스의 비중은 점점 커지고 있지만, 이들을 위한 실질적인 대책은 아직 미흡한 실정이다. 이러한 상황이 지속된다면, 가까운 미래에 일본 사회가 감당해야 할 사회·경제적 부담은 가늠하기조차 힘들다.

무료 급식소를
찾는 청년들

　도쿄 이케부쿠로는 시부야, 신주쿠와 함께 도쿄 3대 부도심 중 하나로 꼽히는 도시마구의 중심 번화가이다. JR 이케부쿠로역 동쪽 출구로 나와 약 10분 정도 걸으면 60층 높이의 종합 쇼핑센터 '선샤인 빌딩'을 마주하게 된다. 이 건물은 일본의 고도성장기였던 1970년대에 세워진 초고층 빌딩으로, 한국의 63빌딩이 세워지기 전까지는 아시아에서 가장 높은 건물로 알려져 있었다. 흥미롭게도 이 빌딩이 들어선 자리는 과거 미군정 시절 '도쿄 구치소'가 있었다. 이곳에서 극동국제군사재판이 열렸고, 그 결과 도조 히데키를 포함한 A급 전범 7명이 교수형에 처해졌다. 현재의 선샤인 빌딩은 바로 그 자리에 세워졌고, 특히 사형이 집행됐던 장소에는 '히가시이케부쿠로 중앙공원'이 조성돼 있다. 공원 한쪽에 작은 위령비가 세워져 있어, 과거의 기억을 조용히 증언하고 있다.

급식소의 줄이 해마다 늘어나는 이유

도쿄 특파원으로 있을 당시, 나는 히가시이케부쿠로 중앙공원을 해마다 찾아가 취재했다. 이곳에서는 한 달에 두 차례, 도쿄 내 기초생활수급자나 생활이 어려운 이들을 위한 무료 급식소가 운영되었고, 나는 이곳에서 언더클래스가 된 청년들을 수소문했다. 현재 도쿄도 내에서 무료 급식을 제공하는 단체는 17곳이 넘는다. 그중 하나가 비영리법인 테노하시인데, 세이노 겐지 대표는 외부인에게 쉽게 허락하지 않는 무료 급식소 촬영을 수락해주었다.

"경기 침체로 인해 무료 배식에 줄을 서는 사람들이 급격히 늘었습니다. 2023년에 두 배, 2024년에는 세 배 가까이 증가했지요. 이전에는 드물었던 20~30대 청년들이 점점 늘고 있습니다. 또 전체의 10~20퍼센트 정도는 여성입니다. 세대와 성별을 가리지 않고 빈곤층이 확산되고 있는 거죠."

그의 말에 따르면 2003년부터 이곳에서 무료 급식소를 운영해왔는데, 최근 2~3년 사이 특히 청년층의 이용이 늘고 있다는 것이다. 빈곤층이 확산되고 있다는 그의 지적은 과연 사실일까? 이를 확인하기 위해 취재팀은 무료 배식이 시작되기 7시간 전, 공원 현장으로 향했다.

오전에는 촬영 위치와 동선, 주요 촬영 요소들을 사전에 점검했다.

점심식사 후, 카메라맨을 포함한 방송 스태프들이 본격적인 촬영 준비에 들어갔다. 무료 급식 시작 3시간 전인 오후 3시부터 사람들이 하나둘 모이기 시작했다. 급식소 앞에서 시작된 줄이 점차 길어지더니, 이내 공원의 동쪽 끝에서 서쪽 끝까지 길게 이어졌다. 이용자 대부분은 중장년층과 노년층이었지만, 그 사이사이로 20~30대의 청년들이 눈에 띄었다. 무더운 여름날, 공원 나무 위에서 울어대는 매미 소리를 배경으로 수백 미터에 달하는 줄이 이어진 풍경은 눈앞의 현실이라기보다 믿기 어려운 광경처럼 다가왔다.

그날 히가시이케부쿠로 중앙공원에는 또 하나의 진풍경이 펼쳐지고 있었다. 무료 급식만이 아니라 의료 상담과 생활 상담도 현장에서 이뤄졌다. 기부단체의 지원이 있을 경우, 생필품이나 의류도 함께 배급된다. 이날 배부된 도시락에는 돈가스를 비롯해 다양한 반찬이 담겨 있었고, 빵과 과일도 함께 제공되었다. 도시락을 받은 이들 중 상당수는 공원에 머무르지 않고 곧장 다른 곳으로 자리를 옮겼다. 특히 청년 이용자들은 도시락을 들고 서둘러 자리를 떠나는 경우가 많았다. 이들 중 일부에게 인터뷰를 시도했지만, 카메라에 대한 경계심이 높아 섭외가 쉽지 않았다. 취재 의도를 충분히 설명하고 여러 차례 설득한 끝에, 마침내 자신의 이야기를 전하고 싶어 하는 몇몇 청년들과의 인터뷰가 성사되었다. 한창 일할 나이에 무료 급식소를 찾는 이유는 단순했다. 생활비를 조금이라도 아끼기 위해 무료 급식소를 찾고 있다는 것이다. 급격히 오른 물가에 비해 줄어든 아르바이트 수입으로는 생계를 유지하기 어려워졌기 때문이다. 마침 급식소에서 갓 도시락을 받은 한 청년이 눈에 띄었다. 그에게 이 급식소를 이용하는 장점에 대해 묻자, 그는 조심스럽게

입을 열었다.

"생활에 정말 도움이 돼요. 물가가 많이 올라서요. 무료 급식 덕분에 생활비를 아끼는 데 큰 도움이 됩니다. 평소에는 과일과 고기를 거의 못 먹고, 탄수화물 위주로 먹고 있어요. 지금은 사정이 있어서 주 3일 정도만 포장 일을 하고 있습니다. 일주일에 세 번 일해서 받는 돈이 10만 엔도 안 돼요. 이 돈으로는 생활비를 충당하기에 턱없이 부족해요."

그의 말은 도쿄도 내 무료 급식소를 자주 찾는 비정규직 청년들의 현실을 보여준다. 낮은 임금, 불안정한 일자리, 그리고 치솟는 물가 속에서 이들이 선택할 수 있는 길은 많지 않다. 그래서 지금, 이 공원의 무료 급식 줄은 점점 더 길어지고 있다.

'넷카페 난민'이 된 청년들

무료 급식소에는 거리가 먼 사이타마현에서 찾아온 청년도 있었다. 이유는 단 하나, 생활비가 없어서였다. 그는 집세를 감당하지 못해 이른바 '넷카페'(Net Cafe, 일종의 PC방)를 장기 숙소로 삼고 있었다.

"저 나름의 이유로 일을 그만두고 지금은 넷카페에서 지내고 있어요. 그곳에 사용료를 내고 생활하다 보니, 돈이 바닥나서 나흘 동안 제대로 된 식사를 하지 못했어요."

나흘을 굶은 끝에 무료 급식소를 찾았다는 그의 이야기를 들으며, 현장에 있던 촬영 스태프 모두가 숙연해졌다. 신체적 부상이나 정신적 소진으로 인해 일을 할 수 없는 상황에 놓인 청년들은 주거 안정도 확보하지 못한 채, 극한의 생활환경에 내몰리고 있었다. 이 청년은 기초생활 수급자 신청도 고민하고 있다고 했다. 도쿄 23구에서는 조건을 충족할 경우, 공공임대주택에서 거주하며 매달 약 13만 엔가량의 생계비를 지원받을 수 있다. 보통 월세로 약 6만 엔을 지불하고 나면, 남는 금액은 7만 엔 정도다. 이를 우리 돈으로 환산하면 하루 생활비가 2만 원이 채 되지 않는 수준이다. 이마저도 기초생활보호 대상자로 공식 인정받아야 가능한 일이었다. 현실은 훨씬 더 냉혹하다. 주거 지원을 받는 사례는 일부에 불과하고, 여전히 많은 청년들이 넷카페에 머물며 사실상 '보이지 않는 홈리스'로 살아가고 있다.

비정규직 청년들이 장기간 생활하고 있다는 '넷카페'는 어떤 곳일까? 넷카페는 한국의 PC방과 유사한, 복합 기능을 갖춘 만화·인터넷 카페의 일종이다. 일반적으로 칸막이로 나누어진 좌석 공간이 마련되어 있으며, 이용자는 PC로 인터넷을 검색하거나 만화책을 읽으며 시간을 보낼 수 있다. 지역과 점포에 따라 요금은 다르지만, 대부분 음료가 무료로 제공되고, 저렴한 가격으로 장시간 머무를 수 있다는 점에서 많은 이들이 찾고 있다. 최근에는 간이 침구를 비치하거나 공용 샤워실을 설치해, 넷카페가 사실상 숙박업소처럼 활용되는 경우도 많다. 24시간 영업하는 곳이 대부분이기 때문에, 주거비 마련이 어려운 이들에게는 일시적인 '쉼터' 역할을 하기도 한다.

실제로 코로나19 팬데믹 당시, 하루 평균 약 4,000명이 도쿄도 내 넷카페를 숙소로 이용한다는 보도가 있었다. 도쿄처럼 집값과 월세가 높은 대도시에서는 프리터들이 심야요금이 저렴한 넷카페를 장기 거처로 삼는 경우가 많다. 이처럼 넷카페를 주거공간으로 이용하는 사람들을 일컬어, 일본 언론은 '넷카페 난민'이라 부르고 있다.

"하루 한 끼로 버티고 있어요"

히가시이케부쿠로 중앙공원의 무료 급식소에서 만난 청년 이토 주니치 역시, 두 달 넘게 넷카페에서 생활한 경험이 있다. 그는 대학 졸업 후 파견회사에 고용되어 전화 상담원으로 일했고, 바텐더로도 일하며 생계를 이어왔다. 그러나 코로나19 팬데믹 당시, 신주쿠에서 일하던 가게가 폐업하면서 일자리를 잃었고, 설상가상으로 다리 부상까지 겹쳐 일할 수 없는 상황에 처했다. 현재는 지인과 비영리민간단체의 도움으로 넷카페 생활에서 벗어나 신주쿠구의 기초생활보장 수급자로 선정되었다. 구에서 마련해준 공공임대주택에 거주하며 기초생활수급비를 받고 있다. 그는 넷카페에서 오래 생활하며 건강이 크게 악화되었다고 한다. 지금도 핏기 없는 창백한 얼굴과 마르고 약한 몸, 지팡이에 의지한 모습으로 하루하루를 살아가고 있다.

"넷카페에서 지낼 땐 하루 한 끼도 제대로 먹기 어려웠어요. 그때 생긴 습관이 아직 남아서 위도 줄어든 상태예요. 지금도 거의 하루 한 끼로 버티고 있어요."

자취집을 취재하러 갔을 때, 그는 친구가 사준 컵라면으로 끼니를 때우고 있었다. 반찬이라고는 절임 채소와 낫토뿐이었다.

"지금은 자유롭게 TV도 볼 수 있고, 불도 켤 수 있고, 햇빛도 들어와

하루 한 끼로 버티는, 무료 급식소에서 만난 청년 이토.

서 좋아요. 밥도 챙겨 먹을 수 있고요. 그래도 이 생활이 꼭 '좋다'고 느끼진 않아요. 하루에 한 끼가 아니라, 제대로 된 세 끼 식사를 할 수 있는 날이 오면 좋겠습니다. 건강이 회복돼서 운동도 하고, 다시 일할 수 있게 되면 좋겠어요. 그래도 넷카페에 살던 시절보다는 지금이 훨씬 안심되고, 덜 불안합니다."

그가 받는 기초생활비는 한 달에 약 7만 엔에 불과하다. 기본적인 식생활조차 유지하기 빠듯한 금액으로, 문화생활이나 사회활동은 사실상 불가능한 수준이다. 장기간 넷카페를 전전하며 건강까지 잃고, 미래를 기약할 수 없이 하루하루를 버텨내던 삶. 신일본 계급사회에서 언더클래스로 분류되는 비정규직 청년이 일자리를 잃고 건강마저 잃게 되었을 때, 삶이 어떻게 무너지는지를 그의 솔직한 인터뷰와 자취 공간을 통해 생생하게 확인할 수 있었다.

가부키초 뒷골목에 드리운
욕망과 방황 그리고 불안

　도쿄 최대의 유흥가는 단연 신주쿠의 가부키초歌舞伎町다. '어른들의 테마파크'라 불리는 이곳에는 술집, 클럽, 가라오케, 호스트바 등 온갖 유흥업소가 즐비하게 들어서 있다. 실내 스포츠센터를 비롯해 카지노, 파친코, 아케이드 게임을 즐길 수 있는 오락실까지, 어른들을 위한 유흥 문화가 총집합된 공간이다. '가부키초'라는 지명은 일본의 전통 공연예술인 가부키에서 유래했다. 현재 대표적인 가부키 극장인 '가부키좌'는 긴자에 위치해 있지만, 원래는 제2차 세계대전 이후 도쿄 재건 계획의 일환으로 신주쿠 지역에 전통극장을 세우려는 구상이 있었다. 비록 이 계획은 실현되지 않았지만, 당시 붙여진 '가부키초'라는 이름은 그대로 남아 오늘날 일본 최대의 유흥가로 자리잡게 되었다.

이곳에는 일본의 대표적인 영화 배급사이자 종합 엔터테인먼트 기업인 도호東宝가 운영하는 영화관 '도호 시네마즈 신주쿠'가 자리하고 있다. 도호는 쇼치쿠, 도에이와 함께 일본 3대 영화 배급사 중 하나로, 자국 영화시장에서 압도적인 점유율을 차지하고 있다. 현재 일본에서 상영되는 영화의 70퍼센트 이상이 도호를 통해 배급되며, 지브리 스튜디오의 애니메이션 역시 대부분 도호를 통해 상영된다. '도호 시네마즈 신주쿠' 빌딩에는 도호의 상징이자 대표 캐릭터인 '고지라'의 실물 크기 두상이 설치되어 있어, 많은 영화 팬과 관광객들이 이곳을 찾는다.

이 건물이 들어선 이후, 국내외 관광객의 발길이 늘면서 가부키초의 분위기도 한층 밝아졌다는 평가를 받고 있다. 나 역시 일본에 머무는 동안 이 영화관을 자주 찾곤 했다. 심야영화가 끝난 뒤 거리로 나서면, 새벽까지 불이 꺼지지 않는 신주쿠 가부키초는 불야성을 이루고 있었다. 밤거리를 밝히는 화려한 불빛과 사람들, 그리고 어둠 속으로 사라져 가는 청춘들의 뒷모습이 지금도 선명하게 기억에 남아있다.

밤마다 모여드는 청소년들과 콘카페 여성들

'도호 시네마즈 신주쿠' 빌딩 인근의 광장과 골목에는 밤늦은 시간에도 청소년들이 모여 새벽까지 머무는 모습을 종종 볼 수 있다. 이들은 '도요코 키즈'라 불리며, 한때 일본 사회에서 비행 청소년의 대명사가 되었다. '도요코'라는 명칭은 도호 시네마즈 신주쿠가 위치한 장소 이름에서 유래했고, '도요코 키즈'는 주로 가출한 청소년들이 이곳에 모여

가부키초 뒷골목에서 손님을 찾는 콘카페 여성들.

밤을 보내던 데서 비롯되었다. 눈에 띄는 차림새의 가출 소녀들이 이곳에 모여 술과 음료를 마시며 시간을 보내거나, 다툼을 벌이는 경우가 많았다. 때로는 중고생 성매매와 같은 사회적 문제가 발생하기도 했다. 이로 인해 지금은 청소년의 무분별한 집결을 막기 위해 광장 곳곳에 펜스가 설치되었고, 경찰이 상시 순찰과 단속을 벌이고 있다.

경찰의 단속 대상 가운데 하나는 유흥업소 종업원들의 호객행위다. 도호 빌딩 옆 광장에서는 독특한 복장을 한 여성들이 광고판을 들고 줄지어 서있는 모습을 쉽게 볼 수 있는데, 이들은 대부분 '콘셉트 카페'나 '걸즈바'에서 일하는 직원들이다. 형식상으로는 광고판을 들고 서있는 것이지만, 실질적으로는 호객행위로 간주되어 단속 대상이 된다. 이들이 일하는 '콘셉트 카페', 줄여서 '콘카페コンカフェ'는 일본의 독특한

접객문화 가운데 하나로, 메이드복을 입은 여성이 차나 음료를 제공하며 손님의 말벗이 되어주는 메이드카페에서 유래했다. 원래 메이드카페 문화는 아키하바라 지역에서 유행했는데, 신주쿠 가부키초의 성인 유흥문화와 결합하면서 술을 제공하고 코스프레를 접목한 콘셉트 카페 형태로 진화한 것이다. 최근 다양한 콘셉트의 콘카페가 우후죽순으로 문을 열면서 종업원들의 호객 경쟁도 치열해지고 있다.

사라진 기회, 삶의 경로가 막히다

스물한 살 히카루는 콘셉트 카페에서 아르바이트를 하며 생활비를 벌고 있다. 그녀가 일하는 콘셉트 카페는 신주쿠 유흥가와 모텔가 사이 고즈넉한 골목에 위치해 있다. 밖에서 보면 성인을 위한 바Bar 같은데 내부로 들어서면 종업원들이 토끼 귀 헤어밴드를 하고 나비넥타이를 맨 셔츠 칼라 옷차림으로 손님들을 맞이한다. 이 가게의 콘셉트는 '바니걸'로, 플레이보이 클럽에서 일하는 웨이트리스를 모티브로 한 코스튬을 내세우고 있다. 그 콘셉트에 맞게 매장 안쪽이 핑크빛 풍선들과 아기자기한 인테리어들로 장식되어 있다.

히카루는 인터뷰 전에 손님 맞을 준비를 마쳐야 한다며 유리컵 설거지를 하고 테이블을 닦느라 바삐 움직였다. 노래방 기기의 마이크를 소독하고 주변을 청소하는 것도 가게의 막내인 그녀의 몫이었다. 밤에는 히카루라는 가명으로 이 가게에서 일하고, 낮에는 의류 매장에서 아르바이트를 하며 생활비를 벌고 있다고 한다. 그녀는 아직 독립하지 못한 채 가족과 함께 지내며 부모의 도움을 받고 있다. 이 일을 시작한 이유는 무엇일까.

"용돈을 마련하려고요. 다른 일보다 가부키초의 콘셉트 카페 일이 재미있어 보였어요. 근데 많이 벌진 못해요. 시급으로 받는데 일반 아르바이트와 비슷한 수준이거든요. 그래도 부양내扶養內• 근무를 할 수 있어서 좋아요."

그녀는 의류 매장과 콘카페에서 아르바이트를 하면서 한 달에 평균 10만 엔 정도 벌고 있다고 한다. 아키하바라나 이케부쿠로 지역의 메이드카페의 경우 시급이 800~1,000엔 정도로 형성되어 있다. 경우에 따라서 술을 접대하며 코스프레 콘셉트가 들어간 가게의 경우, 많게는 2,000~3,000엔의 시급을 받기도 한다. 히카루의 경우는 평균 시급을 받고 있다고 했다.

"저는 (경제 수준이) 꽤 낮은 편에 속하지 않은가 생각합니다. 해외에서 호주인가 어느 나라 농장에서 블루베리를 따기만 해도 월수입 50만 엔이라고 들은 적이 있어서 가볼까 생각한 적이 있어요. 최근에 물가가 많이 올라 생활이 더 어려워졌거든요."

그녀의 말에서 생활이 어려워 해외로 돈 벌러 나간다는 일본 청년들의 현실을 알 수 있었다.

가부키초에서 일하는 또래들을 보고 느낀 건 무엇인지 묻자, 그녀는

• 부양내扶養內 근무: 세금 및 사회보험 제도상 피부양자扶養家族로 인정받기 위해 일정 수입 범위 내에서만 일하는 것을 의미한다. 피부양자로 인정되면 배우자의 과세 소득에서 일정 금액이 공제되고, 건강보험료와 국민연금 보험료를 내지 않아도 된다. 연 소득이 100만~105만 엔 이하일 경우 지방세인 주민세住民税가 면제되거나 크게 줄어든다.

1장 사라진 기회　**57**

눈을 반짝이며 묘한 표정으로 말했다.

"요즘은 예뻐지고 싶어 하는 여자들이 많아진 것 같아요. 그래서 성형하거나 자신을 치장하기 위해 명품 백을 사죠. 명품을 가지려는 욕구가 예전보다 강해진 것 같아요. 호객행위를 해서 원조교제를 하거나 해외에 나가서 매춘을 하는 경우도 있다고 들었어요."

신주쿠 가부키초의 뒷골목에서 만난 이 청년은 젊은 세대가 느끼는 욕망, 그리고 주변의 유혹과 갈등에 대해서 털어놓았다.

히카루의 경우 비정규직이지만 스스로 구직해 적은 액수라도 용돈을 벌고 있지만, 문제는 구직활동조차 하지 않고 부모에게 의존해서 살아가는 청년들도 많다는 것이다. 이들을 흔히 니트NEET족˙이라 부르는데, 근로 능력이 있음에도 불구하고 취업이나 교육, 직업훈련 등에 참여하지 않고 집에서 부모의 지원에 의존하며 살아가는 무직 청년들을 일컫는다. 다만 이들도 사회활동 정도에 따라 범주가 달라진다. 취업 의지는 약하거나 없지만, 사회적 활동을 하고 인적인 교류를 하면 정상인의 범주에 있다고 본다. 하지만 이런 상황이 악화되어 인간관계를 맺지 않고 사회활동마저 중단된다면 이들은 '히키코모리'˙˙의 범주에 들어가게 된다. 정상적인 사회활동을 하고 있는 '니트족'이라 할지라도 '히키코모리'의 상태로 이어질 잠재적 가능성을 안고 있기 때문에, 가족과 사회가 지속적으로 관심을 가지고 지원과 안전망을 구축하는 것이 중요하

• 니트NEET족: Not in Education, Employment or Training의 줄임말로 근로능력이 있음에도 구직활동을 하지 않고 지속적으로 쉬는 사람들을 가리키는 신조어. 직장이 없는데도 취업 교육이나 훈련, 학업에도 참여하지 않는 이들을 일컫는다.
•• 히키코모리: 은둔형 외톨이. 오랜 기간 동안 집에 틀어박혀 사회와의 접촉을 극단적으로 기피하는 행위, 혹은 그런 사람을 칭하는 일본의 신조어.

다고 전문가들은 지적한다.

신주쿠의 화려한 불빛과는 다르게 뒷골목에서 만난 여러 청춘들은 제각각 고민과 두려움을 안고 살아가고 있었다. 비정규직으로 최소한의 생계를 이어가는 콘셉트 카페 종업원들. 그리고 신주쿠 도호 빌딩 옆 광장에서 삼삼오오 모여 술을 마시고 비행을 일삼는 도요코 키즈들. 일부 가출한 중고생들은 원조교제와 매춘, 집단 폭력, 심지어 노숙자 살해와 같은 충격적인 범죄에까지 가담하고 있다. 신주쿠의 뒷골목은 이 시대를 살아가는 일본 청소년과 청년들의 방황과 불안, 그리고 도덕적 위기를 고스란히 드러내고 있었다.

니트족, 비정규직 노동자들이 늘어나는 것은 개인의 문제가 아니다. 그 이면에는 기회의 문턱에서 미끄러진 청춘들의 현실이 자리하고 있었다. 학력과 집안 배경, 지역, 성별 등에 따라 기회가 차별적으로 주어지는 사회 속에서 이들은 자신의 능력이나 의지와는 무관하게 이미 구조적으로 소외된 채 일자리를 포기하고 있었다. 정규직 일자리와 안정적인 삶의 경로가 막혀버린 시대, 신주쿠의 밤을 부유하는 청춘들의 얼굴은 바로 사라진 기회의 상징이자, 우리가 직시해야 할 일본 사회의 어두운 측면이기도 하다.

2장

균열의 시작

아베노믹스의
파도 위에서

    2011년 3월 11일, 거대한 비극이 시작됐다. 도호쿠 지방 태평양 해역에서 규모 9.0의 초대형 지진이 발생했고, 뒤따른 거대한 쓰나미가 이 일대를 덮치면서 막대한 피해를 초래했다. 홋카이도 남부에서 도호쿠 지방을 거쳐 간토 남부에 이르는 광범위한 지역에서 인명 피해와 건물, 시설 파괴가 잇따랐다. 일본 지진 관측 사상 최대 규모였던, 이 대지진으로 사망·실종자는 18,434명에 달했고, 파괴된 건물 수는 402,699채에 이르렀다. 주요 기반시설이 파괴되고 기능을 상실했으며, 기간산업과 에너지 인프라 또한 치명적인 타격을 입었다.

    특히 일본 사상 최악의 원전사고인 후쿠시마 제1원자력 발전소 폭발사고가 일어나면서 일본 경제는 휘청거리기 시작했다. 직접적인 피해

액만 해도 약 16조 9,000억 엔에 달하는 것으로 추산되었고, 인프라 시설 파괴로 생산성이 급감하고 물류 대란이 발생하는 등 일본 경제 전반에 심각한 혼란이 초래되었다. 이처럼 전례 없는 대지진이 남긴 피해는 가히 천문학적인 수준이었다.

동일본 대지진의 여파는 피해 지역에만 해당되지 않았다. 지진 피해 복구와 손해보험금 지급을 위해 대량의 엔화 매입이 예상되자, 투기적 수요가 집중되면서 엔화 가치가 급등하는 '슈퍼 엔고円高 현상'이 생겨났다. 엔화가 강세를 보이자, 일본 수출기업들의 제품은 가격 경쟁력을 잃게 되었고, 특히 자동차·전자업계를 중심으로 한 수출기업들은 큰 경제적 손실을 입었다. 이로 인해 일본의 경상수지는 하락하기 시작했고, 결국 무역수지 적자가 누적되면서 일본 경제는 총체적인 경제 위기 상황을 맞이하게 되었다.

디플레이션과의 전쟁

대지진은 정치계에도 큰 타격을 주었다. 2009년 민주당은 제45회 중의원 선거에서 자민당을 꺾고 54년 만에 정권 교체를 이뤄냈다. 그러나 2011년 3월 11일 발생한 동일본 대지진과 후쿠시마 원전사고 앞에서 민주당 정권은 효과적으로 대응하지 못하면서 국민의 신뢰를 잃기 시작했다. 이러한 정치적·경제적 혼란 속에서 아베 신조가 이끄는 자민당은 2012년 12월 16일 실시된 제46회 일본 중의원 선거에서 전체 480석 중 과반이 넘는 294석을 차지하며 정권을 되찾았다. 이때부터

엔화(아래)를 대량으로 발행해 디플레이션을 탈출하려 했던 아베 전 총리(위).

일본은 새로운 경제 국면에 접어들게 된다.

아베는 장기화된 디플레이션에서 탈출하고 일본 경제의 재활성화를 위한 경제정책을 시행했다. 당시 아베 내각이 추진하던 디플레이션 탈출 전략은 총리의 이름인 '아베Abe'와 '이코노믹스Economics'를 합쳐, 일본 언론에서 아베노믹스Abenomics라 부르기 시작했다. 2013년 아베 총리는 대표적 비둘기파인 구로다 하루히코를 일본은행 총재로 임명하며 아베노믹스에 본격적인 시동을 걸었다. 일본은행은 과감한 양적완화와 마이너스 금리정책을 시행하며 통화 공급을 확대했고, 아베 총리는 재정지출 확대와 구조조정을 병행하며 디플레이션과의 전면전을 선포했다.

'디플레이션 파이터Deflation Fighter'라는 별명을 지녔던 아베 총리의 경제정책인 아베노믹스는 일본 경제에 활력을 불어넣기 시작했을까? 코로나19 팬데믹이 시작되기 직전인 2019년, 경제 프로그램 제작을 위해 일본을 방문했을 때 아베노믹스를 한창 추진 중인 일본의 상황을 여러 전문가와 시민들을 통해 취재할 수 있었다. 당시 일본의 취업시장은 점차 개선되고 있었지만, 경제는 여전히 저성장의 늪에서 벗어나지 못했고, 임금 정체도 지속되고 있었다.

이러한 상황은 일시적인 현상이 아니었다. 1995년 이후 약 20년 동안 일본의 월평균 소비자물가는 -0.1퍼센트 수준에 머무르며, 디플레이션이 만성화된 상태였다. 일본 경제는 이른바 '유동성 함정'에 빠져 있었고, 이미 금리는 제로에 가까운 수준이었다. 아무리 통화량을 늘려도 실질적인 소비나 투자 증가로 이어지지 않는 상황이었다.

일반적으로는 통화량을 늘려 금리를 낮추면, 소비와 투자가 활발해지며 경기가 회복되는 것이 경제의 기본 메커니즘이다. 그러나 일본은 실질금리가 마이너스임에도 디플레이션이 고착화되면서, 기업과 소비자가 금리 인하에 거의 반응하지 않는 '유동성 함정'에 빠져 있었다. 이러한 장기 불황과 유동성 함정을 타개하기 위해 아베 총리는 이른바 '세 개의 화살'로 불리는 정책 패키지를 제시했다.

첫 번째 화살은 대담한 통화정책이었다. 아베 정부는 대규모 양적완화 정책을 통해 엔화를 시중에 대량 공급함으로써 경기를 부양하고자 했다. 정부는 자국이 발행한 국채와 민간 채권을 대규모로 매입하며 시장에 자금을 풀었고, 일본은행은 한발 더 나아가 주식, 부동산, 회사채까지 직접 매입하면서 유동성을 크게 확대해 나갔다.

그 결과 시장에는 엔화가 넘쳐나기 시작했고, 자연스럽게 엔화 가치가 하락했다. 이른바 엔저 현상은 해외 시장에서 일본 제품의 가격 경쟁력을 높여 수출기업의 실적 개선으로 이어졌다. 아베노믹스는 이러한 효과를 통해 투자와 소비를 촉진하고 내수를 회복시키려는 전략이었다. 하지만 이 정책은 분명한 부작용도 안고 있었다. 엔화 가치 하락은 수입 물가 상승으로 이어졌고, 이는 곧 일본 경제에 인플레이션 압력을 가하는 또 다른 문제를 초래했다.

두 번째로 아베노믹스가 추진한 정책은 과감한 재정정책이다. 일본 정부는 인위적으로 부채를 감수하면서까지 경기를 부양하려는 적극적인 재정정책을 펼쳤다. 그 일환으로 2013년에 무려 13조 엔 규모의 추경예산을 편성했다. 이는 2011년 발생한 동일본 대지진으로 인한 경기침체를 극복하기 위한 조치였다.

아베 총리는 '국토 강인화國土強靭化'라는 구호 아래, 10년간 200조 엔의 예산을 투입해 사회간접자본 확충과 재해방지 시설강화를 추진했다. 정부 재정이 여의치 않은 상황에서도 과감히 국가 부채를 감수하면서까지 경기 부양에 나선 것이다. 그러나 당시 일본은 이미 높은 국가 부채 비율을 안고 있었다. 1998년 GDP 대비 81.6퍼센트였던 일본의 국가채무 비율은 꾸준히 증가해, 2018년에는 237.1퍼센트에 달했다. 그럼에도 일본 정부는 막대한 재정을 투입해 시중 유동성을 늘리고 경기를 떠받치는 정책을 2013년 이후 10년 넘게 지속해왔다. 이러한 재정정책은 일본은행의 자산 매입과 유사한 경제적 효과를 내며, 결과적으로 시장에 대규모 엔화 유동성을 공급하는 수단이 되었다.

세 개의 화살 중 마지막은 거시적 구조개혁의 추진이었다. 앞선 두 가지, 즉 통화정책과 재정정책이 단기적으로 인플레이션을 유도해 경기를 부양하는 데 초점을 맞췄다면, 구조개혁은 보다 장기적인 관점에서 일본 경제의 체질을 개선하고 지속 가능한 성장 기반을 마련하기 위한 전략이었다.

아베 총리는 일본 경제의 구조개혁을 위해 국가전략특구를 지정하고, 고령자와 여성 인력을 적극적으로 경제활동에 참여시키는 정책을 추진했다. 그리고 후쿠시마현의 원전 피해복구와 더불어 일본 내 원전의 재가동에도 박차를 가했다. 여기에 더해, 2016년에는 이민 규제 완화를 통해 노동력과 소비 인구를 해외로부터 유입하는 방안도 모색했다.

탈출구를 잃은 '세 개의 화살'

아베노믹스가 시작될 당시 일본의 대부분의 경제학자들은 이 정책에 대해 동조하는 분위기가 강했다. 하지만 게이오대학교 경제학부 명예교수인 가네코 마사루는 아베노믹스 시행 초기부터 이를 비판해온 대표적인 소장파 경제학자다. 2024년 여름, 도쿄의 자택에서 진행된 인터뷰에서 가네코 교수는 현재 일본 경제 상황에 대해 신랄하게 비판했다.

"G7이라고 불리는 나라, 미국, 영국, 독일 등에서 일본만 유일하게 임금이 오르지 않았습니다. 경제성장도 멈췄고, 첨단산업도 부진하다고 할 수 있죠."

그는 아베노믹스가 오히려 일본 경제를 더욱더 위험에 빠트리고 있다고 상조하며 문제점을 지적했다.

"디플레이션을 벗어나기 위해 금융완화 정책을 지속한 결과, 엔저 현상이 나타났습니다. 이로 인해 수입 물가가 급등하면서 인플레이션으로 전환된 겁니다. 임금이 그에 맞춰 오르면 괜찮지만, 임금은 제자리걸음이라 물가 상승률을 따라잡지 못하고 있습니다. 아베노믹스가 인플레이션을 유도하면 소비가 늘어날 것으로 기대했지만, 실제로 개인 소비는 오히려 위축되고 있습니다. 지금도 인플레이션이 이어지고 있는데, 여전히 물가를 자극하는 정책을 계속하고 있는 셈이죠. 아베노믹스를 너무 오랫동안 지속한 결과, 이론적으로는 이미 파탄에 가까운 상황입니다."

가네코 교수는 국내 경제 상황뿐 아니라 글로벌 관점에서도 일본 경제가 진퇴양난에 빠져 있다고 했다. 일본은행은 아베노믹스의 일환으로 적자 국채를 매입해서 경기를 부양하는 정책을 10년 넘게 지속해왔다. 그러나 그 결과, 정책 정상화의 출구를 찾기 어려운 상황에 직면하게 되었다고 설명했다.

"국채 매입 규모가 1,000조 엔이 넘는 나라는 일본이 유일합니다. 지금까지 일본은행은 약 580조 엔 상당의 국채를 사들였고, 전체 국채의 절반 이상을 보유한 기형적인 상황이 되어버렸습니다. 이런 상황에서 금리를 올리면 국채 이자 부담이 커지고, 정부의 원리금 상환 비용이 늘어나버려 재정이 더 이상 유지될 수 없게 됩니다. 게다가 금리를 올리는 순간 일본은행이 보유한 580조 엔 규모의 국채 가격이 하락하게 되고, 그로 인해 일본은행은 잠재적으로 채무 초과 상태에 빠지게 됩니다. 결과적으로 운신의 폭이 좁아지고, 일본은행의 신용 자체도 굉장히 위태로워지는 것이죠."

플라자 합의 이후 생겨난 엔고円高 불황. 이에 대응하기 위한 과잉 조치로 생겨난 거품경제는 결국 붕괴되었고, 일본은 20년 넘게 장기 불황의 늪에 빠지게 되었다. 이러한 장기 불황에 종지부를 찍고 싶었던 아베 전 총리는 강력한 경기 부양책을 추진했다. 하지만 장기간에 걸쳐 시행된 금융완화와 재정지출 정책은 오히려 새로운 불안 요소로 작용하며, 일본 경제에 거대한 먹구름을 드리웠다.

돌파구가 없는 장기 침체, 등을 돌리는 청년들

아베노믹스의 정책 목표는 소비자물가 상승률 2퍼센트, 명목 GDP 성장률 3퍼센트, 실질 GDP 성장률 2퍼센트였다. 하지만 제2기 아베 내각이 코로나19 팬데믹으로 지지율 하락과 함께 막을 내릴 때까지, 7년 8개월 동안 지속된 아베노믹스는 이러한 목표를 끝내 달성하지 못했다. 실제로 소비자물가 상승률은 0.89퍼센트, 명목성장률은 1.61퍼센트, 그리고 실질성장률은 0.85퍼센트에 그치며 기대에 미치지 못하는 성과를 보였다.

아베노믹스는 일본 경제를 되살리기 위한 대담한 실험이었지만, 이미 고착화된 구조적 한계를 돌파하기에는 역부족이었다. 일본의 디플레이션 탈출이라는 과제는 여전히 현재진행형이며, 막대한 국가 부채, 급속한 고령화, 만성적인 노동력 부족 등 일본 경제가 안고 있는 근본적 문제들은 여전히 해결되지 않은 채 남아있다.

　이러한 장기 침체의 그늘은 숫자와 통계만으로는 다 담을 수 없는 깊은 상처를 일본 사회에 남겼다. 노력하면 보상받을 수 있다는 믿음은 무너졌고, 안정적인 삶을 위한 경로는 점점 더 멀어졌다. 과거에는 '정규직'이라는 말이 곧 인생의 안정을 의미했지만, 이제는 정규직조차도 더 이상 안정된 삶을 보장하지 못하는 시대가 되었다. 미래에 대한 확신 없이 살아가는 일본의 젊은 세대는 더 이상 이 나라에서 희망을 찾기 어렵다고 느끼고 있다. 그래서 유학이나 해외 취업, 이민이라는 이름 아래 일본을 떠나는 청년들이 조금씩 늘어나고 있다. 이들은 더 나은 삶을 찾아 떠나는 것이 아니라, 더 이상 견딜 수 없어 자신이 태어난 나라에 등을 돌리고 있는 것이다. 조용하지만 분명하게, 일본 청년들의 마음속에서 '미래'라는 단어가 지워지고 있었다.

꿈을 위해 캐나다를
선택한 발레리나

규슈의 중심이자 관문 도시인 후쿠오카시는 인구 200만 명이 넘는 대도시로, 우리나라 부산시와 자매결연을 맺은 곳이기도 하다. 2023년 7월 하순, 이곳을 찾았을 때는 엔화 가치가 급격히 하락하며 이른바 '엔저' 현상이 본격화되고 있었다.

당시 기록적인 엔저 흐름 속에서 일본 경제는 명암이 엇갈리고 있었다. 환율이 달러당 145엔을 돌파하며 엔화 가치는 8년 만에 최저 수준을 기록했고, 그 여파로 외국인 관광객 수는 증가하고 수출 실적도 개선되는 듯 보였다. 하지만 동시에, 엔저에 따른 수입 물가 상승과 3퍼센트에 달하는 소비자물가 인상은 서민 경제에 뚜렷한 타격을 주기 시작했다. 일본 주요 언론들도 이러한 상황을 집중 조명했다. 물가 상승으로 생활고를 겪는 서민들의 현실, 원자재 가격 급등으로 위기에 놓인 자영업자들, 반사이익을 누리는 수출기업들의 온도차가 언론의 주요 논점이었다.

나는 후쿠오카에서 엔저로 인해 한국을 포함한 외국인 관광객의 유입이 급증하던 현장을 취재하고, 동시에 낮아진 엔화 가치 때문에 일본을 떠나 상대적으로 고임금을 기대할 수 있는 해외로 이주하려는 일본 청년들의 움직임을 추적했다.

유례없는 슈퍼 엔저 현상

후쿠오카 출장에 앞서, 엔저 현상이 만들어내는 일본 경제의 큰 흐름을 파악할 필요가 있었다. 그래서 만난 사람이 바로 동아시아 외환위기 당시 환율 방어정책을 주도했던 사카키바라 에이스케 전 재무성 차관이다. 그의 뒤를 이어 일본의 통화·재정 정책을 이끌었던 인물은 '아베노믹스'의 핵심 실행자이자 전 일본은행 총재인 구로다 하루히코다. 그는 장기 금리를 낮게 유지하는 정책을 통해 현재의 엔저를 유도한 인물로 평가받고 있으며, "엔저는 일본 경제 전반에 긍정적인 효과를 가져온다"라는 입장을 견지해왔다. 사카키바라 전 차관은 2023년 블룸버그 통신과의 인터뷰에서 "2024년에는 환율이 달러당 160엔까지 하락할 수 있다"는 전망을 내놓기도 했다. 나는 그러한 예측의 근거와 배경이 궁금했다.

개인적으로는 그와의 인터뷰에서, 일본 경제에 대한 우려나 엔저 현상에 따른 부작용에 대해 신중한 경고가 나올 것으로 기대했다. 그러나 사카키바라는 예상과는 다르게, 오히려 보수적이고 신중한 어조로 질문에 답해나갔다. 그의 시선은 일본 내수보다 수출 중심 구조와 거시적 경제 안정성에 더 초점이 맞춰져 있었다.

"현재 미국은 금융긴축을 시행하고 있고, 일본은 금융완화 정책을 유지하고 있기 때문에 엔저 현상이 나타나는 건 자연스러운 결과입니다. 그래서 달러-엔 환율이 한때 150엔까지 치솟았던 것이죠. 하지만 앞으로는 미국의 경제성장률이 둔화되고, 통화정책도 긴축에서 완화로 전환될 가능성이 높습니다. 반면 일본은 상대적으로 성장률이 개선되는 흐름을 보이고 있습니다. 이러한 점들을 종합적으로 볼 때, 엔화는 점차 엔고 방향으로 이동하게 될 것입니다. 시간이 얼마나 걸릴지는 모르겠지만, 장기적으로는 120엔대 수준을 향해 갈 것으로 예상됩니다."

당시 환율이 달러당 150엔대였던 상황에서, 사카키바라는 미국의 통화정책 변화와 일본의 경기 회복 흐름을 근거로, 머지않아 엔화가 강세(엔고)로 전환될 것이라 진단했다. 특히 그는 "2024년의 어느 시점에는 일본은행이 금융긴축으로 정책 기조를 바꿀 것"이라는 전망을 내놓기도 했다. 그의 예측 가운데 일부는 현실이 되었다. 실제로 일본은행은 2024년에 들어서며 점진적으로 긴축 기조로 전환하기 시작했다. 그러나 시장은 그의 예상만큼 민감하게 반응하지 않았다. 금리 인상이라는 조치에도 불구하고, 엔화는 오히려 추가 약세를 보였고, 일시적으로는 달러당 160엔을 넘기며 '슈퍼 엔저' 국면이 지속되었다. 사카키바라의 진단은 구조적으로 타당해 보였지만, 세계 경제의 불확실성과 시장 심리는 이론대로 움직이지 않았다. 그렇게 엔저는 예상보다 훨씬 길고 강하게 일본 경제에 그림자를 드리우고 있었다.

엔저가 불러온 관광 수요는 규슈 지역에서도 뚜렷하게 나타났고, 특히 후쿠오카를 중심으로 그 영향이 본격화되기 시작했다. 일본과 지리적으로 가까운 한국에서도 많은 관광객이 후쿠오카로 몰려들었다. 후쿠오카항 인근의 한 유명 초밥집 앞에, 가게 문이 열리기도 전인데 한국 관광객들이 긴 줄을 서있다는 제보를 받고 직접 현장을 찾았다. 그 초밥집은 선착장 바로 옆에 자리한 비교적 큰 규모의 가게로, 초밥 한 개에 천 원 남짓한 가격으로 한 끼 식사를 할 수 있어 인기를 끌었다. 가게를 15년째 운영 중인 도모오카 다이스케 사장은 하루 평균 400~500명의 외국 관광객들이 가게를 찾는다고 말했다.

"엔저 덕분에 일본 물가가 한국 관광객들 입장에선 훨씬 저렴하게 느껴지는 거죠. 지금은 일본에서 쇼핑하거나 식사하기에 최적의 시기입니다. 저희는 매일 직접 시장에서 신선한 생선을 들여오기 때문에 저렴한 가격으로 제공할 수 있는 게 인기 비결입니다."

그날 가게 앞에서 만난 한국 관광객 장민호 씨는 10년 만에 일본을 다시 찾았다고 했다.

"예전에는 환율이 100엔에 1,110원에서 1,200원 정도였어요. 그런데 지금은 900원대로 떨어져서, 현지에서 돈 쓰는 부담이 훨씬 줄었습니다."

이처럼 환율 변화는 일본을 찾는 외국인 관광객들에게 분명한 매력 요소로 작용하고 있었다. 엔저는 소비자 입장에서는 일종에 '기회의 창'이 되었고, 그 기회를 가장 적극적으로 활용한 이들이 바로 한국 관광객들이었다. 하지만 일본 내 국민들에게는 정반대의 결과를 가져왔다.

수입품 가격이 오르면서 생필품과 식재료 등의 물가가 함께 상승했고, 실질소득이 줄어든 일본 국민들에게는 점점 더 살림살이를 어렵게 만드는 요인이 되고 있었다.

왜 해외로 눈을 돌릴까?

일본과 해외의 임금 격차가 점차 확대되면서, 해외 취업이나 워킹홀리데이를 계획하는 일본 청년들이 늘어나고 있다. 이들의 이야기를 직접 듣기 위해 후쿠오카시에 위치한 '워킹홀리데이협회 후쿠오카 사무소'를 찾았다. 이곳은 일본 청년들을 대상으로 워킹홀리데이 비자 발급을 돕고, 유학 관련 상담과 설명회를 진행하고 있었다. '워킹홀리데이'는 양국 간 협정을 기반으로, 청년들이 상대국에서 1년간 자유롭게 거주하며 일하고 여행하고 공부할 수 있도록 허용하는 특별 비자 제도다. 후쿠오카 사무소는 규슈 지역을 관할하고 있으며, 관련 정보 제공과 업무대행을 함께 수행하고 있다. 이곳의 매니저 후지타 이츠로 씨는 최근 워킹홀리데이를 신청하는 청년들의 목적이 과거와는 확연히 달라졌다고 말한다.

"예전에는 워킹홀리데이 비자의 주된 목적이 해외 문화체험이나 어학연수였어요. 그런데 요즘은 '돈을 벌기 위해' 워킹홀리데이를 선택하는 청년들이 눈에 띄게 늘고 있습니다. 임금은 그대로인데 물가는 오르고, 경제 상황은 좀처럼 나아지지 않으니 많은 이들이 폐쇄감을 느끼고 해외로 눈을 돌리는 거죠."

일과 생계를 위해 캐나다행을 선택한 발레리나, 모리시게 미사키.

특히 엔저의 장기화로 외화 가치가 상대적으로 높아진 것도 이러한 흐름의 중요한 배경이다. 해외의 시급은 꾸준히 오르고 있는 반면, 일본은 좀처럼 오르지 않고 있어 환율 기준으로 따지면 시급이 최대 세 배 가까이 차이가 난다는 것이다. 이는 단순한 체감의 문제가 아니다. 실제 수치를 보면 그 격차는 더욱 뚜렷하게 드러난다.

지난 30년간 일본의 평균임금 상승률은 4.4퍼센트에 그쳤다. 같은 기간 미국은 47.7퍼센트, 영국은 44.2퍼센트, 한국은 무려 90퍼센트 가까운 상승률을 기록했다. 특히 한국은 2015년 기준으로 실질임금 면에서 일본을 앞질렀다는 분석도 나온 바 있다. 2024년 기준, 후쿠오카현의 최저 시급은 약 900~950엔 수준에 머물고 있다. 반면 캐나다는 시간당 17.3캐나다달러(약 1,870엔), 호주는 24.1호주달러(약 2,415엔)으로, 호주의 시급은 일본의 약 2.5배에 달한다.

이런 현실 속에서 '해외에서 돈을 벌어 돌아오겠다'는 청년들의 생각은 자연스러운 흐름이 되었다. 실제로 2023년 일본 청년들의 호주 워킹홀리데이 비자 발급 건수는 1만 4천 건을 넘어서며 사상 최고치를 기록했다. 엔저와 정체된 임금, 그리고 일상 속에서 느끼는 경제적 불안이 이들을 국경 밖으로 이끌고 있는 것이다. 내가 만난 청년 모리시게 미사키도 그중 하나였다.

인재 엑소더스, 고용의 질 저하로 이어지다

그는 캐나다로 워킹홀리데이를 하려고 준비 중인 프로 발레리나이다. 전공을 살리면서도 생계를 꾸릴 수 있는 방법을 고민하다, 해외로 눈을 돌리게 되었다고 한다.

"캐나다에서는 일본보다 발레를 하는 사람들이 더 우대를 받는다고 생각해요. 제 지인도 캐나다의 한 발레단에 들어가 안정적인 급여를 받으며 공연에 집중하고 있어요. 하지만 일본에서는 발레만으로는 생계를 유지하기 어렵습니다. 저 역시 강사활동과 개인교습을 함께하면서 생활비를 마련하고 있어요. 최근에는 정말 물가가 많이 올랐다는 걸 실감하고 있습니다. 특히 슈퍼마켓에서 수입제품을 살 때는 가격이 너무 올라 망설여질 때가 많아요."

오랜 기간 저성장과 저물가 속에서 버텨온 일본 서민들의 삶이, '엔저'라는 새로운 환경을 만나며 전환점을 맞고 있다. 자국 통화의 가치가 하락하고 시중 유동성이 증가하며 물가는 상승세를 보이는 반면, 실질임금은 제자리걸음을 하면서 임금이 물가 상승을 따라가지 못하는 현상이 본격화된 것이다.

일부 역량 있는 청년들이 일본보다 급여 수준이 훨씬 높은 G7 국가들로 취업 기회를 넓히며, 일본을 떠나는 '인재 엑소더스' 현상이 가속화하고 있다. 게이오대학교 경제학부 명예교수 가네코 마사루는 이렇게 지적한다.

"정규직이 아닌 비정규직 노동자들은 임금 인상 폭이 크지 않기 때문에 점점 임금 격차가 벌어지고 있습니다. 대기업은 임금이 5퍼센트 올라도, 중소기업은 2~3퍼센트에 그치는 경우가 많고, 비정규직의 임금 정체는 훨씬 더 심각한 수준입니다. 이런 상황에서는 국내에서 일하더라도 충분한 수입을 얻기 어려운 사람들이 생겨날 수밖에 없습니다. 그 가운데 영어를 할 수 있다든가 기술과 실력을 갖춘 사람들이 해외로 나가서 돈벌이를 하는 것은 당연한 흐름이라고 생각합니다."

일본의 실질임금 정체가 계속되는 한, 이 같은 인재 엑소더스 현상은 당분간 지속될 것이라는 것이 전문가들의 공통된 분석이다. 인재 유출은 단순한 두뇌 유출 brain drain 을 넘어서, 일본 사회 내부의 '균열'을 드러내는 상징이다. 더 이상 노력하면 보상받을 수 있다는 믿음이 통하지 않는 시대. 청년층은 이제 무기력한 수용이 아니라, 이탈이라는 선택을 통해 조용히 항의하고 있는지도 모른다.

미래의 초밥 장인들은
왜 동남아로 떠나는가

세계인이 사랑하는 일본 대표 음식 가운데 하나가 바로 초밥이다. 신중하게 고른 싱싱한 생선을 정교하게 손질해, 적절히 조미한 밥 위에 올리는 모든 과정은 오랜 시간의 수련과 숙련을 필요로 하며, 초밥 장인이 되는 길은 일본 특유의 장인정신과 깊이 맞닿아 있다.

일본 만화 《미스터 초밥왕》은 초밥을 소재로 한 대표적인 요리 만화로, 한국에서도 큰 인기를 끌었다. 이 만화에 등장하는 대부분의 초밥 장인들은 전문 교육기관을 거치기보다는 전통적인 도제 시스템 속에서 수련을 거듭한 인물들로 그려진다.

주인공인 소년 세키구치 쇼타는 아버지가 운영하던 초밥집이 악덕 기업의 횡포로 문을 닫게 되면서 가난한 생활을 하게 되고, 이후 도쿄로 상경해 유명 초밥집 '오오토리 초밥'에 들어가 초밥을 배우기 시작한다. 이 만화는 쇼타가 온갖 역경을 이겨내고, 요리 대결을 통해 최고의 초밥 요리사로 성장하는 과정을 그리고 있다. 또한 일류 초밥 요리사가 되는 과정은 수련과 수양의 연속임을 강조한다. 실제로 일본에서는 이 만화처럼 도제 시스템을 통해 숙련도를 높이는 초밥 장인들이 여전히 존재하지만, 한편으로는 최고 수준의 커리큘럼을 갖춘 초밥 전문 교육기관에서 정식 교육을 받는 이들도 있다.

해외에서 승부하겠다는 미래의 초밥왕들

전통과 가업 계승을 중시해온 일본의 요리문화에도 변화의 바람이 불고 있다. 최근에는 요리학교를 졸업한 초급 요리사들이 과거와는 다른 진로를 선택하는 경향이 뚜렷하게 나타나고 있다. 2024년 7월 초, 신주쿠 요리학교를 방문했을 때 입학식이 열리고 있었다.

이 학교는 초밥 과정과 야키토리(닭 꼬치구이) 과정 두 가지 프로그램을 운영하고 있다. 초밥 과정은 3개월 단기 프로그램으로, 수강료는 꽤나 비싸서 133만 엔(한화 약 1,250만 원, 100엔=959원 기준)에 달한다. 야키토리 과정은 2개월간 진행되며, 수강료는 약 77만 엔(한화 약 738만 원)이다. 이 요리학교는 소수정예로 진행하는데, 특별 강의뿐 아니라 실제 점포에서의 현장실습까지 포함해 실무 중심의 교육을 제공하고 있다.

이 학교의 특별 강의에서는 단순히 초밥을 만드는 기술뿐 아니라, 간장, 술, 생선 손질 등 각 분야의 전문가를 초청해 다각적인 교육을 진행한다. 예를 들어 쌀에 관한 수업에서는 전문가를 초청해 품종별 특징과 조리법을 배우며, 초밥용 밥을 어떻게 지어야 맛이 극대화되는지에 대해 심도 있게 다룬다.

맛있는 초밥을 완성하기 위해선 조리 기술만큼이나 생선 손질이 중요한 요소다. 이 과정에서 '쓰모토시키津本式'라는 특별한 손질법이 소개되는데, 이것은 생선 피를 정교하게 제거해 비린내와 잡균을 줄이고 신선도를 오래 유지시키는 방법이다. 이 학교에서는 이 분야에 정통한 전문가를 초청해 이론과 실습을 병행하며 해당 기술을 전수한다.

수강생은 보통 열 명 이하로 구성되며, 소규모 수업인 만큼 보다 집중도 높은 개별 지도가 가능하다. 실습 과정은 영상으로 기록되며, 이를 통해 수강생은 강사와 함께 자신의 자세와 손동작을 다시 점검하고 세밀하게 교정할 수 있다. 이처럼 체계적인 피드백 과정을 통해, 이 요리학교는 일류 수준의 초밥 요리사를 길러내고 있다.

이 학교를 운영하고 있는 G팩토리의 홍보담당 오다 나츠미는 수강생들의 절반 이상이 해외 진출을 목표로 하고 있다고 말한다.

"졸업 후에는 해외에서 초밥집이나 닭꼬치집을 열고 싶어 하는 수강생들이 절반 이상입니다. 미국이나 유럽에서 창업한 졸업생들도 적지 않지만, 최근에는 동남아시아 지역에 가게를 열고 싶어 하는 이들이 눈에 띄게 늘고 있습니다."

이 학교는 교육에 그치는 것이 아니라 이미 싱가포르, 태국, 베트남에 지사를 두고 음식 관련 기업의 해외 진출을 지원하거나 수강생들의 해외 창업과 진출도 돕고 있다. 베트남과 싱가포르에는 직영으로 운영하는 일식당도 있다. 특히 베트남에서는 호치민에 여섯 개, 하노이에 한 개의 매장을 포함해 총 일곱 개의 식당을 운영하고 있다. 장어덮밥 전문점, 해산물 이자카야, 고급 오마카세 초밥집 등 다양한 형태의 일식당이 포함되어 있다.

최근에는 신주쿠 요리학교를 졸업한 수강생들이 이들 매장에 취업하는 사례도 늘고 있다고 한다. 과거에는 요리학교를 졸업하면 일본 내에서 음식점에 취업하거나 창업하는 경우가 일반적이었다. 하지만 코로나19 팬데믹 이후 일식에 대한 세계적인 수요가 늘고, 해외에서는 요리사의 급여 수준이 높은 경우가 많아 해외 진출을 도모하는 수강생들이 늘고 있는 추세이다.

"거리에는 노인뿐이고 모든 게 멈춘 거 같아요"

수강생 중 한 명인 카지 요시타카는 베트남에서 일시 귀국해 요리를 배우고 있었다. 그는 왜 이곳을 찾게 되었는지에 대해 이렇게 답했다.

"베트남에서 식당 창업을 고민하다가 초밥이 눈에 들어왔습니다. 여러 자료를 조사하면서 초밥의 매력에 빠졌고, 공부하기 위해 일본에 돌아왔습니다."

카지는 베트남의 한 IT 기업에서 엔지니어로 6년간 일하다가 창업을 위해 일본을 다시 찾았다. 카지는 베트남의 최근 경제성장은 과거 일본의 고도 성장기를 떠올리게 한다고 했다. 실제로 베트남의 경제성장률은 2022년 8.1퍼센트, 2023년 5퍼센트를 기록하며 높은 성장세를 이어가고 있다. 특히 2023년 성장률은 같은 해 한국의 성장률보다 3.5배가 넘는 수치다. 베트남의 인구 구조 역시 성장의 가능성을 뒷받침한다. 2022년 기준, 약 9,900만 인구 중 15~29세 청년층이 20.9퍼센트를 차지하며, 베트남은 2038년까지 '인구 황금기'가 지속될 것으로 기대되고 있다. 베트남에서 생활했던 카지는 이 같은 활기찬 분위기를 생생하게 전했다.

"감각적으로 표현하자면, 베트남에 가면 마치 축제가 막 시작된 듯한 느낌이 들어요. 거리 곳곳이 생동감으로 가득 차 있고, 빠르게 성장하는 나라 특유의 에너지가 느껴집니다."

당시 '축제가 시작된다'는 그의 표현이 다소 추상적으로 다가왔다. 하지만 그로부터 약 3개월 뒤, 베트남에 진출한 일본기업과 일본인을 취재하기 위해 현지를 찾았을 때, 수많은 청년들이 모터사이클에 몸을 싣고 출근길에 나서는 장면을 목격하고서야 비로소 그가 말한 '거리의 활기'가 무엇을 의미하는지 실감할 수 있었다.

몇 주 뒤, 신주쿠 요리학교를 다시 찾았다. 수강생들은 횟감 손질의 기초 과정을 마친 후, 그날 수업에서는 생선의 배를 가르고 칼을 넣어 뼈를 바르고, 살을 정교하게 떠내는 과정을 집중적으로 연습했다. 카지도 실습에 몰두하고 있었지만, 아직은 익숙지 않은 칼질 탓에 실수가 잦았다. 그때마다 강사 고바야시 마사키의 단호한 지적이 날아들었다. 고바야시는 직접 시범을 보인 뒤, 카지의 손놀림 하나하나를 예리하게 살펴보며 구체적으로 교정했다. 그의 지적은 집요했고, 디테일에 집착했다.

초밥 경력 26년 차인 고바야시는 정통 기술을 예술에 가까운 경지로 끌어올린 장인이었다. 생선을 자르는 섬세한 칼놀림, 적당한 양의 밥을 손에 쥐어 정갈하게 샤리를 빚고, 그 위에 회를 정확한 각도로 얹는 동작까지, 모든 과정은 오랜 시간 반복된 수련의 결과였다.

강사 고바야시도 최근 수강생들의 진로 선택에 변화가 생기고 있음을 확인해주었다.

"요즘은 베트남이나 태국 등 동남아 개발도상국으로 진출하고 싶어 하는 학생들이 많습니다. 이번 기수에도 세 명 중 두 명이 해외 진출 의향을 밝혔고요. 현지에서 흔히 접할 수 있는 일반적인 초밥이 아니라, 일본의 정통 방식으로 초밥을 제대로 배워서 해외 시장에 도전하고 싶다는 거죠."

일본의 정통 요리사를 길러내는 이 학교에서도 더 나은 조건을 찾아 해외로 진출하려는 수강생들이 많아지면서, 인재 엑소더스 현상이 두드러지고 있다. 카지는 캐나다와 베트남 등지에서 10년 가까이 생활한 경험이 있다. 오랜만에 일본으로 돌아온 그는 예전과 달라진 일본 사회의 분위기에 우려를 나타냈다.

"1990년대에 일본 경제력이 활력을 잃었다고 하지만, 지금 일본의 경제력은 노쇠해졌다고 할 정도로 눈에 띄게 약해졌어요. 경제가 멈춘 듯한 느낌입니다. 임금도 오르지 않고, 도쿄는 활기를 잃었고요. 젊은이는 점점 줄고, 거리에 보이는 건 노인뿐이에요. 오랜만에 일본에 와 있으니까, 마치 만원 전철 안에 갇힌 것처럼 답답한 기분이 들더라고요. 창업을 하든 뭘 하든, 이제는 일본이 아니라 해외에서 해보고 싶습니다."

경제의 장기 침체와 인구 감소 속에서, '거대한 배, 일본호'가 서서히

초밥 요리를 배워 베트남에서 창업하려는 청년 카지.

침몰하고 있다는 위기감이 일본 사회 전반에 퍼지면서, 일본을 떠나 새로운 가능성을 찾으려는 젊은이들이 점점 늘고 있는 것이다. 카지 역시 그 흐름 속에 있다. 그는 베트남 호치민으로 들어가 시장 조사를 진행한 뒤, 직접 초밥집을 창업할지 혹은 이미 진출해 있는 현지 초밥집에 취업할지를 결정할 계획이다.

이처럼 새로운 가능성을 좇아 해외로 나서는 젊은이들의 움직임은 개인의 진로 선택을 넘어, 일본 사회의 균열을 드러내는 징후로 해석되기도 한다. 이들은 더 이상 '본토 중심'의 삶을 당연시하지 않는다. 오히려 국내에서 느끼는 폐쇄감과 정체된 사회 구조에서 벗어나, 보다 개방적이고 성장 가능성이 높은 외부 세계로 나아가려 한다.

청년들의 해외 이탈은 곧 일본 사회 내 중심축의 이동을 의미한다. 이는 단순한 인력 유출이 아니라, 오랫동안 유지되어온 '안정된 일본'의 이미지에 금이 가기 시작했음을 보여주는 상징적인 장면이다. 초밥이라는 전통기술의 계승조차 더 이상 국내에 국한되지 않고, 세계 무대에서 그 가치를 증명하려는 시도가 늘어나고 있다. 결국 이러한 흐름은 일본 사회가 처한 현재의 한계를 적나라하게 보여주며, 변화의 필요성을 더욱 절실하게 만들고 있다.

3장

침몰의 가속화

자민당의 극장 정치와 얼굴 마담 총리

세계보건기구WHO는 2020년 1월, 코로나19 바이러스로 인한 국제적 공중보건 비상사태를 선언했다. 섬나라 일본 역시 코로나19에 대응하기 위해 철저한 봉쇄 정책을 시행했지만, 다른 나라들과 마찬가지로 대규모 감염 사태와 의료 시스템의 붕괴, 경제적 충격을 피하지는 못했다. 코로나19 팬데믹으로 2020 도쿄올림픽이 연기되고, 미숙한 방역 대응과 잇따른 셧다운 등으로 경제가 악화되면서 민심이 빠르게 돌아섰고, 결국 아베 총리는 자리에서 물러나게 된다. 도쿄 올림픽 개최와 같은 대형 이벤트를 통해 국민의 시선을 돌리려는 시도도 있었지만, 모리토모·가케학원 스캔들 등 아베 정권을 둘러싼 오래된 의혹들이 다시 부각되면서 여론의 흐름을 바꾸는 데 실패했다.

아베와 스가와 기시다, 도로 자민당

아베 내각이 실각한 이후, 그의 최측근이자 자민당의 2인자였던 당시 내각관방장관 스가 요시히데가 2020년 9월 16일, 제99대 총리로 취임했다. 스가 총리는 코로나19로 인한 경제적 충격이 계속되는 가운데 아베 전 총리의 경제정책 기조를 이어받아 양적완화 정책을 지속했다. 팬데믹이 전국으로 확산되고 경기 침체가 장기화되던 시점에서, 안정적인 '관리형 정치인'으로 평가받던 스가를 총리로 선출한 것은 자민당으로서는 불가피한 선택이었다. 아베가 공식적으로는 물러났지만, 여전히 막강한 정치적 영향력을 유지하고 있었고, 사실상 스가는 아베 내각의 노선을 그대로 이어가는 길을 택했다. 하지만 스가 총리 역시 코로나19 대응의 미흡, 정치자금 쪼개기 기부 의혹, 장남의 총무성 간부 접대 사건 등 잇단 스캔들로 국민의 신뢰를 잃었고, 결국 취임 1년 만인 2021년 10월 4일에 총리직에서 물러났다.

아베 내각의 붕괴와 스가 내각의 조기 퇴진에도 불구하고, 집권 자민당은 총리만 바뀌었을 뿐 그 정치적 기반과 존재감은 흔들림 없이 유지되었다. 자민당의 장기 집권이 10년 넘게 이어지는 가운데, 스가 총리에 이어 2021년 10월, 제100대 총리로 취임한 인물이 바로 기시다 후미오였다. 나는 도쿄 특파원으로 부임하기 한 달 전, 기시다 총리의 취임을 보았고, 2024년 11월 일본에서 한국으로 복귀하기 직전에는 그의 차기 총리 불출마 선언 기자회견을 지켜보았다. 결국 2021년 말부터 2024년 말까지 3년간의 특파원 생활 대부분을 기시다 총리의 리더십 아래서 보냈다.

기시다 전 총리는 자민당 내에서 비교적 온건한 성향의 정치인으로 분류된다. 이념적 스펙트럼으로 볼 때, 그는 자민당 내 리버럴 계열의 흐름을 잇는 인물로, 아시아 국가들과의 외교를 중시하는 고치카이宏池会 출신이다. 고치카이는 자민당 내 유력 파벌 중 하나로, 전통적으로 실용주의와 국제 협조를 중시하는 노선을 지켜왔다. 아베 전 총리가 보수 우파 성향의 정치인이라면, 기시다 전 총리는 그보다는 중도적이고 합리적 성향을 지닌 인물로 평가받는다. 그는 정치 명문가 출신으로, 부친의 지역구였던 히로시마 제1구를 물려받아 자신의 지역구로 삼았다. 2012년 아베 신조가 총선에서 승리하며 총리로 복귀한 후, 기시다는 외무대신으로 임명되어 5년 가까이 재직하며 일본 최장수 외무대신 기록을 세웠다. 이후 2017년부터 2020년까지는 자유민주당 정조회장을 역임했다.

2021년 10월 취임한 기시다는 경기 침체 속에서 내수 경기를 활성화하기 위해 '성장보다 분배'를 강조하는 노선을 택했다. 그동안 아베노믹스로 수출기업의 실적은 향상되고 주가는 올랐지만, 국민 대다수는 실질적인 삶의 개선을 체감하지 못했다. 이러한 배경 속에서 기시다 총리는 국민의 지지를 얻기 위한 정책 방향으로 '분배 강화'를 내세운 것이다. 그는 팬데믹으로 침체된 경기를 부양하기 위해 수십조 엔 규모의 재정정책도 단행했다. 2021년부터 2024년까지 내각총리대신을 역임한 기시다 총리는 온건한 리더십으로 팬데믹 시기의 일본을 이끌었고, 그의 임기 동안 일본 사회는 코로나19 엔데믹 전환과 함께 점차 일상을 회복해갔다.

"자민당의 변화, 그 첫걸음은 제가 물러나는 것입니다"

대통령 5년 단임제로 진보와 보수 정권이 번갈아 집권하며 정권 교체가 이루어지는 한국 정치와 달리, 일본에서는 제1당인 자민당이 아베 총리의 취임 이후 2012년부터 10년 넘게 정권을 유지하고 있다. 자민당은 장기 집권 속에서도 정권 지지율이 떨어지거나 국민들의 반발 여론이 커질 경우, 그 흐름에 기민하게 대응하며, 새로운 총리를 내세우는 방식으로 정권의 연속성을 이어왔다.

과거 고이즈미 준이치로의 정치적 제자였던 아베 전 총리는 사실상 고이즈미와 마찬가지로 '극장형 정치'에 능한 인물이었다. 극장형 정치란 일본 정치의 보수성과 폐쇄성을 감추기 위해, 미디어를 적극 활용해 정치적 메시지를 연출하고, 국민의 시선을 사로잡는 전략을 말한다. 강경 일변도의 정책 기조를 유지해오다 국민들의 신임을 잃게 된 아베 총리를 대신해, 자민당이 국민 앞에 내세운 인물이 바로 온화하고 중도적인 이미지를 지닌 기시다 총리였다. 이는 대중 정서를 의식한 '극장형 정치' 전략의 연장선으로 볼 수 있다. 상황이 어려워질 때마다 새로운 얼굴을 앞세워 이미지 전환을 시도하는 자민당의 정치방식 속에서, 기시다 총리는 자민당이 위기에 처했을 때 등장한 새로운 '얼굴 마담'이라 할 수 있다.

기시다 총리의 책임은 막중했다. 1990년대 후반부터 시작되어 20년 가까이 지속된 일본의 장기 불황을 극복하기 위해 아베 전 총리가 추진한 아베노믹스는 기대만큼의 성과를 내지 못하고 있었기 때문이다.

코로나19 이후 전 세계적인 인플레이션의 여파로 일본 국내 물가는 가파르게 오르고 있었다. 반면 물가 상승률을 따라가지 못하는 임금 상승률로 인해 일반 가계와 서민들의 경제적 부담은 점점 가중되고 있었다. 이러한 상황에서 취임한 기시다 총리가 집권 초기부터 강조한 정책이 바로 '새로운 자본주의'였다. 이 '새로운 자본주의'는 약 30년간 정체된 실질임금을 끌어올리는 것에 초점을 맞춘 정책 기조로, 재분배를 강화하고 기업들에게 임금 인상을 유도하는 동시에 중산층 확대를 위해 다양한 방안을 추진하며 경기 부양에 주력하는 것이다.

기시다 총리 재임 기간 동안, 일본은 30여 년간 이어져온 디플레이션 기조에서 벗어나, 2퍼센트 물가 상승률 달성을 목표로 정책 전환에 나섰다. 그 결과, 30여 년 만에 가장 높은 수준의 임금 상승률을 기록하며 국내외의 주목을 받았다. 그러나 이러한 경제정책의 추진과는 별개로 기시다 총리의 정치적 기반은 점차 흔들리기 시작했다. 그는 2021년 중의원 선거와 2022년 참의원 선거에서 자민당을 이끌어 승리를 거두었지만, 두 선거 모두에서 자민당의 의석수는 이전보다 줄어드는 결과를 낳았다. 2022년에는 아베 전 총리의 피격 사건을 계기로 자민당과 세계평화통일가정연합(통일교) 간의 유착관계가 드러나 국민적 분노가 확산되었다. 이어 발생한 자민당 내 정치자금 비리 스캔들은 기시다 내각에 치명적인 타격을 입혔다.

기시다 총리는 고치카이宏池会를 비롯해 세이와카이清和会, 시스이카이志帥会 등 자민당 주요 파벌의 해체를 주도하며 당내 구조 개편에 나섰다. 동시에 내각 개편을 통해 정치 쇄신을 시도했는데, 2022년 8월에는 통일교 관련 의혹이 제기된 내각 인사를 교체했고, 2023년 9월에는 정치자금 비리에 연루된 인사들을 정리하는 조치를 취했다. 그러나 이러한 대응에도 불구하고, 이미 등을 돌린 국민의 마음을 되돌리기에는 역부족이었다. 취임 초기 60퍼센트에 달했던 지지율은 점차 하락해 결국 20퍼센트 선까지 떨어져 퇴진 위기 수준에 이르렀다. 당 안팎에서 기시다 총리의 사퇴를 요구하는 목소리가 거세졌고, 그의 정치적 고립은 불가피해졌다.

결국 2024년 8월 14일 오전, 기시다 총리는 총리 관저에서 기자회견을 열고 차기 자민당 총재 선거에 불출마하겠다는 입장을 공식적으로 밝혔다. 그는 "자민당이 바뀌고 있다는 것을 국민께 확실히 보여드릴 필요가 있습니다. 그 첫걸음이 제가 물러나는 것입니다"라고 밝히며, 사실상 총리직 사퇴를 예고했다.

얼굴만 바뀌는 총리, 뒷전으로 밀리는 민생 정책

기시다 총리가 자민당 총재직에서 물러나자, 자민당 내부에서는 차기 총재 자리를 두고 치열한 경쟁이 벌어졌다. 고이즈미 신지로 전 환경상, 이시바 시게루 전 자민당 간사장, 다카이치 사나에 경제안보담당상 등 무려 9명의 후보가 출마를 선언했다. 의원내각제를 채택하고 있는 제1당 대표가 총리에 선출되는 구조이기 때문에, 자민당 총재 선거는 곧 차기 총리를 결정짓는 선거이기도 했다.

이번 선거에서는 이시바 시게루(67) 전 자민당 간사장과 다카이치 사나에(63) 경제안보담당상이 선거기간 내내 치열한 접전을 벌였다. 1차 투표에서는 다카이치가 181표, 이시바가 154표를 얻어, 과반 득표자가 나오지 않아 2차 결선 투표로 이어졌다. 2차 투표에서도 팽팽한 접전이 이어진 끝에, 이시바가 215표를 얻어 194표에 그친 다카이치를 꺾고 극적인 역전승을 거두며 자민당 총재 자리에 올랐다.

자민당 내에서 유일하게 국회의원 54명 규모의 거대 파벌을 이끄는 아소 다로 전 총리가 다카이치를 공개적으로 지지했지만, 결과는 이시바가 역전승을 거둔 것이다. 이시바 자민당 신임 총재는 당선이 확정된 직후, 자민당사 연단에 올라 다음과 같은 포부를 밝혔다.

"일본이 다시 한번 모두가 웃으며 살아갈 수 있는, 안전하고 안심할 수 있는 나라가 되도록 전심전력을 다하겠습니다."

그리고 2012년 당시 아베 전 총리가 민주당에 뺏겼던 정권을 되찾았던 순간을 회상하며, 이시바 총리는 "모두의 마음이 하나가 되어 정권을 탈환했다. 자유롭고 활발한 논의가 가능한 자민당, 공평하고 공정한 자민당, 겸허한 자민당으로, 다시 한번 그때로 돌아가자"라고 소회를 밝혔다.

다섯 번째 도전 끝에 일본호의 새로운 선장을 맡은 이시바 총리. 그에게는 많은 과제가 기다리고 있다. 무엇보다 정치자금 스캔들로 국민의 신뢰를 잃은 자민당을 쇄신하고, 내부의 분열을 봉합해서 당을 통합하는 것이 가장 시급한 과제이다. 당내 기반이 약한 비둘기파 정치인인 그에게 있어 최근의 개각은, 인사 쇄신을 통해 리더십을 강화하고 지지율을 끌어올려 정권 재창출을 이끌 수 있을지 가늠해볼 중대한 시험대다.

그러나 자민당이 총리 교체라는 '얼굴 바꾸기' 전략으로 지지율 회복과 정권 재창출에만 집중하는 사이, 정작 더 절실한 문제는 여전히 뒷전으로 밀려나고 있다. 바로 미래를 이끌어갈 청년층의 삶이다. 양질의 일자리는 줄어들고, 임금은 제자리걸음인 데다 주거·교육·출산 등 기본적인 삶의 조건조차 점점 더 어려워지고 있다. 지금 일본에서 자민당이 '정권을 다시 잡는 것'보다 더 중요한 것은 국민이 체감하는 삶의 개선이어야 한다. 특히 희망을 잃고 떠나는 청년들의 발걸음은, 일본 사회가 직면한 민생 위기를 보여주는 가장 뼈아픈 신호다. 총리를 바꾸는 것만으로는 이탈하는 청년들의 마음을 되돌릴 수 없다. 이제는 진정으로 그들의 삶에 귀 기울이고, 변화된 현실에 맞는 정책적 응답을 내놓아야 할 때다.

호주 라멘집 알바
월수입 500만 원 시대

코로나19 팬데믹이 아직 완전히 종식되지 않았던 2022년 12월, 일본 수도권 청년 유니온˙으로부터 한 통의 이메일이 도착했다. 취재 요청 메일이었다. 내용은 일본의 한 케이크 판매점을 상대로 크리스마스 특별수당 100엔 인상을 요구하는 기자회견이 열린다는 소식이었다. 이 업체는 매년 크리스마스 시즌마다 매출이 증가하고, 아르바이트생들의 업무량도 평소보다 늘어나는 점을 고려해, 특별수당으로 시간당 100엔을 추가 지급해왔다. 하지만 해당 연도에는 물가 상승과 코로나19로 인

● 일본 수도권 청년 유니온: 일본 도쿄를 중심으로 활동하는 젊은 노동자들의 노조 조직. 청년들의 고용 안정과 노동권 보장 그리고 생활 안정을 위해 활동하는 단체다.

한 경기 위축 등을 이유로, 경영진이 특별수당 지급을 중단하기로 결정했다. 이에 시간제 근로 형태로 일하던 판매원들이 반발했고, 수도권 청년 유니온에 이 상황을 알리고 문제 제기를 요청한 것이다.

물가와 노동 강도는 높아지고 임금은 낮아지는 현실

당시 일본 사회 전반은 고물가와 저임금이 맞물리며 중산층조차 생계에 어려움을 겪고 있었다. 일본경제단체연합회(게이단렌)조차도 지속 가능한 경제 회복을 위해 임금 인상의 필요성을 강조하고 있었다. 크리스마스 수당 100엔 요구는 적은 액수지만 결코 가볍지 않은, 일본 청년층의 노동 현실을 보여주는 상징과 같았다. 실제로 당시 일본의 시가총액 2위 기업인 NTT도코모가 8년 만에 신입사원 초봉을 3만 엔 인상한 것이 사회적으로 큰 화제가 될 정도였다. 일본경제단체연합회 회장을 맡고 있던 토오쿠라 마사카즈는 기자 회견에서 다음과 같이 임금 인상을 촉구했다.

"특히 최근의 물가 상승을 고려해, 재계에 임금 인상을 요청드리고자 합니다. 지속적인 임금 인상을 통해 긍정적인 흐름으로 전환되기를 기대합니다. 꼭 기본적인 임금 인상을 검토해주시기 바랍니다."

정규직, 비정규직을 가리지 않고, 고착화된 임금 수준이 30년 넘게 이어지는 가운데, 물가 상승의 여파는 일본 사회 전반을 강하게 흔들고 있었다. 낮은 임금 수준이 고착화되면서, 이제는 특별수당 100엔을 올리는 것도 쉽지 않은 현실이 된 것이다. 수도권 청년 유니온 집행위원장 하라다 니키는 분연한 표정으로 취재진을 향해 다음과 같이 이야기했다.

"크리스마스 시즌이 되면 요식업계는 평소보다 매출이 10배 이상 늘어날 정도로 매우 바빠집니다. 이에 따라 시간제 노동자의 업무 강도도 크게 높아집니다. 이런 상황을 고려해 해당 업체는 지금껏 크리스마스 특별수당으로 100엔을 지급해왔습니다. 그런데 올해는 물가 상승 등을 이유로 특별수당을 지급하지 않겠다고 밝혔고, 이에 노조는 업체 측에 크리스마스 특별수당으로 시급 100엔 인상을 요구했습니다."

연말연시, 특히 크리스마스처럼 바쁜 시기에 비정규직 노동자에게 지급되는 100엔의 특별수당 인상이 사회적 문제가 될 정도로 일본의 저임금 고착화는 그만큼 심각하다는 방증이었다.

하라다 집행위원장에게 일본에서 비정규직의 저임금 문제를 둘러싸고 어떤 논의가 이어지고 있는지 물었다. 그는 임금 문제가 비단 비정규직에만 국한된 것이 아니라고 지적하며, 정규직 노동자들도 최저 수준의 임금을 받고 있는 실정이라고 말했다.

"일본에서 정규직과 비정규직 모두 아슬아슬한 수준의 최저임금에 머무르고 있습니다. 정규직의 경우 장시간 노동에도 불구하고 실질임금은 매우 낮아요. 그리고 비정규직 노동자에 대한 의존이 심화되면서 인력 부족에 따른 업무 과중 현상이 나타나고 있습니다. 예를 들어 세 명이 해야 할 일을 두 명의 비정규직 노동자가 하는 상황입니다. 반면에 기업들은 경기 침체를 이유로 인건비를 줄이거나 동결하고 있어서 저임금 구조가 30년 넘게 고착화되고 있습니다."

하라다 집행위원장은 지난 30년간 지속된 임금 정체로 인해, 현재 일

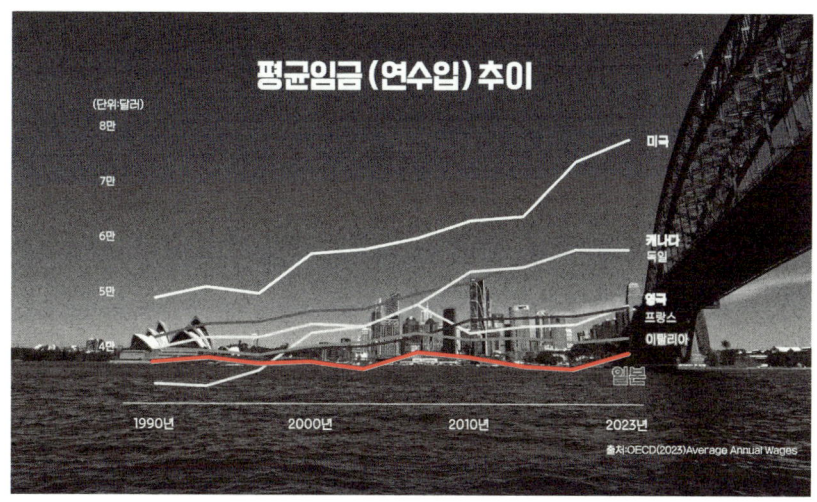

OECD 주요국가의 평균임금 변화. 일본의 인상 폭은 고작 4.4퍼센트다.

본에서는 정규직과 비정규직 모두 최저임금 수준의 급여를 받는 것이 보편적인 현실이라고 했다. 이런 상황 속에서 더 나은 일자리와 삶의 기회를 찾아 해외로 눈을 돌리는 일본 청년이 늘어나고 있는 것이다.

대기업 직원보다 호주 라멘집 알바가 더 좋은 이유

일본의 유명 인테리어 회사에서 퇴직한 후 호주로 건너간 히우라 유카는, 현지의 라멘집에서 일하며 일본에서 직장 생활을 할 때보다 두 배 이상 높은 급여를 받고 있었다. 그녀를 처음 만난 것은 2024년 6월, 후쿠오카에 있는 일본 워킹홀리데이협회 사무소를 취재하던 중이었다. 당시 협회 업무를 돕고 있던 미즈카미 타쿠야가 화상 연결을 통해, 호주에서 워킹홀리데이 중인 히우라와의 만남을 주선해주었다.

호주에 막 정착한 히우라는 오전에는 어학원에서 영어를 배우고, 오후에는 현지 일본식 라멘집에서 아르바이트를 하고 있었다. 줌으로 연결된 화면 속, 미즈카미가 안부를 묻자 그녀는 이렇게 답했다.

"네, 호주에 와서 잘 적응하고 있습니다. 일본을 떠나 외국에서 사는 것이 저에게 더 잘 맞는다는 생각이 들 정도로 만족하고 있어요. 역시 직접 밖으로 나와봐야 시야가 넓어지는 것 같아요. 아시아를 벗어나 이곳에서 살아보니, 그동안 몰랐던 일본의 장점과 단점이 보여요. 일본 안에서만 머물렀다면 절대 알 수 없었을 것들을 하나씩 깨닫고 있어요."

호주로 오기 전, 히우라는 일본의 대형 인테리어 회사에서 일하고 있었다. 하지만 오랜 시간 이어져온 일본 특유의 조직문화 속에서 점점 숨이 막히는 듯한 답답함을 느꼈다. 특히 연공서열 중심의 구조는, 아무리 노력하고 성과를 내도 그것이 급여나 승진으로 연결되지 않는 현실에 대한 깊은 좌절감을 안겨주었다. 실제로 성과보다는 '근속 연수'가 보상의 기준이 되는 경우가 대부분이었다.

히우라는 여기에 더해 여성에게 주어지는 '보이지 않는 장벽'도 실감할 수밖에 없었다. 임신·출산·육아와 관련된 암묵적인 차별은 그녀가 일본 사회에서 미래를 설계하기 어렵게 만드는 요소였다. 눈에 보이지 않지만, 분명히 존재하는 '유리 천장'은 결국 그녀가 일본을 떠나기로 결심하게 만든 또 하나의 결정적인 이유가 되었다.

일본과 선진국의 임금 격차, '되돌릴 수 없다'

2024년 8월 중순 호주 시드니 출장을 결정했다. 시드니에 자리한 일본식 라멘집에 취업한 히우라 유카를 만나기 위해서였다. 남반구에 위치한 호주는 일본과 계절이 정반대다. 일본에선 무서운 폭염이 진행되고 있었는데, 8월 중순 도착한 호주 시드니는 겨울이 막 끝나고 봄의 계절로 들어가고 있었다. 히우라는 오후와 저녁 시간에 아르바이트를 하고 있었다. 일본보다 높은 호주의 물가 수준을 생각하면 과연 아르바이트로 생계를 유지할 수 있는지 궁금했다. 하지만 히우라의 대답은 의외였다.

"지금은 주급을 받고 있는데요. 꾸준히 일해서 생기는 수입은 한 달에 40~50만 엔 정도 됩니다. 평일 시급은 호주달러로 30달러, 주말은 시급이 두 배여서 50달러에서 60달러 정도 돼요."

당시 일본 후쿠오카현의 시급이 941엔인 점을 감안하면, 호주에서 약 2,415엔(24.1호주달러)을 벌고 있는 히우라는 일본에서 아르바이트하는 것보다 2.5배 많은 급여를 받는 것이다. 주말의 특근수당은 평일의 두 배에 달한다.

"물론 호주에서는 생활비가 일본에서의 두 배 가까이 들어서 평균적으로 20만 엔 정도 쓰고 있습니다. 자취하면서 직접 요리해서 먹고 절약하면 생활비와 여가 비용을 쓰고도 저축을 할 수 있어요."

히우라는 일본에 있을 때 그럭저럭 만족할 만한 수준의 급여를 받았다. 하지만 간간이 해외여행을 다니며 일본과 서구 선진국 간의 물가 수준, 급여 수준의 차이를 실감했고 본인이 꿈꾸는 스포츠 마케팅 분야

비자를 연장해서 호주에서 새로운 미래를 설계하려는 히우라 유카.

로 진출하기 위해 과감히 회사를 그만두었다. 영어와 스포츠 마케팅 공부를 병행하며 생활비도 벌 수 있는 조건을 찾다가 호주 워킹홀리데이 비자를 신청했다. 비정규직이지만 일본에서 정규직으로 일할 때보다 두 배 가까이 많이 벌면서, 호주와 일본의 임금 격차를 실감하고 있다.

"호주 워킹홀리데이 1년 비자로 머무르고 있는데, 좀더 다양한 경험을 쌓고, 영어 실력도 더 키우고 싶어요. 호주는 최대 3년까지 워킹홀리데이 비자를 연장할 수 있기 때문에, 더 많은 도전과 기회를 얻기 위해 비자 연장을 계획 중이에요. 가능하다면 이곳에서 취업하는 것도 진지하게 생각하고 있습니다."

일본과 호주 간 워킹홀리데이 비자 협정이 체결된 이후, 2023년에는 일본 청년의 호주 워킹홀리데이 비자 발급 건수가 약 1만 5천 건에 달하며, 역대 최고치를 기록했다. 일본 워킹홀리데이협회 후쿠오카 사무소의 매니저 후지타 이쓰로는 이러한 추세가 당분간 계속될 것으로 전망하고 있었다.

지난 30년 동안 일본의 임금이 정체된 반면, 주요 선진국들의 임금은 꾸준히 상승해왔고, 그 결과 양측 간의 격차는 쉽게 좁히기 어려운 수준까지 벌어졌다. 캐나다, 미국, 호주 등과의 현실적인 임금 차이를 체감한 일본 청년들은 점점 더 해외로 눈을 돌리며 새로운 기회를 모색하고 있다.

위기에 처한 100년 전통의
계란말이 가게

장인정신匠人精神은 일본인의 의식 속에 깊이 흐르는, 가장 일본적인 마음가짐 중 하나라 할 수 있다. 이는 '모노즈쿠리ものづくり'라 불리는 개념으로, 혼신의 힘을 다해 최고의 물건을 만들어내려는 정신을 의미한다. 일본이 기술 강국, 중소 제조업 강국이 된 것은 사실상 한 분야에서 최고의 물건을 만들어내는 장인정신이 토대가 되었다. 일본의 장인들은 한 분야에 수십 년간 몸담으며 기술을 갈고닦아, 완벽에 가까운 물건들을 만들어왔다. 소재, 부품, 장비 산업에서 장인정신으로 무장한 이들은 세계 최고 수준의 품질을 구현해냈다. 이러한 기술력은 일본이 세계적인 경제대국으로 성장하는 데 핵심적인 원동력이 되었으며, 30년 가까운 경제 침체 속에서도 여전히 일본 산업을 떠받치는 중요한 축으로 자리하고 있다.

음식점이나 가게도 마찬가지다. 한 길만 묵묵히 걸어온 집념과 장인정신으로 자신의 일에 임하기 때문에 일본의 노포 음식점에서 나오는 요리는 손님들의 감탄을 자아내고 미식가들의 입맛마저 사로잡는다. 그 가게의 요리 비법은 대를 이어 전해지며, 시간이 지날수록 더 정교하고 깊은 맛으로 발전해간다. 일본에는 이처럼 100년 넘게 몇 세대에 걸쳐 운영되고 있는 가게들이 즐비하며, 천 년이 넘는 역사를 지닌 기업도 7곳이나 존재한다.

전통과 혁신, 세대 간 가치의 충돌

이러한 장인정신은 1990년대 이후 디지털화가 고도로 진행되면서 오히려 새로운 산업 발전을 가로막는 요소로 작용하게 되었다. 디지털 전환이 급속히 진행되는 시기에도 일본 산업은 여전히 개인의 숙련도에 의존하는 장인정신과 아날로그적 제조 방식에 상당 부분 의존하고 있었다. 이는 변화에 적절히 대응하지 못하는 결과를 낳았다. 장인 중심의 노동 집약적 방식은 노동생산성을 저하시켰을 뿐 아니라, 현장 인력의 자율성과 창의적인 참여 기회를 제한하며 산업의 유연성을 떨어뜨렸다.

세계는 디지털의 흐름 속으로 빠르게 편입해 가는데, 일본은 장인정신을 디지털 방식과 효과적으로 접목시키지 못한 채, 내수 시장의 주요 고객인 인구 1억 2천 명 규모의 안정된 시장에만 집중한 결과, 국내 시장에 갇히게 되었고, 이는 경쟁력 약화로 이어졌다. 한 분야에서 수십 년간 기술을 연마해 완벽한 제품을 만든다는 전통적인 장인정신은 가치가 있었지만, 1990년대 들어 본격화된 디지털 전환의 흐름에 적절하게 대응하기는 어려웠다. 시대는 더 빠르고 유연한 새로운 산업의 방식과 해법을 요구하고 있었기 때문이다.

1980년대 초반부터 2000년대 초반 사이에 태어난 일본의 MZ세대는 개인의 삶과 시간을 중시하고, 직장보다 자신을 우선하는 가치관을 바탕으로 새로운 사회 문화를 형성해 나가고 있다. 이들은 기존의 집단 중심적 사고에서 벗어나, 삶의 주도권을 스스로 쥐려는 세대로, 이전 세대와 뚜렷한 차이를 보인다. 이러한 MZ세대는 1965년부터 1969년 사이에 태어난 이른바 '거품경제 세대'와 종종 가치관의 충돌을 겪는다. 그 갈등의 이면에는 기성세대에 대한 반감과 경계심이 자리하고 있다.

거품경제 세대는 일본 경제가 절정에 달했던 버블기, 즉 고도성장기의 말미에 사회에 진출했다. 기업들이 공격적으로 사업을 확장하며 대규모 채용을 하던 시기여서 일자리가 많은 환경에서 비교적 수월하게 취업할 수 있었다. 한 직장에서 입사부터 정년까지 근속하는 것을 당연하게 여기는 시기였다. 반면, 교육개혁의 일환으로 실시된 '유토리 교육'•을 받은, 1987년부터 2004년경 사이에 태어난 '유토리 세대'는 단 한 번도 경제 호황을 경험하지 못했다. 저성장과 불안정한 고용, 낮은 임금과 비정규직 확대 속에서 살아남는 법을 고민해야 했고, 회사는 더 이상 안정된 삶을 보장해주는 곳이 아니었다. 그들은 거품경제 세대를

• 유토리 교육ゆとり教育: 여유 있는 교육을 표방하여, 학업 부담을 줄이고 아이들의 창의성과 자율성을 키우자는 취지로 시행된 교육.

'쉽게 취업한 운 좋은 세대', 조직 내에서 권위를 휘두르며 갑질을 일삼는 기성세대로 인식한다. 한편 거품경제 세대는 조직보다 개인을 우선하는 MZ세대를 책임감이 부족하고 인내심이 약하며, 자기중심적이라고 보는 경향이 있다.

세대 간의 이러한 인식 차이와 갈등은 단순히 일반 기업이나 직장에서만 나타나는 것이 아니다. 전통을 이어 운영해온 가게, 특히 대대로 이어온 자영업이나 장인의 업業에서도 세대 간 가치관의 충돌이 일어나고 있다. 젊은 세대는 기존의 방식에 의문을 제기하며 새로운 방식을 도입하려 하지만, 기성세대는 그러한 변화에 쉽게 동의하지 않는다. 변화하는 사회 속에서 전통과 혁신 사이의 긴장은 일본 사회 곳곳에서 감지되고 있다.

책임에서 벗어나 행복을 찾다

최근 도쿄에는 젊은이와 외국인들 사이에서 입소문이 나며 문전성시를 이루고 있는 계란말이 가게가 있다. 하지만 그 유명세에도 불구하고, 4대째 이어져온 전통이 끊길 수도 있다는 이야기가 들려온다. 도쿄 츠키지 시장에 위치한 이 계란말이 가게의 이름은 '마루타케'. 창업 이래로 숙련된 장인들이 정성껏 구워낸 계란말이의 맛이 한결같이 이어져오고 있다. 이곳의 대표 메뉴는 '카스테라 계란말이'로, 카스테라처럼 폭신한 식감에 달콤함이 입안에서 부드럽게 퍼지는 것이 특징이다.

계란말이 가게 마루타케의 사장 이토 마사미츠 씨를 인터뷰하기 위

폭신한 식감의 '카스테라 계란말이'를 만드는 가게 사장 이토 씨.

해 가게를 찾았을 때, 그는 조리실 바로 옆 사무실에서 분주히 주문을 처리하고 회계 업무에 집중하고 있었다. 인터뷰가 이루어진 2층 사무실 벽 한쪽에는 마루타케의 1대부터 3대까지 역대 사장의 사진이 위엄 있게 걸려 있었다.

"마루타케는 1924년에 창업해 올해로 100년이 넘는 역사를 가진 가게입니다. 저는 4대째를 잇고 있고요. 아버지가 계란말이를 만드셨고, 그 위로는 할아버지와 증조할아버지도 모두 같은 일을 하셨습니다. 아버지는 4년 전에 돌아가시고, 제가 가게를 이어받아 사장이 됐습니다. 제가 이곳을 책임진 지 올해로 5년째가 됩니다."

그는 원래 방송 계열 회사에 취직해 카메라 관련 일을 하다가 아버지의 뒤를 이어 계란말이 가게를 물려받았다고 한다. 지금까지는 대대로 이어온 방식대로 장사를 지속하고 있지만, 시대가 변하면서 계란말이에 대한 수요와 고객의 취향도 달라지고 있다고 한다. 자신의 뒤를 이어 장남이 가게를 이어받을지도 미지수이다.

"저 같은 경우는 아버지로부터 물려받은 일을 큰 어려움 없이 지금까지 이어왔습니다. 하지만 요즘은 손님들의 취향이 많이 달라지고 있어서 제가 가게를 물려받았을 때보다 제 자식 세대가 이 일을 이어가는 것은 훨씬 더 어려운 일이 될 겁니다. 앞으로는 고객의 요구에 더 민감하게 반응하고, 여러모로 머리를 써서 새로운 방식으로 대응하지 않으면 살아남기 어려울 테니까요. 다른 길을 선택하든, 이 가게를 이어받든, 결국 스스로 판단하고 결정해야겠죠. 그런 점에서 제 아들 세대는 우리 세대보다 더 복잡하고 힘든 시대를 살아가게 되는 것이 아닐까 걱정이 됩니다."

실제로 이토 씨의 아들, 마사키는 가업을 잇는 대신 전혀 다른 길을 선택했다. 가게에서 고된 일을 거치며 계란말이를 배우다가 그만두고, 자신의 미래를 개척하고자 캐나다행을 결정한 것이다. 결국 워킹홀리데이 비자를 통해 밴쿠버에 정착한 그는 유학과 아르바이트를 병행하며, 새로운 삶을 설계해가고 있다.

100년 전통의 계란말이 가게 사장 이토 씨의 사례에서 볼 수 있듯이, 자식 세대에서는 장인정신으로 가업을 물려받던 전통이 흔들리고 있다. 이토 씨는 아버지의 가업을 잇는 것이 자신의 책임이라는 생각을 떨칠 수 없었다. 결국 그 운명을 받아들인 그는 카메라 촬영 일을 접고 가족이 걸어온 길을 이어가기로 결심했다.

가업을 물려받는 것은, 이토 사장 세대까지만 해도 일본에서 흔히 볼 수 있는 전통이었다. 그러나 지금의 젊은 세대는 그와는 다른 생각을 갖고 있다. 가업보다 자신의 행복과 인생의 방향을 더 중시하는 경향이

가업을 이은 아버지 이토 씨와 다른 길을 선택한 아들 마사키.

뚜렷해지고 있는 것이다.

이토 사장 역시 이를 체감하고 있었다. 자신은 하고 싶던 일을 뒤로 한 채 가업으로 돌아왔지만, 자신의 아들은 다른 선택을 할 수도 있다는 것을 이미 깨달았다. 전통을 지키려는 세대와 새로운 길을 모색하는 세대 사이의 간극은 점점 더 벌어지고 있었다.

"아들이 캐나다에 간다고 하니까 주변 사람들이 대부분 반대했어요. 이대로 보내면 돌아오지 않게 된다면서요. 하지만 아들의 인생이니까요. 시대도 바뀌었잖아요. 언젠가는 돌아와 이 가게를 물려받기를 바라는 마음은 있지만, 절반의 희망이라고 할까요. 꼭 지금의 '마루타케' 스타일을 그대로 잇지 않아도 되니까 아들이 돌아와 새로운 스타일로 바꿔가며 이 가게를 계속 이어가주었으면 하는 바람이 있습니다."

캐나다 밴쿠버에서 자유로운 시간을 보내고 있는 아들은 1년을 예정하고 떠났지만, 그 기간이 얼마나 더 길어질지 기약은 없었다. 4대까지 계란말이 가게를 이어온 이토 사장의 사무실에는, 할아버지와 아버지의 사진과 함께 그가 짊어진 책임감과 피할 수 없었던 운명 혹은 숙명의 그림자가 뒤섞여 있었다.

2부

탈출해야 하는 이유들

4장

아날로그에 갇혀 고립된 섬

아날로그 함정에
빠진 사람들

"아날로그 방식의 행정 절차도 전면 재검토하겠습니다. 특히 플로피 디스크를 통한 정보 제출 등 시대에 뒤떨어진 행정 관행은 내년까지 개선해 나가겠습니다."

2023년 1월 정기국회에서 기시다 후미오 일본 총리는 '플로피 디스크를 이용한 행정 절차를 포함해 아날로그 방식 전반을 재검토하겠다'고 밝혔다. 대부분의 디지털 선진국에서 플로피 디스크는 자취를 감춘 지 오래다. 그런데 일본에서는 여전히 행정 분야에서 사용하고 있었다. 일본 디지털청이 2022년 8월 실시한 조사에 따르면, 정부 부처가 시행하는 법령 가운데 행정 절차와 관련된 서류를 제출하거나 보관할 때 전자 기록 매체로 '플로피 디스크'를 명시한 조항이 무려 1,338개에 달했다. 이는 전체 조문의 약 70퍼센트에 해당하는 수치다. 당시 일부 행정기관과 지방 은행에서는 기업체에 정보나 자료를 플로피 디스크에 담아 제출하라고 요구하고 있는 실정이었다.

플로피 디스크 제조가 중단된 지 10년이 넘었음에도 불구하고, 데이터 보관의 안정성과 해킹이나 컴퓨터 바이러스로부터의 안전성을 이유로 일본의 여러 행정 분야에서는 여전히 이 구식 매체를 사용해왔다. 지방 은행 대부분은 2021년 5월을 기점으로 플로피 디스크를 통한 계좌이체 신규 접수를 중단했지만, 관공서들은 여전히 플로피 디스크를 통한 자료 송신을 이어가고 있었다. 예를 들어, 행정기관이 지원금을 지급하는 과정에서 입금자 명단을 플로피 디스크에 담아 제출하거나, 기업이 계좌이체 신규 접수를 플로피 디스크로 신청하는 경우가 있었다.

이러한 상황을 개선하고자 고노 다로 디지털상은 2022년 8월 하순, 행정 절차에서 플로피 디스크를 전자 기록매체로 지정한 규정을 개정하고, 온라인 방식으로 행정 절차를 진행할 수 있도록 하겠다고 발표했다.

플로피 디스크가 있어야 기모노를 만들 수 있다?

플로피 디스크는 1971년 IBM이 처음 개발한 저장매체로, 8인치 크기에 저장 용량은 50KB에 불과했다. 2바이트 문자를 기준으로 하면, 400자 원고지로 약 60장을 저장할 수 있는 수준이었다. 지금의 컴퓨터 기술 기준으로 보면 극히 적은 용량이지만, 당시에는 자기테이프나 천

공 카드를 주로 사용하던 시기였다는 점을 감안하면, 플로피 디스크는 획기적인 기술 혁신으로 평가받았다. 이후 기술 발전에 따라 1976년에는 더 작고 저장 용량이 늘어난 5.25인치 플로피 디스크가 등장했고, 1980년에는 일본의 소니가 3.5인치 크기의 플로피 디스크를 개발했다. 이 3.5인치 고밀도 디스크는 최대 1.44MB의 데이터를 저장할 수 있었다.

플로피 디스크는 1990년대까지 활발하게 사용되었지만, 1990년대 말 CD-ROM의 등장과 초고속 인터넷의 보급으로 점차 그 자리를 잃어갔다. 하지만 플로피 디스크가 완전히 사라진 것은 아니었다. 오래된 컴퓨터 장치를 사용하는 산업현장이나 대학교 연구소 등에서는 여전히 활용되고 있었다. 일본의 오래된 제조업에서는 플로피 디스크 드라이브가 장착된 장비를 여전히 운용하고 있다. 산업현장에서 플로피 디스크를 사용하는 사례를 취재하기 위해 일본의 전통 기모노 허리띠인 '오비'를 제작하는 중소기업 '토미야 직물'을 찾았다.

이 업체는 1990년대부터 플로피 디스크를 사용해왔으며, 플로피 디스크에 저장된 전통문양 직조 코드를 기계에 입력하면, 재봉틀이 자동으로 작동해 기모노 허리띠를 제작하는 방식을 사용하고 있었다. 플로피 디스크를 활용하면 정보 유출 위험이 적고, 당시 구축된 생산 시스템을 그대로 활용할 수 있는 장점이 있다고 한다. 토미에 야스히사 대표는 완성된 기모노 허리띠를 보여주며, 자신들이 이 방식을 고수할 수밖에 없는 이유에 대해 설명했다.

"일본의 전통의상인 기모노 시장은 최근 급속히 축소되고 있습니다. 기모노 관련 산업 분야에서는 전통가게들의 폐업이 잇따르면서, 중고 직조기가 시장에 넘쳐나고, 새로운 직조기에 대한 수요도 거의 없는 실정입니다. 이런 상황에서 우리같이 영세한 중소기업들은 1990년대에 사용하던 기모노 직조기를 계속 사용할 수밖에 없습니다. 이 기모노 직조기를 작동시키려면, 1.44MB 용량의 플로피 디스크를 본체에 삽입해 그 안에 저장된 데이터를 불러와야 합니다. 이 플로피 디스크는 1990년대에 제작된 직조기에 코드 데이터를 입력하고 전달할 수 있는 유일한 수단입니다. 따라서 플로피 디스크 없이는 설계 데이터를 기계에 입력할 방법이 없어요. 이 저장매체는 기모노 허리띠 제작을 가능하게 하는 핵심 부품이나 마찬가지입니다."

과거의 방식과 현재의 기술이 뒤섞인 산업현장은 전통의 계승과 미래를 향한 혁신 사이에서 아날로그의 함정에 빠진 듯한 모습이었다. 그 탈출은 쉽지 않아 보였다.

PC보다 워드 프로세서를 선호하는 이유

일본에서 일부 장년층과 노년층은 가정에서 문서 작성을 할 때 PC 대신 1980~90년대 출시된 워드 프로세서를 고집스럽게 사용하고 있다. 워드 프로세서는 텍스트를 처리하는 전자 기기로, '전자 타자기'라는 별칭이 있다. 외형은 타자기에 노트북 화면을 결합한 형태이며, 기본적으로 키보드로 입력한 문자를 전자 화면에 표시해 종이에 출력하기 전에 편집할 수 있도록 설계된 장치다. 작성한 문서는 대부분 내장된 디스크 드라이브를 통해 플로피 디스크에 저장할 수 있었다. 일부 기종에는 프린터가 내장되어, 입력한 문서를 바로 종이에 출력하는 것도 가능했다. 일본에서 워드 프로세서가 타자기를 대체해 널리 보급된 배경에는 일본어의 언어적 특성이 크게 작용했다.

로마자 문화권에서는 일반 타자기로 대부분의 문서를 입력하는 데 큰 불편이 없었다. 하지만 한자를 사용하는 일본어는 입력한 문자를 실시간으로 변환해주는 기능이 필수적이었다. 복잡한 문자체계를 효율적으로 처리해야 했던 일본 사회에서는, 자연스럽게 한자 변환기능을 갖춘 워드 프로세서가 타자기를 대체하며 빠르게 보급되었던 것이다.

일본의 고도 성장기였던 1980년대에 워드 프로세서를 사용하며 젊은 시절을 보낸 노년층은 이 기기에 익숙해져 여전히 워드 프로세서와 플로피 디스크를 선호하는 경향이 있다. PC와 달리 외부 네트워크와 연결되지 않는 독립형 시스템이기 때문에 컴퓨터 바이러스나 해킹으로부터 비교적 안전하다는 장점도 있었다. 플로피 디스크를 이용한 정보 보관방식 역시 보안성을 높이는 데 기여했다. 현재 워드 프로세서는 제조가 이미 중단된 상태이기 때문에, 기기에 문제가 생기면 애프터서비스를 받을 수 없는 상황이다.

일본 중부 지방의 아이치현 아마시에는 워드 프로세서의 판매와 수리를 전문으로 하는 매장이 생기기도 했다. 핫토리 스스무 씨는 15년 전 워드 프로세서 판매수리점을 창업했다. 현재 매장에 500여 대의 중고 워드 프로세서를 보유하고 있다. 그는 일본 전역을 대상으로 수리 및 판매를 하고 있다고 한다.

"전국 각지에서 워드 프로세서를 사용하는 손님들이 저희 매장을 방문하고 있습니다. 홋카이도에서 오키나와까지, 2,500명 이상의 고객이

워드 프로세서 수리점을 창업한 핫토리 씨.

있습니다. 오래된 회사에서 여러 대를 사용하는 경우도 있고, 가정에서 개인적으로 사용하는 분들도 많습니다. 주로 사용하는 연령층은 60대에서 70대 분들이죠. 워드 프로세서가 처음 등장한 지 30년이 지났지만, 그 시기에 사용하기 시작한 세대가 여전히 이 기기를 사용하고 있습니다. 물론 많은 분들이 PC로 전환했지만, 새로운 기술에 익숙하지 않은 분들은 여전히 워드 프로세서를 사용하고 있고 수리를 위해 저희 매장을 방문하기도 합니다."

'지금의 일본은 에도시대에 가깝다'

1980년대 후반, 고도 성장기가 끝나던 시기에 사회생활을 시작한 세대는 안정을 추구하며 새로운 변화에 대해 주저하는 성향을 가지게 되었다. 이러한 경향은 장기간 지속된 일본의 저성장 경제 흐름과도 밀접한 관련이 있다. 새로운 도전보다는 익숙한 방식을 고수하고, 최신 기술보다는 익숙한 과거의 기술을 선호하며 안정을 추구하는 것은 오늘날 일본 사회의 특징 중 하나로 자리잡았다.

현재 60대, 70대 노년층은 경제적·문화적으로 번영을 누렸던 1980년대의 일본을 여전히 그리워하며 그 시기에 대한 깊은 향수를 간직하고 있다. 이들은 1990년대 이후 본격화된 경제 침체 속에서 새로운 변화에 대한 두려움을 느끼며, 더 이상 성장을 꿈꾸기 어려운 세대가 되었다. 이러한 이유로 플로피 디스크, 워드 프로세서, 도장과 같은 과거의 문화는 이 세대가 사라질 때까지 일본 사회 곳곳에 남아있을 것으로 보인다. 간사이대학교 사회학부의 다카마쓰 아키라 교수는 아날로그적인 삶의 방식을 고수하거나 과거의 테크놀로지에 머물러 있는 것이 과거 일본의 에도시대를 연상시킨다고 이야기한다.

"그만큼 일본의 경제와 사회가 안정되어 있다는 점은 분명히 있습니다. 하지만 안정감을 지나치게 중시하다 보니, 기존의 체제를 그대로 유지하고 그 틀 안에 머무르려는 경향이 강합니다. 이는 새로운 방향으로 나아가는 데 걸림돌이 되는 측면이 있습니다. 그래서 저는 '지금의 일본은 에도시대와 닮아있다'라고 말합니다. 에도시대 도쿠가와 막부는 쇄국 정책을 오랜 기간 유지하며, 외국과의 통상 수교를 제한적으로만 받아들였습니다. 당시 사람들은 나름대로 만족하며 살아갔지만, 결국 서구 열강이 세계로 진출하는 흐름 속에서 도쿠가와 막부 역시 강제로 개방해야 했습니다. 지금의 일본도 그와 비슷한 측면이 많고, 내부에 갇힌 채 한계를 맞고 있다고 생각합니다."

안정을 중시하며 규칙을 엄격하게 따르는 일본 사회는 변화에 대해 조심스러운 면이 있다. 그러나 이러한 태도 때문에 가속화되는 세계적 흐름, 특히 디지털 시대에서 점차 뒤처지고 있다. 이로 인해 일본은 기술적·경제적 측면에서 과거에 비해 존재감이 약화되고 있는 상황이다. 과거에 머무는 선택은 일시적 안정을 가져올 수 있을지 몰라도, 장기적으로는 경쟁력을 약화시키는 결과를 초래할 수 있다. 결국 변화에 대한 두려움을 극복하지 않는 한, 일본 사회는 새로운 도약의 기회를 스스로 놓치게 될지도 모른다.

핵개인화 시대의 '사람 빌리기' 서비스

1980년대 일본은 급격한 산업화와 함께 거품경제 시기를 맞이하며, 교육이나 취업을 위해 지방에서 대도시로 이주하는 젊은 층의 이동이 활발해졌다. 특히 수도권으로의 집중현상이 두드러지면서 1인 가구가 폭발적으로 늘어났다. 이러한 변화는 1980년대 이후 일본 사회 전반에 빠르게 퍼졌고, 혼자 지내는 문화가 고착되면서 청년층의 고립과 고독 문제가 점차 심화되기 시작했다.

특히 코로나19 팬데믹 시기 강력한 사회적 거리 두기 조치가 시행되면서, 일본 청년들의 사회적 고독 문제는 더욱 심각해졌다. 일본 경찰청이 발표한 통계에 따르면, 일본 내 고독사 규모는 연간 약 7만 건으로 이중 자살로 인한 사망건수는 10퍼센트 내외에 해당한다. 코로나19의

장기화로 고립 문제가 부각되자, 일본 정부는 '고독담당 장관'이라는 새로운 직책을 신설하기에 이르렀다. 스가 요시히데 총리는 저출생 담당상에게 고독 문제까지 함께 맡도록 지시하며, 정부 차원에서 이 문제의 심각성을 공식적으로 인정했다.

고독 문제를 정부 차원에서 다루기 시작한 것은 일본이 처음은 아니었다. 영국은 2018년 1월, 세계 최초로 '고독부'를 신설하고 고독부 장관을 임명했다. 영국 정부는 고독을 흡연이나 비만과 같은 심각한 사회 문제로 간주하고, 이를 해소하기 위한 국가 전략을 수립했으며, 관련 사회단체에 대한 자금 지원정책도 함께 시행했다. 핀란드는 청소년과 청년을 대상으로 외로움에 대한 행동 계획을 마련했으며, 스웨덴 역시 사회적 고립을 완화하기 위한 공적 논의를 활발히 진행하고 있다. 이처럼 사회적 고독이 더 이상 개인의 문제로만 여겨져서는 안 된다는 인식이 확산되며, 여러 선진국이 자국민의 고독 문제를 국가 차원의 중요한 과제로 인식하고 문제 해결에 나서고 있다.

고용 아닌 고독으로, 청년 고독사의 증가

일본 국립사회보장·인구문제연구소는 최근 통계 조사에서 2033년 일본의 가구당 평균 가구원 수가 1.99명에 이를 것으로 발표했다. 이는 통계 조사 이래 처음으로 평균 가구원 수가 2명 이하로 떨어지게 되는 것이다. 또한 미혼 인구의 증가로 인해, 2050년에는 혼자 사는 고령자의 60퍼센트가 미혼일 것으로 추산하고 있다. 1인 가구의 비중도

2020년 38퍼센트에서 2050년에는 44.3퍼센트로 증가할 것으로 전망되며, 이는 30년 사이 6.3퍼센트 포인트 상승하는 수치다. 이러한 1인 가구의 증가는 여러 요인이 복합적으로 작용한 결과지만, 그 중심에는 경제적인 요인이 크게 자리하고 있다.

제2차 세계대전이 끝나고 출생한 '단카이 세대'의 고용 안정을 지키기 위해, 일본은 1990년대 경제 침체기에 신입사원 채용 규모를 축소할 수밖에 없었다. 그 결과, 1993년부터 2005년 사이에 사회에 진입한 이른바 '취업빙하기 세대'는 극심한 취업난을 겪게 된다. 이 시기에 안정적인 직장을 잡지 못한 이들은 경제적 기반을 마련하지 못한 채 비정규직을 전전하게 되었고, 이는 정규직과의 임금 격차로 이어졌다. 이러한 경제적 격차는 다시 가족 형성의 격차로 연결되어, 결혼을 미루거나 포기하는 사례가 늘어나며 1인 가구의 증가를 초래하게 된다.

1인 가구가 고령화되면서 일본 사회는 심각한 고독사 문제에 직면했고, 이제는 그 문제가 청년층으로까지 확산되고 있다. 점점 더 많은 젊은이들이 고독을 스스로 극복하지 못한 채 극단적인 선택에 이르고 있는 것이다. 일본 정부는 이러한 상황이 개인주의 성향의 강화뿐 아니라 사회적 관계 형성에도 부정적인 영향을 미쳐, 공동체 기반이 무너질 우려가 있다고 판단하고 있다. 이러한 배경에서 일본은 2021년 2월 내각에 '고독·고립 대책 담당실'을 신설하며 문제 해결에 나섰다.

일본에서는 비교적 이른 시기에 혼밥, 혼술 문화가 하나의 유행으로 자리잡았다. 인기 드라마 〈고독한 미식가〉는 혼자만의 시간을 중시하는 일본의 문화와 사회를 엿볼 수 있는 대표적인 미디어 콘텐츠이다. 이 드라마는 고故 다니구치 지로가 그린 동명의 만화를 원작으로 한다.

〈고독한 미식가〉는 수입 잡화상을 하는 이노가시라 고로가 업무 중 혹은 일을 마친 후, 자축이나 위로의 의미로 다양한 식당에서 혼자 식사를 즐기는 이야기를 담고 있다. 주인공 이노가시라는 속박 없이 자유로운 삶을 추구하는 인물로, 결혼하지 않고 독신으로 살아가는 일본 중년 세대의 한 단면을 보여준다.

그에게 음식은 삶의 유일한 낙이자 벗이다. 값비싼 유명 맛집이 아니라, 평범하고 사람 사는 냄새가 나는 일본 각 지역의 식당에서 음식을 즐기는 것이 이야기의 중심을 이룬다. 실제로 일본에서는 '고독한 미식가'의 주인공처럼 혼자 밥을 먹거나 술을 마시는 광경을 식당가와 유흥가에서 쉽게 볼 수 있다. 1인 가구가 날로 증가하는 사회적 흐름에 발맞춰, 일본의 접객업계는 혼자서도 편하게 이용할 수 있는 다양한 영업방식과 서비스를 지속적으로 확대하고 있다.

자기 자신을 빌려주는 '직업'의 등장

일본에서 1인 가구가 지속적으로 증가함에 따라, 고독감을 해소하기 위한 새로운 서비스가 등장했다. 이른바 '렌트 어 맨Rent-a-Man' 서비스로, 2022년에는 미국 CBS 뉴스에서도 이 서비스가 소개되어 주목을 받았다.

이 서비스의 대표적인 인물인 38세의 모리모토 쇼지 씨는 '자신'을 임대하는 일을 하고 있다고 소개한다. 그는 하루 평균 3명의 의뢰인을 만나는데, 고립된 삶을 살아가는 사람들에게 자신의 시간을 나누는 방식으로 서비스를 제공한다. 의뢰인과 함께 커피를 마시거나, 식당이나 슈퍼마켓에 동행하고, 말없이 그네를 함께 타주기도 한다. 이렇게 모리모토 씨는 혼자 사는 이들의 고독을 덜어주기 위해 시간 단위로 자신을 '빌려주는' 것이다.

뉴스에 등장한 사례들을 보면, 의외로 많은 이용자가 젊은 세대였다. 한 여성 의뢰인은 이혼 서류를 시청에 제출하는 날, 혼자서는 감정적으로 감당하기 어려울 것 같아 모리모토 씨에게 동행을 요청했다. 그녀는 "누군가 옆에 있어주면 좋겠다"는 이유 하나로 그를 호출한 것이다. 모리모토 씨는 여성 의뢰인과 함께 아무 말 없이 시청까지 걸어갔고, 서류 제출을 마친 뒤 근처 벤치에 앉아 조용히 함께 시간을 보냈다. 모리모토 씨는 의뢰인과 상담을 하거나 조언을 하지 않았고, 단지 그녀 곁에 있어주는 것만으로 의뢰인의 정서적 부담을 덜어주었다고 한다. 이외에도 의뢰인들은 말없이 모리모토 씨와 식사를 하거나 길거리에서 함께 음악을 들으며 외로움을 달래고 있었다. 모리모토 씨의 설명이다.

"혼자 살면서 고독감을 느끼는 사람들이 있습니다. 이런 분들은 혼자 어딘가에 가는 것을 부끄러워하거나 불편하게 느끼기 때문에 옆에 누군가 함께 있어주길 원합니다. 이런 경우에 '렌트 어 맨' 서비스를 이용하는 것이죠."

그는 실직 상태에 있던 2018년, 이 서비스를 처음 시작하게 되었다. 당시 SNS 플랫폼인 X 트위터, Twitter 기반으로 서비스를 홍보하며 고객을 모집했고, 현재 팔로워 수는 40만 명이 넘는다. 지금까지 그의 서비스를 이용한 사람은 3,000명이 넘는다고 한다.

그는 사전 예약을 통해 의뢰인과 약속된 장소에서 만난다. 그의 서비

외로운 사람들, '렌트 어 맨' 서비스가 호황을 맞고 있는 일본 사회.

스는 '아무것도 하지 않지만, 고객의 고독을 덜어주는 것'을 핵심으로 할 뿐이다.

"저는 제 자신과 제 시간을 빌려드리는 것이지, 특별히 무언가를 하는 건 아닙니다. 수다를 나누는 정도는 하지만, 먼저 말을 걸거나 능동적으로 행동을 제안하지는 않아요."

그가 제공하는 서비스 목록에는 '함께 식사하기', '함께 쇼핑하기', '함께 산책하기', '생일 케이크 함께 자르기', '인생 고민 들어주기' 등이 포함된다. 다만 집안일이나 육체노동을 요구하는 요청은 받지 않는다. 실제로 그는 화장실 청소, 빨래, 누드 모델 제안, 귀신의 집 방문 등의 요청은 정중히 거절한 바 있다.

이처럼 단지 옆자리를 함께할 누군가를 찾는 이들이 늘고 있다는 사실은, 그만큼 일본 사회에서 외로움을 느끼는 사람이 많다는 것을 보여준다. 그가 시작한 이 독특한 형태의 서비스업은 이후 비슷한 서비스를 제공하는 후발 주자들의 등장을 이끌어냈다. 개인화와 인간관계의 파편화가 빠르게 진행되고 있는 일본 사회에서, 오히려 외로움은 더 깊어지고 있으며 '렌트 어 맨'과 같은 서비스가 호황을 맞고 있는 실정이다.

물론 일본은 아시아에서 이색 직업이 많은 나라로 알려져 있었지만, '아무것도 하지 않고 자신을 빌려주는' 직업의 등장은 단순한 유행을 넘어 일본 사회 구조 변화의 단면을 보여주는 사례라 할 수 있다.

오늘날 일본을 비롯한 많은 선진국에서는 전통적인 가족 구조가 해체되고 개인화가 심화되면서, 고독과 고립이 더 이상 개인만의 문제가 아닌 사회 전체가 해결해야 할 과제로 떠오르고 있다. 가족과 공동체의 붕괴 속에서 외로움을 해소하기 위한 새로운 형태의 인간관계가 등장하고 있으며, 이는 단순한 이색 직업을 넘어 현대 사회가 직면한 고독 문제를 반영하는 하나의 사회적 징후로 볼 수 있다.

일본 열도에 충격을 준 자살 사건

일본은 전 세계적으로 '과로사회'로 잘 알려져 있다. 이는 '근면'을 중요시하는 일본인 특유의 사고방식과 깊이 뿌리내린 노동윤리에서 비롯된 것이다. 높은 생산성과 철저한 직업윤리를 강조하는 문화 속에서, 일본인들은 오랜 시간 노동하는 것을 하나의 미덕으로 여겨왔다. 하지만 이러한 노동환경은 개인의 건강과 삶의 질을 심각하게 위협하는 수준에 이르고 있다.

'과로로 인한 사망'을 뜻하는 '카로시過勞死, karoshi'는 2002년 옥스퍼드 사전에 고유명사로 등재될 만큼 일본 사회를 상징하는 용어가 되었다. 이는 일본의 과도한 노동문화를 국제적으로도 주목받게 만든 계기가 되었다. 특히 1980년대 후반, 거품경제가 붕괴되고 경기 침체가 본격화된 이후부터 과로와 업무 과중으로 인한 자살이나 돌연사 사례가 급증하기 시작했다. 불황 속에서 오히려 과로사가 늘어났다는 점은 아이러니한 현실이었다. 이러한 상황을 계기로 일본 사회는 과로 문제의 심각성을 인식하고, 이를 방지하기 위한 다양한 제도적 대응과 개선방안을 마련하기 시작했다.

과로 문제에 대응하기 위한 움직임은 지역 사회에서부터 시작되었다. 먼저 오사카 지역의 변호사가 모여 직장인을 위한 상담전화를 개설했다. 1988년 10월에는 '과로사 변호단 전국 연락회의'가 발족되었다. 곧이어 1991년에는 과로사 및 자살 유족들이 모여 '전국 과로사를 생각하는 가족 모임'을 결성했다. 이 단체들은 과로로 인한 자살을 공적으로 인정받기 위한 기준을 마련하고, 과로사와 관련된 기업의 법 위반 사례를 정부에 지속적으로 보고하며 문제 해결을 위한 활동을 펼쳐왔다. 그러나 이 같은 민간의 노력에도 불구하고 과로사는 좀처럼 줄어들지 않았다. 전환점이 된 것은 2014년 제정된 '과로사 등 방지대책 추진법'이었다. 이 법을 통해 정부 차원의 과로사 예방정책이 수립되었지만, 과로와 스트레스로 인한 죽음은 여전히 계속되고 있다. 일본에서는 해마다 과로로 인한 뇌심혈관 질환 산재 승인 건수가 매해 200~300건, 과로가 원인이 된 정신질환으로 인한 산재 승인 건수는 500~600건에 달한다.

하루 20시간 노동, 91년생 다카하시의 죽음

일본 사회에서 과로사 문제가 다시금 큰 사회적 이슈로 떠오른 계기가 있었다. 바로 2015년 일본 최대 광고회사 덴츠Dentsu에 입사한 다카하시 마츠리의 자살 사건이었다. 도쿄대를 졸업하고 2015년 4월 덴츠에 입사한 다카하시는 과도한 업무에 시달렸다. 회사의 기록에 따르면, 그녀는 정규 근무시간 외에 월 100시간이 넘는 초과근무를 하고 있었다. 게다가 직장상사의 강압적인 태도와 압박까지 겹쳐 심신이 극도로 피폐해졌다.

당시 그녀의 SNS에는 "하루 20시간씩이나 회사에 있으니 더는 뭘 위해 사는지 모르겠다"라며 스스로를 한탄하는 글들이 남아있었다. 대학을 갓 졸업한 신입사원에게 과도한 업무를 부여하면서 비극의 씨앗이 뿌려졌던 것이다.

사망 직전에도 그녀는 SNS에 "졸업 후 처음 맞는 크리스마스가 이렇게 외로운 줄 몰랐다. (…) 회사에서 삶이 무너지고 있다"라고 정신적인 스트레스를 호소했다. SNS에 글을 올린 지 얼마 되지 않은 2015년 12월 25일, 그녀는 도쿄 미나토구의 기숙사에서 투신 자살했다. 향년 24세였다.

그녀가 사망하기 1년 전인 2014년, 일본 정부는 '과로사 등 방지대책 추진법'을 제정하며 처음으로 '과로사'라는 용어를 법에 명시하고 국가의 대응 책임을 규정했다. 그러나 그 법은 다카하시의 죽음을 막지 못했다.

그녀의 비극은 일본 사회 전반에 큰 충격을 주었고, 과로사 문제에 대한 경각심을 다시금 일깨우는 계기가 되었다. 또한 노동환경 개선을 촉구하는 유가족과 시민단체의 목소리도 더욱 거세졌다. 이에 일본 정부는 덴츠에 대한 특별 조사를 실시했고, 노동청이 덴츠의 노동 실태를 조사하게 되었다.

2016년 덴츠는 노동 기준법 위반 혐의로 재판에 회부되어 벌금 50만 엔을 선고받았고, 이 여파로 당시 덴츠 사장은 사임했다. 같은 해 9월, 다카하시의 죽음은 장시간 노동으로 인한 '산업재해'로 공식 인정되었다. 〈아사히신문〉은 "이 사건이 장시간 노동과 같은 일본의 노동 관행을 재검토하는 계기가 되었으며, 2018년에는 잔업시간의 상한을 포함한 관련 법안이 통과되었다"라고 보도했다. 비록 이 법안이 일본 사회의 고질적인 과로문화를 근본적으로 바꾸지는 못했지만, 다카하시의 죽음은 사회 전반의 인식변화와 제도개선을 촉구하는 중요한 전환점이 되었다.

이후 일본 정부는 노동법 개정을 통해 '워크 라이프 밸런스(일과 삶의 균형)'를 중시하는 정책을 도입했다. 다카하시의 죽음은 단순한 개인의 비극에 그치지 않고, 일본 사회의 극단적인 업무 문화, 즉 무리한 잔업, 상명하복식 조직 구조, 성과 중심의 압박 등을 돌아보게 만든 중요한 계기가 되었다. 나아가 이 사건은 일본뿐 아니라 전 세계적으로도 과로와 노동환경 개선에 대한 공론을 촉진한 중요한 사례로 남아있다.

또 다른 좌절, 젠더 격차와 유리 천장

일본 직장에서 젊은 여성 직장인들이 좌절을 겪는 주요 원인은 '젠더 격차'와 '유리 천장'이다. 유리 천장이란 직장에서 성별, 인종, 사회적 배경 등으로 인해 보이지 않게 존재하며 승진과 경력 발전을 가로막는 장벽을 말한다. 일본은 여전히 성별에 따른 격차가 큰 나라 중의 하나다. 여성의 사회·경제적 활동은 늘어났지만, 기업 내 고위직이나 주요 의사결정 직책에서 여성을 찾아보기 어려운 실정이다.

직장 내 성차별이 뿌리 깊게 자리잡고 있어, 임금 격차도 여전히 큰 문제로 남아있다. 일본 내각부 산하 성평등국Gender Equality Bureau Cabinet Office의 2022년 자료에 따르면, 일본 여성은 남성보다 평균적으로 약 20퍼센트 낮은 임금을 받고 있다. 이는 동일한 직무를 수행하더라도 성별에 따라 임금 차이가 존재한다는 사실을 보여준다.

또한 여성은 남성과 같은 업무 경력을 쌓더라도 승진 기회가 제한적인 경우가 많다. 특히 관리직에서 위로 올라갈수록 이러한 불균형은 더욱 두드러진다. 여성들은 리더십을 발휘할 기회가 적어 조직 내에서 경력을 발전시키는 데 제약을 받기 때문에 고위직 여성의 비율이 낮다. 여기에 출산과 육아로 인한 경력 단절 문제가 더해지며, 여성들은 직장 내에서 '유리 천장'을 경험하게 된다.

이러한 현상은 일본 사회에 깊이 뿌리내린 전통적인 성 역할에 대한 고정관념에서 비롯된다. 일본에서는 여전히 여성이 가사와 육아를 전담해야 한다는 인식이 강하게 남아있다. 이에 따라 사회생활을 하는 많은 여성들이 직장과 가정 사이에서 큰 압박을 느끼고 있다.

특히 비정규직 여성 노동자들에게 성차별 문제는 더욱 두드러진다. 후생노동성의 2023년 통계에 따르면, 일본 비정규직 노동자 중 여성의 비중은 약 60퍼센트에 달한다. 시간제 고용, 계약직, 임시직 등의 비정규직 일자리는 여성 인력을 중심으로 채용되는 경우가 많으며, 특히 출산이나 육아로 인해 경력이 단절된 여성들은 다시 정규직으로 돌아가기 어려워 비정규직에 머물 수밖에 없는 것이 현실이다.

이런 구조 속에서 비정규직 여성들은 정규직에 비해 낮은 임금을 받고, 고용 안정성도 보장받지 못하고 있다. 물론 일부 기업에서는 여성의 직장 내 참여를 확대하기 위해 '여성 리더십 개발 프로그램', '육아휴직 확대' 등 다양한 정책을 도입하고 있다. 또한 일본 정부도 성평등 문제 해결을 위해 다양한 노력을 기울이고 있지만, 사회 전반에 퍼져 있는 고정관념과 인식의 변화를 이끌어내지는 못하고 있다.

청년세대, 전통을 걷어차고 열린 세계로 나아가다

연공서열, 유리 천장, 젠더 격차 등 경직된 일본의 기업문화를 떠나 새로운 일터에서 인생을 다시 설계하려는 청년들이 점차 늘어나고 있다. 이는 여전히 변화 속도가 더딘 일본 기업문화에 대한 젊은 세대의 반발심과 무관하지 않다.

앞서 소개한 히우라도 일본 직장의 연공서열 중심, 성차별적인 분위기에 회의를 느껴서 안정적인 직장을 과감히 그만두었다. 이후 호주에서 일하면서 느낀 일본과의 차이를 이렇게 설명했다.

"일본에서 일할 때는 회사에 시간적으로 얽매이는 일이 많았어요. 상사가 퇴근하지 않으면 직원도 퇴근할 수 없는 분위기였고, 자연스럽게 초과근무가 일상이 되었죠. 그런 점은 반드시 개선되어야 한다고 생각해요. 호주에서는 상사가 정확한 시간에 퇴근하고, 직원들도 정해진 시간만 일합니다. 또 일본에서는 상사의 말에 무조건 따르는 분위기였다

경직된 일본 기업문화에서 탈출해 호주에 정착한 청년 히우라.

면, 여기서는 상사에게도 '이건 옳지 않다'라고 말할 수 있어요. 지금 당장 할 수 없는 일이라면 분명하게 거절할 수 있고, 상사와의 관계도 훨씬 평등하다고 느낍니다."

물론 호주는 일본에 비해 고용 안정성 면에서는 다소 불안정할 수 있다. 그러나 실력과 성과를 중시하는 문화가 정착되어 있으며, 여성에 대한 승진 차별도 상대적으로 적은 편이다.

현재 일본의 MZ세대는 기성세대와 달리 보다 평등한 사회를 일찍부터 경험하며 성장해왔다. 이들이 꿈꾸는 세상은 일본의 전통적 방식과는 분명히 다르다. 새로운 세대는 문화적·경제적으로 점차 고립되어가는 일본 사회를 한 발 떨어져서 바라보고 있다. 여기에 그치지 않고 변화를 거부한 채 '갈라파고스화' 되어가는 일본의 현실에서 벗어나고자 한다. 그리고 이들의 탈출 시도는 이제 본격적으로 시작되었다.

오늘날 일본의 청년들은 더 이상 과거의 관습에 자신을 가두지 않는다. 이들은 열린 세계를 향해 나아가며, 기존의 틀을 넘어서는 새로운 가치와 가능성을 추구하고 있다. 변화를 거부해온 일본 사회는 이제 이들의 선택 앞에서 스스로에게 질문을 던져야 하는 상황을 맞이하고 있다.

조용하게 일어나고 있는 변화의 물결이 점차 일본 사회 전체를 흔들고 있으며, 이 흐름은 앞으로 더욱 거세질 것이다.

5장

아베노믹스,
슈퍼 엔저의 후폭풍

후지산을 가려라,
오버투어리즘의 역습

2024년 4월 29일, 엔화 가치는 34년 만에 최저 수준으로 떨어지며 엔/달러 환율이 160엔을 돌파했다. 이는 1990년 4월 이후 처음 있는 일이었다. 이에 일본 당국은 외환시장에 개입해 같은 날 오후엔 환율을 155엔 안팎으로 끌어내리는 긴급 대응에 나섰다. 하지만 대부분의 외환시장 전문가들은 이 조치가 일시적인 효과에 그칠 것이고, 미국이 금리인하에 나서기 전까지는 엔화 약세 흐름이 이어질 가능성이 크다고 전망했다. 일본 경제의 기초 체력과 통화정책만으로는 당분간 엔저 흐름을 반전시키기 어려울 것이라는 분석도 있었다.

경제 상황이 악화되고 소비 심리가 위축되는 가운데, 일본은 현재 명목상으로는 제로 금리를 벗어났지만, 여전히 다른 주요국에 비해 낮은 금리를 유지하고 있다. 일본의 엔저 기조가 지속되면서, 많은 외국인 여행객들이 유리한 환율을 활용해 일본을 찾고 있다. 2024년 3월 한 달 동안 일본을 방문한 외국인은 308만 명에 달해, 월간 기준 역대 최고를 기록했다. 이에 따라 도쿄, 오사카, 교토 등 주요 관광지는 외국인 관광객으로 북적이며, 오버투어리즘(과잉관광)으로 인한 부작용도 곳곳에서 나타나기 시작했다.

관광객들이 가마쿠라시의 기찻길에 몰린 이유는?

과잉관광으로 몸살을 앓고 있는 대표적인 지역 중 하나가 가나가와현의 가마쿠라시이다. 도쿄 도심에서 약 50킬로미터 떨어진 이 바닷가 마을에는 최근 외국인들 사이에서 인기를 끌고 있는 새로운 관광 명소가 있다. 아침이 되면 바다가 보이는 작은 기찻길 건널목 주변으로 외국인 관광객들이 삼삼오오 모여들기 시작한다. 이들은 기차가 지나가는 순간을 놓치지 않기 위해 연신 카메라 셔터를 누르며 분주하게 움직인다. 관광버스도 끊임없이 외국인 단체 관광객들을 실어 나른다. 이처럼 수많은 관광객이 이 작은 건널목을 찾는 이유는 과연 무엇일까?

이곳이 전 세계적으로 큰 인기를 끌었던 애니메이션 〈슬램덩크〉의 오프닝 장면에 나오는 장소이기 때문이다. 〈슬램덩크〉는 일본의 유명 만화가 이노우에 다케히코가 그린 농구 만화로, 1990년부터 〈주간 소년 점프〉에 연재되기 시작해 1996년 막을 내린 전설적인 작품이다.

2004년에 누적 판매 부수 1억 부를 돌파했을 만큼, 전 세계적으로 수많은 팬을 보유하고 있다.

어느덧 애니메이션 오프닝 장면에 등장하는 가마쿠라시의 기찻길 건널목은 〈슬램덩크〉 팬들에게 일종의 성지聖地로 자리잡았다. 이곳을 찾는 관광객이 급증하면서, 교통량이 많은 건널목은 안전사고의 위험에 노출되어 있는 상황이다.

현재는 교통통제 요원이 여러 명 배치되어 무단횡단을 단속하고 있으며, 사고예방을 위해 만전을 기하고 있다. 하지만 여전히 일부 관광객들은 교통신호를 무시한 채 기념사진을 찍으려는 통에, 단속요원과 관광객들 사이에 실랑이가 벌어지곤 한다. 네덜란드에서 아들과 함께 관광을 온 나타샤 욘슨 씨는 사진을 찍으려는 사람들이 너무 많아 기념사진 촬영을 결국 포기했다며 말했다.

"아들이 〈슬램덩크〉 팬이어서 가족 여행지로 가마쿠라를 찾았습니다. 아들에게 좋은 추억이 될 만한 기념사진을 찍어주고 싶었는데, 보시다시피 사진 찍으려는 사람들이 너무 많아서 불편하네요. 애니메이션 속 장면처럼 멋진 사진을 찍겠다고 차량이 오가는 도로를 저렇게 무단횡단하는 건 너무 위험하다고 생각해요."

외국인에게 관광세를 부과한다고?

역대급 엔저 현상이 이어지는 가운데, 관광객들의 이목을 끄는 또 하나의 인기 관광지는 야마나시현 가와구치코에 위치한 '로손Lawson 편의점'이다. 이곳은 일본을 상징하는 명산 후지산을 배경으로 사진을 찍을 수 있는 장소로, 최근 SNS를 통해 해외에도 널리 알려지며 주목받기 시작했다.

특히 눈 덮인 후지산과 일본의 일상적인 풍경인 편의점을 한 프레임 안에 담을 수 있다는 점이 많은 이들의 관심을 끌면서, 이곳은 단숨에 후지산 촬영의 명소로 떠오르게 되었다.

국내외 관광객들이 대거 몰려들기 시작하면서 이 편의점 주변 역시 과잉관광으로 몸살을 앓고 있다. 후지산을 배경으로 편의점을 촬영하려면 도로를 건너 자리를 잡아야 하기 때문에, 무단횡단으로 인한 안전사고 우려가 끊이지 않는다. 관광객들이 몰려들어 무질서하게 사진을 찍고, 일부는 쓰레기를 아무 데나 버리거나 큰 소리로 떠드는 등 주변 주민들의 불편을 초래하면서 민원이 계속되고 있는 상황이다.

상황이 심각해지자 지자체는 후지산 전망을 가리는 검정색 가림막을 설치하는 특단의 조치를 취했다. 하지만 관광객 입장에서는 사진 촬영을 막기 위해 배경이 되는 후지산의 전경을 가려버리는 조치는 받아들이기 어려운 일이었다. 일각에서는 안전사고가 염려되면 신호등이나 횡단보도를 추가로 설치한다든지, 안전요원을 더 배치하는 등의 실질적인 대책을 마련할 수 있었을 것이라는 지적도 나온다. 후지산을 가림막으로 차단해 관광객의 접근을 막겠다는 발상은 행정편의주의적인 조치라는 비판이 잇따르고 있다.

취재 당시 근처를 여행하고 있던 일본 청년 이와타 신노스케는 외국 관광객을 반기지 않는 방법으로 사진 촬영을 통제하는 것이 안타깝다고 했다. 그는 검은 가림막에 사진 촬영을 위해 생겨난 구멍들을 보여

후지산을 배경으로 사진을 찍을 수 있는 로손 편의점(위).
그러나 안전사고를 이유로 가림막을 설치했다(아래, 2024년).

주며 말했다.

"여기 보시면 가림막 곳곳에 구멍이 있잖아요. 벌써 10개가 넘어요. 관광객들은 이 구멍을 통해 스마트폰으로 사진을 찍고 있어요. 게다가 원래는 인도에서 안전하게 촬영할 수 있었는데, 가림막이 설치된 이후에는 인도 앞의 차도 위에서 사진을 찍으려는 사람들이 생겨나고 있어요. 오히려 더 위험한 상황이 된 거죠."

지자체는 안전사고를 우려해 사진 촬영을 막기 위한 조치로 가림막을 설치했지만, 결과적으로 관광객들을 오히려 더 위험한 환경에 내모는 상황이 되고 말았다. 관광객의 안전을 확보하면서 관광 수요를 유도할 수 있는 보다 근본적이고 실효성 있는 대안이 가능하지 않았을까 하는 의문이 제기된다.

한편 일본의 주요 관광지들에서는 외국인 관광객의 대규모 유입에 대응하기 위해 숙박세를 부과하는 등 지자체의 재정 수익을 높이기 위한 다양한 방안을 모색하고 있다.

2002년 도쿄도가 숙박세 징수를 시작한 이후, 오사카부와 교토시, 후쿠오카시 등도 숙박세 제도를 도입했다. 특히 오사카부는 2025년 4월 열리는 오사카·간사이 엑스포 2025를 앞두고, 숙박세와 별개로 외국인 관광객에게만 별도의 관광세를 부과하는 방안을 검토했다. 관광객 증가로 인한 과잉관광 문제에 대응할 재원을 마련하기 위한 조치다. 오사카부는 전문가 토론회를 통해 외국인 관광세의 구체적인 도입 시기와 금액을 결정한 후 엑스포 개막에 맞춰 외국인 관광객 대상 입장세를 도입하려 했으나, 다양한 의견 수렴과 법적 검토를 위해 시행 시기를 엑스포 이후로 연기하기로 했다.

값비싼 나라에서 '가성비 좋은 여행지'로

엔화 약세의 영향으로 2023년 일본을 방문한 외국인 관광객 수가 팬데믹 이후 처음으로 2,500만 명을 돌파해, 총 2,507만 명으로 집계됐다. '슈퍼 엔저' 현상이 장기간 지속되면서 유명 관광지들은 과잉관광에 몸살을 앓고 있지만 일본 상점가는 외국인 소비 급증에 즐거운 비명을 지르고 있다. 외국인 관광객들이 엔저의 훈풍을 타고 쇼핑가를 점령하기 시작한 것이다.

오사카의 대표적인 관광지인 도톤보리에는 명품매장뿐만 아니라 중고 명품 전문점도 여럿 자리잡고 있다. 취재진이 방문한 도쿄 긴자 본점의 한 중고 명품매장에는 동양계 외국인 관광객들로 가득했고, 간간이 서양인 관광객들도 들어와 쇼핑을 즐기고 있었다. 일본의 중고 명품매장은 품질이 우수한 중고 제품을 매입해, 새 제품보다 저렴한 가격에 판매하고 있다. 외국인 관광객 입장에서는 환율 덕분에 구매비용이 줄어드는 데다, 중고 제품 특유의 낮은 가격까지 더해져 매력적인 쇼핑 환경이 형성되고 있었다. 오사카 도톤보리 인근 중고 명품매장들은 문자 그대로 인산인해를 이루고 있었다.

미국 뉴저지주에서 가족여행으로 오사카를 찾은 힐러리는 자신의 생일선물을 찾고 있었다. 진열대에 놓인 한정판 명품 토트백을 살펴본 그녀는 망설임 없이 구매를 결정했다.

"생일을 기념해 가족여행을 왔어요. 선물로 명품 토트백을 찾고 있었는데, 이 검정색 프라다 가방을 발견했어요. 한정판이라 새 제품은 구하기가 쉽지 않거든요. 미국에서는 세금까지 포함하면 6,000달러가 넘는데, 여기서는 거의 새것 같은 중고 제품을 3,000달러에 살 수 있어요. 환율까지 감안하면 절반도 안 되는 가격에 산 셈입니다."

외국인 관광객 수 증가와 엔저 현상이 맞물리면서, 일본 내에서 사용된 엔화 규모도 크게 늘었다. 2023년 3분기 일본 관광 관련 소비 총액은 약 1조 3,904억 엔(한화 약 12조 원)으로, 역대 최고치를 기록했다.

또한 2024년 세계 최대 명품기업인 루이비통모에헤네시LVMH의 2분기 일본 매출은 전년 대비 57퍼센트나 급증했다. 같은 기간 일본을 제외한 아시아 시장에서의 매출이 14퍼센트 감소한 것과 비교하면, 엔저 효과로 인해 일본에 소비 수요가 얼마나 집중되었는지를 짐작할 수 있다.

물론 2024년 하반기에 접어들며 엔화가 강세 흐름으로 돌아서고, 일본 정부가 마이너스 금리를 해제하는 등 변화의 조짐이 보였다. 하지만 달러를 사용하는 외국인 입장에서는 여전히 일본 엔화의 가치가 매력적인 수준이다. 최근의 인플레이션과 환율 변화에도 불구하고, 달러를 들고 일본을 찾는 이들에게는 여전히 '돈 쓰기 좋은 나라'로 여겨지는 것이다.

과거 엔화 강세 시절, 한국인들에게 일본은 물가가 비싼 나라로 인식되었지만, 이제는 상황이 크게 달라졌다. 코로나19 팬데믹 이후 일본은 한국인들 사이에서도 '가성비 좋은 여행지'로 자리잡고 있다. 한때 선망의 대상이었던 일본이 이제는 합리적 소비를 위한 실속 있는 여행지로 다시 다가오고 있는 것이다.

포켓몬 카드
투자 열풍

'슈퍼 엔저' 상황이 장기간 지속되자, 일본은행은 2024년 3월, 17년 만에 처음으로 금리를 인상하며 마이너스 금리 시대의 종식을 선언했다. 이어 4개월 뒤인 2024년 7월 31일, 기준금리를 추가로 0.25퍼센트 인상했다. 이는 2008년 12월 미국 리먼 브라더스 사태 이후 약 15년 반 만에 단행된 가장 큰 폭의 금리 인상이었다. 아울러 일본은행은 아베노믹스 정책에 따라 10년 넘게 지속해온 대규모 국채 매입 기조에서 벗어나, 국채 매입을 축소하는 양적긴축 정책으로 방향을 전환했다.

앞으로 일본은 월 6조 엔 규모로 진행중인 국채 매입을 2026년 1분기까지 월 3조 엔 수준으로 절반가량 줄일 계획이다. 이는 물가 상승률이 2퍼센트대로 안정되면서, 금융완화 정책의 속도와 강도를 조절할 필요성이 제기된 데 따른 조치다. 당시 일본은행 총재 우에다 가즈오는 "경제와 물가가 우리의 전망대로 움직인다면, 앞으로도 기준금리를 지속적으로 인상할 것"이라며 추가 금리 인상 가능성을 시사했다. 그러나 이러한 정책 전환에도 불구하고, 장기간 지속된 엔저 현상은 여전히 뚜렷한 변화 없이 이어졌다.

일본은행이 금리 인상을 통해 경기를 부양하려고 하지만, 국가부채에 따른 이자 부담이 커지면서 금리를 큰 폭으로 올리는 데는 한계가 있다. 이로 인해 금리 인상이 단행되어도 엔화 가치의 상승은 제한적일 수밖에 없다. 이러한 상황에서 마땅한 투자처를 찾지 못한 엔화 자금은 주식과 부동산 시장으로 흘러들었다.

포켓몬 카드 한 장이 9억

슈퍼 엔저 상황 속에서 엔화는 과연 어떤 투자처로 흘러들어가고 있을까? 코로나19 대유행 이후 새로운 투자처로 주목받고 있는 트레이딩 카드 시장으로의 자금 유입에 주목했다. 트레이딩 카드는 수집, 교환, 게임 등의 목적으로 시중에 판매되는 다양한 종류의 종이 카드로, 그 범위도 매우 넓다. 유명 스포츠 선수 카드부터 만화·애니메이션 관련 카드, 연예인 카드에 이르기까지 종류가 다양하다.

그중에서도 최근 크게 주목을 받는 것은 포켓몬스터 카드다. 이 종이 카드가 재테크 수단으로 떠오르면서, 일부 카드는 경매 사이트에서 우리 돈으로 9억 원이 넘는 고가에 거래되기도 하고, 고가의 카드가 매장에서 도난당하는 사건까지 발생하는 등 다양한 사회적 현상이 나타나고 있다. 그렇다면 코팅된 종이 카드에 불과한 트레이딩 카드가 수억 원대에 거래되는 이유는 무엇일까?

트레이딩 카드 시장은 가장 높은 인기를 누리고 있는 포켓몬스터 카드를 중심으로 살펴볼 수 있다. 포켓몬스터는 1996년 닌텐도가 게임보이용으로 처음 선보인 게임으로, '몬스터 볼'이라는 휴대용 캡슐에 다양한 몬스터를 포획해 육성하면서 모험을 이어가는 구조다. 이 독특한 게임 방식은 출시 직후 대중의 폭발적인 인기를 이끌어냈다. 이후 애니메이션, 만화, 영화 등 다양한 매체로 확장되며 전 세계적인 문화현상으로 자리잡았다.

포켓몬 카드는 포켓몬스터 게임을 카드놀이 형식으로 즐길 수 있도록 만든 것이다. 플레이어는 보통 60장의 카드로 자신의 덱(패)을 구성해 상대와 승부를 겨룬다. 어떤 카드를 선택하고, 어떤 전략으로 덱을 짜느냐에 따라 승패가 결정된다. 승리에 유리한 덱을 만들기 위해서는 능력치가 뛰어난 카드를 수집해야 하며, 이 과정에서 희귀하고 강력한 카드들이 시중에서 높은 가격에 거래되기 시작했다. 특히 시중에서 구하기 힘든 한정판이나 초판 카드는 수요가 몰리면서 가격이 급등하는 현상을 보였다. 이처럼 트레이딩 카드, 특히 포켓몬 카드는 수집의 재미와 투자 가치가 결합하면서 새로운 투자처로 주목받고 있다.

이러한 흐름 속에서 재테크와 투자수단으로 포켓몬 카드 등 트레이딩 카드를 취급하는 개인과 상점, 거래시장이 활성화되기 시작했다. 트레이딩 카드 시장에 자금이 몰리며 일본 내에서만 2조 원이 넘는 거대 시장이 형성되었다. 특히 주목할 점은, 고가의 트레이딩 카드에 투자하는 주요 연령층이 대학생, 회사원 등 젊은 층이라는 것이다.

1996년 놀이용으로 처음 등장한 포켓몬스터 게임과 애니메이션을 즐기며 성장한 세대가 경제력을 갖춘 성인이 되면서 재테크 용도로 포켓몬 카드 수집에 관심을 가지기 시작한 것이다. 이에 따라 트레이딩 카드 전문점들도 희소성이 높은 포켓몬 카드를 취급하기 시작했고, 자연스럽게 카드 수집 열풍으로 번졌다. 원래는 카드 게임을 위해 출시된 종이 카드였지만, 한정판이나 구하기 어려운 희귀 카드의 경우에는 수집가들에 의해 높은 가격에 매입·판매되기 시작했다. 이 과정에서 트레이딩 카드 시장에도 일정 수준의 거품이 형성되었다.

특히 마이너스 금리로 마땅한 투자처를 찾기 어려운 현실에서, 자금 여력이 생긴 청년들은 트레이딩 카드 수집과 투자로 수익을 내기 시작했다. 트레이딩 카드 시장에서 투자에 성공한 한 대학생을 인터뷰할 수 있었다.

"이 카드는 2021년에 출시된 것인데, 등급이 슈퍼 레어Super Rare에 해당합니다. 카드의 상태에 따라 가치가 달라지지만, 한 장당 최소 2만 5천 엔에서 10만 엔까지 거래되고 있어요. 여기 있는 이 카드의 경우에는 2년 전 5만 엔에 샀는데, 지금은 가격이 20배 이상 올라서 현재 시세는 130만 엔 정도 합니다. 포켓몬 카드 투자로 대학교 1년치 학비를 번 셈이지요. 30대, 40대가 되어 경제력이 생긴 사람들이 어릴 적 가지고 놀던 포켓몬 카드를 그리워하며 다시 수집하고 싶어 하는 경우가 많아요. 어렸을 때는 단순한 카드놀이와 취미 대상이었던 것이 이제는 재테크 수단으로 자리잡은 셈입니다. 이런 희소성이 높은 카드들은 수집과 투자 대상으로 인기를 끌고, 희소성이 낮은 카드는 카드 게임용으로 주로 사용되고 있습니다."

서브 컬쳐의 성지인 도쿄 아키하바라에서는, 트레이딩 카드 시세가 주식 시세처럼 실시간으로 게시판에 공개되며, 거래가 활발하게 이루어지고 있다. 최근에는 고가의 트레이딩 카드를 찾는 외국인의 문의도 점차 증가하고 있다고 한다.

안전한 투자 상품인가, 거품의 끝판왕인가?

트레이딩 카드의 인기가 지속되면서 일본에서는 카드 도난사건이 빈번하게 뉴스에 보도되고 있다. 고액 카드 절도와 강도 사건이 잇따르는 가운데, 2023년에는 여러 지역에서 크고 작은 사건이 발생했다. 구마모토현에서는 한 트레이딩 카드 판매점에 괴한이 침입해 유리 진열장을 깨고, 시가 600만 엔 상당의 카드 600여 장을 훔쳐 달아났다. 도쿄에서는 약 2억 5천만 원어치 카드를 훔친 남성 두 명이 체포됐으며, 아키하바라의 한 판매점에서도 포켓몬 카드 1,000여 장이 도난당하는 사건이 일어났다.

트레이딩 카드는 운반이 용이하고 현금화가 쉬우며, 특히 희귀 카드는 고가에 거래되기 때문에 절도의 표적이 되고 있다. 이런 상황에서 일부 트레이딩 카드 전문점들은 도난 방지를 위해 다양한 보안대책을 마련하고 있다. 오사카 니혼바시에 위치한 한 전문점은 보안회사와 계약을 맺고 매장 곳곳에 CCTV를 설치해 실시간으로 감시 시스템을 운용하고 있다. 이와 더불어 고액 카드 판매를 위해 별도의 전용 보관실

200만 엔(한화 약 2,000만 원)에 거래되는 트레이딩 카드. 르브론 제임스의 친필 사인이 보인다.

을 운영하고 있다.

도쿄 금융청 건물에 입주한 또 다른 트레이딩 카드 전문점은 야구, 농구, 축구 등 스포츠 관련 카드를 주로 취급한다. 이곳에서는 LA 레이커스의 스타 선수 르브론 제임스의 친필 사인이 들어간 트레이딩 카드가 200만 엔에 판매되고 있다.

고가에 거래되는 카드들은 대부분 전문 감정회사의 감정을 거친다. 미국의 PSA Professional Sports Authenticator 와 BGS Beckett Grading Services 가 대표적인 감정기관으로, 이들로부터 높은 등급을 받으면 카드의 시장 가치가 크게 올라간다. 실제로 최근 경매에서 한화 약 3억 8천만 원에 거래된 포켓몬 카드 '리자몽'은 PSA로부터 최고 등급인 10등급을 부여받은 것으로 알려졌다. 이처럼 카드 시장에서는 감정 등급이 가격을 결정하는 중요한 요소로 작용하고 있다.

수집과 놀이 수단으로 등장한 트레이딩 카드는 엔화 가치 하락과 장기간의 초저금리 기조 속에서 여윳돈을 가진 젊은 층이 시장의 성장에 주목하면서 과열 조짐을 보이고 있다. 트레이딩 카드 시장은 2020년 약 1,225억 엔 규모에서 2022년에는 2,349억 엔으로 급격히 성장했다. 하지만 일부 전문가들은 시장의 과열에 대해 우려의 목소리를 내고 있다.

"지금 트레이딩 카드를 투자 목적으로 사들이는 열풍은, 1990년대 일본의 거품경제 시기를 떠올리게 할 정도로 비정상적인 측면이 있습니다. 이 같은 과열현상이 지속되고, 제조사나 시장이 이를 제어하지 못한다면 거품은 더 커질 수밖에 없고, 결국엔 붕괴를 피할 수 없을 것입니다."

월간 〈토이저널〉의 편집장 후지이 다이스케의 지적이다. 수많은 청년들이 주목하고 있는 트레이딩 카드 시장이 과연 안전한 투자처로 자리잡을 수 있을지, 아니면 통제 불가능한 거품을 키우는 시장으로 전락할지 그 흐름에 관심이 쏠린다.

주식과 부동산 시장에
다시 찾아온 거품

2024년 2월 22일, 일본 증시에 역사적인 순간이 찾아왔다. 대표 주가지수인 닛케이지수가 거품경제 시기에 기록했던 역대 최고치를 넘어선 것이다. 닛케이지수는 1989년 12월 29일 장중 최고치인 3만 8,957포인트를 기록한 이후 '잃어버린 30년'이라 불리는 장기 침체의 터널을 지나야 했다. 이날 도쿄 증권가에서는 최고치 경신을 앞두고 카운트다운이 시작되었고, 지수가 3만 9천 선을 돌파하자 박수와 환호성이 터져 나왔다. 거품경제 붕괴 이후 처음으로 과거의 주가지수를 넘기까지 무려 34년의 세월이 걸린 것이다.

닛케이지수의 원상복구가 일본인들에게 끼친 심리적 영향은 엄청난 것이었다. 오랜 침체 끝에 마침내 '거품경제의 상처'를 딛고 일어

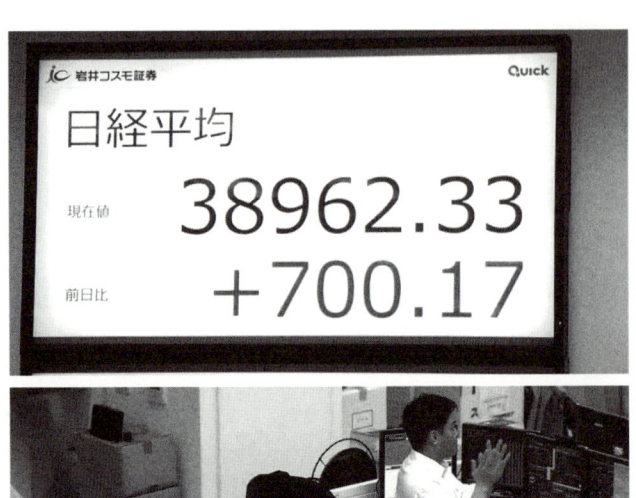
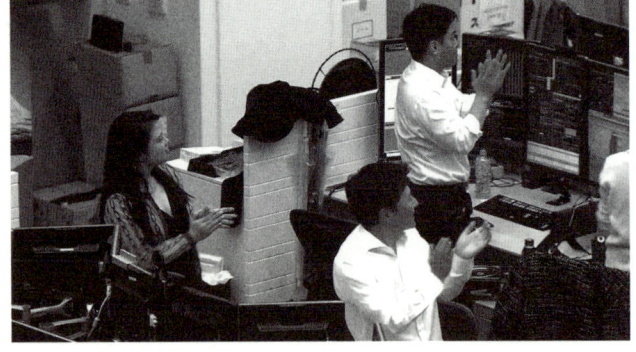

1989년 이후 34년 만에 최고치를 넘어선 닛케이지수(위)와 이에 환호하는 트레이더(아래).

섰다는 상징적 회복으로 받아들여진 것이다. 투자자들의 기대감에 힘입어 일본 증시는 2024년 들어 꾸준히 상승세를 이어갔으며, 연초 대비 15퍼센트 이상 상승했다. 당시 미국의 S&P지수가 약 5퍼센트 상승하고, 한국 코스피는 횡보하던 상황과 비교되면서 일본 증시의 강세는 더욱 두드러졌다. 일본의 주요 기업들도 잇달아 사상 최고가를 경신하며 시장 전반에 활기가 돌았고, 투자자들은 오랜 기다림 끝에 환호성을 터뜨렸다.

　도요타, 혼다, 닌텐도 등 대표적인 수출기업을 포함해 도쿄증권거래소에 상장된 200여개 기업이 최고가를 경신했다. 이는 1980년대 말 거품경제의 정점 이후 처음 있는 일이지만, 전문가들은 당시와 현재의 일본 증시가 체력과 체급 면에서 다르다는 점에 주목하고 있다. 특히 미국과 중국 간의 무역전쟁과 경제보복이 심화하면서, 중국에 몰려들었던 글로벌 자본이 이탈해 상대적으로 저평가된 일본 증시로 몰린 것을 상승세의 주요 원인으로 분석했다.

일부 증시 전문가들은 닛케이지수가 2026년 말까지 55,000포인트까지도 상승할 수 있다고 조심스럽게 전망하고 있다. 이는 일본 기업들의 구조조정과 수익성 개선, 특히 주당순이익EPS의 증가를 근거로 하고 있다.

주식시장에 뛰어드는 청년들

장밋빛 희망이 조심스럽게 제기되는 가운데, 일본의 청년층 역시 주식시장에 높은 관심을 보이며 투자 대열에 합류하는 움직임을 보이고 있다. 일본 주식시장의 흐름과 청년들의 투자 심리를 알아보기 위해 일본 라쿠텐 증권의 투자 설명회를 찾았다. 현장에서는 라쿠텐 증권의 관계자들이 최근의 주식 동향을 설명하며, 주식·채권·금·광물 등 다양한 자산의 장기 수익률을 비교한 데이터를 제시하는 등 열띤 분위기 속에서 세미나를 진행하고 있었다.

이날 설명회에는 50여 명의 대학생이 참석했다. 참가자들은 6명씩 조를 이루어 모의 투자활동을 진행하며, 조별로 투자 포트폴리오를 구성하고 그 성과를 예측한 뒤 발표하는 시간을 가졌다. 최근 일본 청년들의 뜨거운 주식투자 열기를 실감할 수 있었다.

도쿄대학교 경제학부 3학년인 안도 사야카는 주식시장이 활황세를 보이기 시작하면서, 자연스럽게 주식투자에 관심을 가지기 시작했다고 한다.

"처음에는 인터넷 쇼핑몰에 있던 8만 포인트를 활용했어요. 그걸 증권계좌에 연동해 주식투자에 사용할 수 있었는데, 공부 삼아 실습해보자는 마음이었죠. 약 두 달 뒤 투자했던 포인트가 10만 포인트로 불어났어요. 결국 총 2만 포인트, 약 20퍼센트의 수익률을 낸 셈입니다. 지금처럼 금리가 낮은 상황에서 이렇게 높은 수익률을 낼 수 있는 투자처가 흔치 않아요."

세미나에 참가한 취업 준비생 무라코시 아키라에게서는 부모 세대와 달라진 투자관을 들을 수 있었다.

"거품경제가 무너진 이후, 일본 사회 전반에는 '주식이나 부동산에 목돈을 투자하면 안 된다'라는 인식이 강했어요. 주식을 금기시하는 분위기까지 있었죠. 제 아버지 세대만 해도 주식투자로 큰 손실을 보고, 원금을 회복하지 못한 사례가 많았다고 해요. 그런 패배감이 30년 가까이 이어졌지만, 코로나19 팬데믹이 끝난 이후 주식시장의 분위기가 확실히 바뀌고 있다는 것을 느껴요. 2024년 한 해만 해도 닛케이지수가 30퍼센트 가까이 상승했으니까요.

저는 아직 실제 자금을 투자하고 있진 않지만, 모의 투자 앱을 스마트폰에 설치해서 운용해보고 있어요. 일본 국내 주식은 물론이고, 미국 나스닥 등 해외 주식시장에도 접근할 수 있어서 ETF 투자상품을 하나

운용하고 있습니다. 일본 주식에서도 수익을 냈지만, 미국 주식과 연동된 ETF의 수익률이 특히 좋았어요. 이렇게 실전 감각을 익힌 뒤에, 나중에 사회생활을 시작해서 수입이 생겼을 때 본격적으로 주식투자에 나서보려고 합니다."

대학생들의 다양한 이야기를 들으면서 젊은 세대의 주식투자에 대한 인식이 확실히 변했다는 것을 느낄 수 있었다. 라쿠텐 증권 마케팅 본부 자산증식 추진부의 야마구치 게이코 씨의 말이다.

"최근에는 20~30대 젊은 층이 주식투자에 관심을 갖고 문의하는 사례가 눈에 띄게 늘었습니다. 그 외에도 전반적으로 투자 붐이 일면서 주식투자가 점점 대중화되는 흐름입니다. 작년 말 기준으로, 고객들이 개설한 주식투자용 증권계좌 수가 1,000만 개를 돌파했어요. 올해 들어 닛케이지수가 33.4퍼센트 상승하면서, 이런 흐름은 증권사들의 실적 개선으로 이어지고 있습니다. 현재의 주식시장 훈풍은 올해 내내 지속될 가능성이 크다고 보고 있습니다."

34년 만의 주가 상승, 경제 부활의 신호탄일까?

역대급 엔저 현상으로 해외 투자자금이 유입되고, 수출기업들이 약진하면서 일본은 마침내 34년 만에 거품경제 시기의 주가지수를 넘어섰다. 이제는 경제 부활의 신호탄을 쏘아 올렸다는 기대감에 들떠 있는 분위기다.

실제로 일본을 대표하는 상장기업들의 순이익은 3분기 연속 증가세를 보였으며, 매출 대비 순이익률도 5.8퍼센트를 기록했다. 이러한 실적 개선과 함께 글로벌 자금이 다시 일본 주식시장으로 흘러 들어오기 시작한 것이다. 일본 증시는 과연 긴 침체의 터널을 완전히 빠져나온 것일까?

일부 경제 전문가들은 대다수 기업의 실질적인 실적 개선이나 구조적인 개혁 없이 주가만 오르는 현상에 대해 경계의 목소리를 내고 있다. 최근 2~3년 사이의 주식과 토지 등 자산 시장의 급격한 상승 흐름은 언제든지 급락으로 이어질 수 있다는 경고도 잇따르고 있다. 게이오대학교 경영대학원의 오오바타 세키 교수는 최근의 주식 상승은 거품일 가능성이 있다고 이야기한다.

"2008년 글로벌 금융위기 이후, 경기 부양을 위해 세계 각국이 대규모 금융완화 정책을 시행했습니다. 시중에 풀린 막대한 유동자금이 결국 주식시장으로 들어가면서, 서서히 거품이 형성되기 시작했다고 봅니다. 일본의 경우도 구조개혁보다는 아베노믹스 중심의 완화적 통화정책에 의존해왔습니다. 이런 점에서 볼 때, 2024년의 주가 상승은 일정 부분 거품이라고 생각합니다. 실질적인 경제성장 없이 지속이 불가능한 수준으로 오른 주가는 결국 내부 또는 외부의 충격 요인에 의해 붕괴될 수도 있습니다."

아베노믹스를 비판해온 소장파 학자이자 게이오대학 명예교수인 가네코 마사루도 최근의 주식과 부동산 시장의 상승세에 대해 비관론을 제기했다.

"36년 전, 일본은 '재팬 이즈 넘버원'이라는 말을 들을 만큼 세계에서 산업 경쟁력이 뛰어난 나라였어요. 엔고 상황에서도 무역 흑자를 유지했죠. 하지만 지금은 엔화 약세임에도 무역 적자 상태입니다. 이는 일본 경제의 기초체력이 예전보다 크게 떨어졌다는 증거입니다. 그럼에도 불구하고, 엔저 덕분에 수출 대기업들의 주가는 오르는 거예요. 외국인 투자자들의 시각에서 보면, 엔화 약세로 인해 일본 주식과 부동산은 상대적으로 저렴하게 느껴지기 때문에 자금이 몰리는 것입니다. 그런데 보세요. 엔화가 약세라면 주가가 하락하는 게 일반적인 경제 원리인데, 지금은 반대로 움직이고 있잖아요? 이런 현상은 일정 부분 투기적 자금 흐름이 만들어낸 왜곡된 결과, 즉 거품이라고 봐야 합니다."

가네코 교수는 현재 투기자금이 굉장히 활발하게 움직이고 있으며, 부동산 시장에도 자금이 흘러 들어오고 있다고 이야기했다. 이런 현상이 본격적으로 나타나기 시작한 것은 2023년 중반부터다. 미·중 간 무역 마찰이 심화되고, 중국 내 부동산 거품이 붕괴하면서 투자처를 잃은 자금이 대거 남아돌게 되었다. 중국 부동산 시장에서는 영구적 소유권이 아닌 '사용권' 매매가 일반적이다. 예컨대 공장은 50년, 주택은 70년이 지나면 소유권이 중국 정부에 반환된다.

반면 일본은 부동산을 구매하면 토지와 건물 모두 반영구적인 소유권을 보장받을 수 있다. 이러한 제도적 차이로 인해, 중국 내 투자처를 잃은 일부 자금이 일본 부동산 시장으로 시선을 돌리기 시작한 것이다. 특히 TSMC 공장이 들어설 예정인 구마모토현 그리고 도쿄 등 대도시의 고급 맨션, 상업용 부동산이 중국 투자자들 사이에서 주요 투자처로 부상하고 있다.

한편 미·중 무역전쟁의 여파로 중국의 대미 수출이 줄고, 미국의 대중국 투자도 감소하면서, 금융완화로 풀린 대규모 자금이 마땅한 투자처를 찾지 못하는 상황이 이어졌다. 이런 막대한 유동자금의 일부가 '엔저 효과'를 타고 일본의 주식시장으로 유입되면서, 최근 일본 증시 활황에도 일정 부분 기여한 것으로 분석된다.

가네코 교수는 이러한 흐름에 대해, 일본 경제의 기초체력이 개선되어 주식과 부동산이 상승한 것이 아니라, 엔저를 배경으로 투기자본이 몰려든 결과라고 지적한다. 이는 일본 경제가 투기 대상으로 전락할 만큼 취약해졌으며, 경제정책의 실패가 점점 더 명확해지고 있다는 점을 반증하고 있는 것이다.

가네코 교수의 지적처럼, 현재 일본의 주식 및 부동산 시장의 활황이 견고한 경제 체력에 기반한 성장이라기보다, 일시적 투기자금의 유입에 따른 과열 양상으로 분석하는 전문가들이 있다. 겉보기에는 화려한 상승세가 이어지고 있지만, 그 이면에는 점차 불안 요소들이 쌓여가고 있다. 이른바 이 거품이 얼마나 더 부풀어오를지, 언제, 어떤 계기를 통해 꺼질지에 대한 우려는 점점 더 구체적이고 현실적인 문제로 다가오고 있다.

구루메시
목재소 사장의 절규

　역대급 엔저 호황 속에서 수출기업들은 큰 수혜를 입었고, 해외 투자 자금이 일본 시장으로 유입되면서 일본은 34년 만에 거품경제기 수준의 주가지수를 회복했다. 더불어 개발 호재가 있는 일부 부동산 시장에도 투자 열기가 이어지고 있다.

　반면에 수입에 의존하는 업체들, 원자재를 수입해 가공·판매하는 기업들에게는 위기감이 커지고 있다. 러시아의 우크라이나 침공으로 인해 전쟁이 장기화되면서 원유 가격이 급등했고, 글로벌 물류망에도 차질이 발생해 전 세계적으로 물가가 오르기 시작했다. 이러한 상황에서 엔저와 국제 원자재 가격 상승이 겹치면서 일본 내 원가 부담은 더욱 가중되고 있다. 특히 내수를 기반으로 하는 일본의 중소기업과 소매점들은 비용 상승을 가격에 온전히 전가하기 어려워 수익성 악화에 직면하고 있다. 이처럼 수출기업과 부동산 시장은 활기를 띠고 있지만, 내수 중심의 기업들은 반대로 이중고를 겪고 있어 양극화 현상이 뚜렷해지고 있다.

부채 공장을 습격한 인건비와 원자재비 상승

일본의 시코쿠는 세토 내해에 위치한 큰 섬으로, 가가와현, 에히메현, 도쿠시마현, 고치현 등 네 개의 현으로 구성되어 있다. 그중 취재진이 찾은 곳은 가가와현의 마루가메시로, 이곳에서 일본 전통부채의 90퍼센트 이상을 생산한다. 전성기에는 연간 1억 개가 넘는 부채를 생산할 정도로 활황을 누렸다. 습하고 무더운 여름이 길게 이어지는 일본에서는 부채가 오랜 세월 생활필수품이었다.

고급 부채는 선물용으로 사용되며, 플라스틱으로 만든 쥘부채는 마을 축제나 각종 행사에서 홍보용으로 나누어주는 등 부채는 일본인의 일상 속에 깊이 뿌리내린 문화이다. 가가와현은 전통 부채의 제조와 생산이 지역의 주요 산업 중 하나인 만큼, 곳곳에 부채 장인이 운영하는 소규모 공방부터 대규모 부채 공장까지 다양하게 분포하고 있다. 하지만 최근에는 이 전통산업에도 서서히 그림자가 드리우고 있다. 수요 감소와 함께 고령화, 인력 부족 등의 문제가 겹치면서 지역 산업의 지속가능성이 위협받고 있다.

일반적인 부채는 대나무나 폴리프로필렌으로 만든 뼈대 양면에 종이를 풀로 붙이는 방식으로 제작된다. 이중 대나무는 대부분 중국에서 수입하고 있다. 우치와 부채의 사장 우치와 씨는 대량생산 중인 플라스틱 부채 공장의 생산설비를 공개하며, 취재진에게 부채가 만들어지는 과정을 자세히 설명해주었다.

"최근 러시아-우크라이나 전쟁 등의 영향으로 원유 가격이 오르면서, 원유에서 추출되는 폴리프로필렌 가격도 올해 들어 함께 오르고 있습니다. 부채 원가를 따져보면, 이 폴리프로필렌이 전체 원가의 약 60퍼센트를 차지할 정도로 비중이 크기 때문에 결과적으로 생산단가가 크게 오를 수밖에 없어요. 대나무 부채의 경우, 사용되는 대나무는 전량 중국에서 수입하고 있습니다. 보통 반년 전에 달러로 발주 계약을 체결합니다. 그런데 이번처럼 엔화 가치가 급격히 하락해 환율이 10엔 이상 오르게 되면, 계약 당시보다 매입 가격이 10~20퍼센트 가량 오르게 되죠. 여기에 매년 오르고 있는 인건비 부담까지 더해지면, 엔저 상황과 맞물려 '더블 펀치double punch'를 맞는 셈입니다."

우치다 사장은 원재료 수입 대금이 오르고 있는 만큼 부채 가격을 5~10퍼센트 인상하는 방안도 고민하고 있었다. 물가 상승에 민감한 일본인에게 가격을 올리는 방안은 고육지책과 다름없는 것이다.

사누키 우동이 잘 팔려도 걱정인 이유

가가와현에서 부채와 더불어 유명한 것이 바로 우동이다. 가가와현은 '우동현'이라 불릴 정도로 일본 전역에서 사누키 우동으로 유명한 지역이다. '사누키'는 가가와현의 옛 지명으로, 이 지역의 우동은 굵고 매끈한 면발이 특징이다. 갓 삶아낸 쫄깃한 면을 뜨거운 국물에 말아 먹거나, 진한 간장 육수인 쯔유에 찍어 먹는 단순하면서도 깊은 맛이 가가와 우동의 매력이다.

일본인의 우동 사랑은 각별해서 주말이면 오사카나 규슈 등지에서 관광객들이 차를 몰고 가가와현으로 몰려든다. 이들은 하루에 두세 곳의 우동 집을 방문하거나, 며칠에 걸쳐 여러 가게를 찾아다니는 '우동 순례'를 즐긴다. 특히 면발이 탱탱하고 국물이 진한 맛으로 유명한 우동집 앞에는 긴 줄이 늘어서기도 한다. 가가와현에서는 '우동 택시'와 '우동 버스'까지 운영하고 있을 정도로, 지역 전체가 우동 문화에 대한 자부심을 가지고 있다.

사누키 우동은 한 그릇에 300~400엔 정도로, 현지에서는 비교적 저렴한 가격에 즐길 수 있는 서민 음식이다. 그러나 최근에는 원자재 가격 상승 등의 영향으로 가격 인상을 고민하는 우동가게들이 늘고 있었다. 수타 우동집을 운영하는 히사에다 료 사장은 최근 밀가루 가격 인상으로 인한 부담을 털어놓았다.

"밀가루 가격이 2단계, 3단계, 4단계로 계속 오르면서, 1년 사이에 1,000엔 이상 오른 것 같습니다. 최근에는 대략 30퍼센트 정도 오른 것 같아요. 가게 운영이 점점 더 어려워지고 있어요. 장사를 계속하면 할수록 이익은 줄어드는 현실을 체감하고 있고, 앞으로도 밀가루 값이 더 오를 것 같아 불안해요."

엔저로 수입 물가가 상승하면서 가가와현의 우동집들은 위기 상황을 맞고 있었다. 우동에 사용하는 밀가루는 호주산을 수입하고 있는

데, 25킬로그램 한 포대 가격이 1년 사이 3,500엔에서 4,500엔으로 1,000엔 넘게 올랐다. 이로 인해 가게의 영업 이익에 빨간 불이 켜졌다. 밀가루 한 포대로 우동을 250인분 정도를 만들 수 있는데, 가격 인상분을 따지면 1인분당 4엔씩 가격이 상승한 셈이다.

히사에다 사장은 당장 가격을 올려 손님들에게 부담을 전가하기보다는, 당분간 상황을 지켜보며 비용을 절감해 영업이익을 유지하는 방식을 선택했다. 엔저 현상으로 수입 물가가 지속적으로 상승하는 상황에서, 이는 결코 쉽지 않은 결정이다.

슈퍼 엔저, 물가를 올리고 기업을 도산시키다

원자재 수입 업체들 중에서는 영업 이익 감소를 더 이상 감당하지 못하고 결국 도산에 이르는 사례도 점점 늘고 있다. 도쿄상공리서치의 분석에 따르면, 2023년 상반기 기준 '엔저'와 관련된 기업 도산 건수는 27건으로, 이는 1년 전 전체 도산 건수였던 24건을 6개월 만에 넘어선 수치다. 이는 원자재 수입 기업들이 급격한 환율 변동에 크게 흔들리고 있음을 보여준다. 실제로 2022년 1월에 달러당 약 115엔 수준이었던 환율이 2023년 7월 138엔대까지 하락하며 수입 원가가 크게 상승했다. 이로 인해 상품 수입과 물가 상승이 맞물리는 악순환이 이어지고 있는 상황이다.

후쿠오카현 구루메시에서 다카다 제재소를 운영하는 다카다 도요히코 사장은 3대째 가업을 이어오고 있다. 현재 다카다 제재소는 아프리카, 유럽, 미국, 동남아시아 등 전 세계 30여 개국에서 150여 종의 목재를 수입하고 있으며, 전체 취급 물량 중 수입 목재가 약 70퍼센트, 국내 목재가 30퍼센트를 차지한다. 다카다 사장은 최근 급격한 엔저 현상으로 인해 수입 목재 가격이 20퍼센트 이상 상승하면서, 목재상들의 타격이 크다고 밝혔다.

달러로 결제해야 하는 수입 대금이 급등한 탓에, 목재상들은 신규 수입을 주저하게 되었다. 가구를 만들어 판매해도 소비자들의 지갑은 좀처럼 열리지 않았고, 그 여파로 목재 취급 업체들이 밀집한 상권 전체가 위기에 처한 것이다. 일부 목재상들은 인건비를 줄이기 위해 주 3일 근무제를 도입하는 등 긴축 경영에 나서고 있다. 다카다 사장은 인근 상권에서도 엔저로 인한 도산이 이어지고 있다고 전했다.

"6월 말에만 두 곳이 도산했습니다. 엔저 영향으로 해외 원목 가격이 오르면서 가구 가격도 인상할 수밖에 없었죠. 그런데 가격을 올린 뒤에는 가구 판매량이 급격히 줄어들었고, 결국 매출이 하락했습니다. 이번 달에도 폐업하는 업체가 나올 것 같고, 매달 폐업 소식이 이어질 것 같아요. 저희 업체 역시 버티는 데 한계가 오고 있습니다. 솔직히 너무 힘듭니다."

3대째 100년 가까이 이어온 목재상 가업의 앞날조차 예측할 수 없는 상황이었다. 역대급 엔저 현상은 러시아-우크라이나 전쟁이라는 국제적 정세와 맞물리면서, 일본 경제에 깊은 상처를 남기고 있다. '아베노믹스' 10년, 수출 대기업에는 사상 최대의 영업 이익을 안겨주었지만, 그 이면에서 서민들은 '물가 상승'이라는 고통을, 원자재 수입 기업들은 '엔저 도산'이라는 공포를 감당해야 했다. 금융완화 정책이 불러온 부작

원자재비 상승으로 생산의 어려움을 겪는 다카다 제재소.

용은 이제 민간 경제 전반의 수면 위로 뚜렷이 떠오르고 있다. 버티기에 지친 현장의 목소리는 점점 더 무거워지고 있고, 고통과 불안의 터널 끝은 좀처럼 보이지 않는다.

6장

고령화와
인구 감소의 그림자

인구 최하위 돗토리현의
쇼핑 난민

　일본 혼슈 동해 연안에 위치한 돗토리현은 일본 47개 도도부현 중 가장 인구가 적은 지역이다. 26년 연속으로 인구가 감소하고 있으며, 2024년 조사에 따르면, 현의 인구가 53만 3천여 명에 불과했다. 이는 도쿄도의 중핵 도시의 하나인 하치오지시의 인구수보다 적은 숫자이다. 돗토리현은 모래사구, 온천, 만화 〈명탐정 코난〉의 작가 아오야마 고쇼의 기념관 등 다양한 관광자원을 갖추고 있어 국내외 관광객들이 소도시 여행으로 즐겨 찾는 곳이기도 하다.
　2024년 5월 중순, 일본의 인구 최하위 지자체인 돗토리현 중산간 지역을 취재차 방문했다. 이 지역은 마트나 슈퍼마켓 또는 장을 볼 수 있는 시설이 부족해서 이동판매 차량이 시골 마을을 돌며 식료품을 판매하고 있었다. 이처럼 생필품을 구입하기 어려운 지역의 소비자를 흔히 '쇼핑 난민' 또는 '쇼핑 약자'라고 부른다. 일반적으로 주거지에서 상점까지의 거리가 500미터 이상 떨어져 있고, 자동차 이용이 어려운 65세 이상의 고령자가 이에 해당한다. 일본 농림수산정책연구소의 조사에 따르면, 65세 이상 쇼핑 난민의 수는 2010년 732만 7천 명에서 2015년 824만 6천 명, 2024년에는 904만 3천 명으로 지속적으로 증가하고 있다.

쇼핑 약자를 위한 '이동식 슈퍼마켓'

인구 감소와 고령화가 심각하게 진행된 지역에서는 수요 감소로 인해 식품 소매점들이 잇따라 문을 닫고 있다. 이로 인해 주민들은 생필품을 구입하기 위해 이동판매 차량에 의존할 수밖에 없는 상황이다. 특히 노령 인구가 많은 돗토리현과 같은 일본의 지방 자치단체에서는 이동판매 서비스가 일상생활을 유지하기 위한 필수 수단이 되고 있다. 이러한 수요에 맞춰 일본 각지에서 이동판매 차량을 운영하는 기업 '토쿠시마루'는 2012년 설립 이후 꾸준히 성장해왔다. 2016년에는 100대였던 차량이 2024년에는 무려 1,180대로 늘었으며, 현재 일본 전역에서 약 18만 명이 이 서비스를 이용하고 있다.

이동판매 차량의 주요 이용자는 80세 이상의 고령자들이다. 이 차량들은 '이동식 슈퍼마켓'이라 불릴 만큼 다양한 식료품과 생필품을 싣고 마을을 순회하고 있다. 경트럭 한 대에 보통 400여 종의 품목,

1,200~1,500개의 상품을 싣고 마트가 없는 마을을 찾아가 판매한다. 돗토리현 동부의 인구 과소 지역에서도 20여 대의 이동판매 차량이 운영되고 있었다.

이리에 사와요 씨는 2024년 3월까지 돗토리현청 공보과에서 근무하던 공무원이었다. 그런 그녀가 조기퇴직을 결정하고, 이동판매 차량을 몰고 작은 마을을 다니는 소매업에 나섰다. 안정적인 공직을 떠나 이동판매업을 선택하게 된 이유는 무엇일까?

그 계기는 아버지의 일신상의 변화에서 비롯되었다. 아버지가 고령으로 운전을 할 수 없게 되자, 결국 운전면허를 반납했다. 이동수단이 없어진 아버지는 이전처럼 원하는 시간에 슈퍼마켓을 자유롭게 오갈 수 없게 되었다. 그녀는 아버지가 일상적인 장보기조차 힘들어진 현실에 큰 충격을 받았다. 자신이 살고 있는 돗토리현의 시골 마을에도 아버지와 같은 처지에 놓인 어르신들이 많다는 사실을 깨달았다. 대중교통 수단이 미비한 시골 마을에서 운전을 하지 못한다는 것은 곧 자유로운 이동이 불가능하다는 것을 의미한다. 이리에 씨는 아버지의 모습을 보면서, 이런 어려움을 겪는 사람들을 위해 이동판매업을 생각한 것이다.

이리에 씨는 오전 10시부터 오후 4시 반까지 하루에 마을 16곳을 일일이 돌면서 식료품과 생필품을 판매한다. 마을의 지정된 장소에 도착하면, 이동판매 차량의 마이크를 통해 로고송을 틀어 도착을 알린다. 주차를 하자마자, 이리에 씨는 익숙한 손놀림으로 트럭의 개폐형 도어를 연다.

차량의 좌우와 뒷면 덮개를 열면, 작은 슈퍼마켓을 떠올리게 하는 풍

이동판매 차량을 몰고 소매업에 나선 이리에 사와요 씨.

경이 눈앞에 펼쳐진다. 신선식품부터 생필품까지 다양한 물건들이 진열되어 손님을 기다린다. 트럭 안에 대형 냉장고가 설치되어 있어 달걀, 우유, 생선 등 신선도를 유지해야 하는 식품들도 갖추고 있다. 종이행주, 주방 세제, 치약 등 일상생활에 꼭 필요한 생필품들도 고루 갖추고 있다.

트럭이 마을에 도착하면, 주민들은 각자 장바구니를 들고 차량으로 모여들어 필요한 물건을 살펴보고, 빠르게 구매하기 시작한다. 이동판매 차량은 평균적으로 주 2회 마을을 방문하기 때문에, 주민들은 미리 필요한 물품을 생각해두고 장을 볼 준비를 한다. 때로는 10명 넘는 주민들이 줄을 서서 차례를 기다리는 모습도 종종 볼 수 있다. 노란 플라스틱 장바구니에 물건을 가득 담은 치즈초의 주민 데라타니 씨가 고마움을 잊지 않는다.

"이런 산동네에는 슈퍼마켓이나 작은 가게가 근처에 없어요. 다행히 이동 슈퍼마켓에는 대체로 필요한 물건들이 다 갖추어져 있어요. 특별히 필요한 것이 있으면 미리 이야기를 해 주문을 해놓기도 합니다. 주문한 지 일주일 정도 지나면 예약한 물건이 배달됩니다. 이동판매 차량 덕분에 정말 장보기가 편해졌어요."

이동판매는 단순한 사업에 그치지 않는다. 이동이 불편한 노약자들에게 생필품을 판매함으로써 기본적인 생존권을 보장하는 복지 차원으로 확장된다.

초고령 사회는 마을을 어떻게 바꾸는가?

한편 일본의 노령화와 인구 감소의 현실에 대해, 많은 전문가들은 일본의 미래를 암울하게 전망하고 있다. 실제로 일본 인구전략회의는 2024년 4월 열린 한 심포지엄에서, 현재와 같은 추세가 계속된다면, 2050년까지 744개의 지방자치단체가 사라질 수 있다는 충격적인 분석 결과를 발표했다. 특히 2050년까지 20~39세 여성인구가 50퍼센트 이상 감소할 것으로 예상되며, 이로 인해 소멸 위험이 높은 지자체의 비율이 무려 40퍼센트에 이를 수 있다는 암울한 전망도 제시되었다. 25년 뒤의 일이기에 실감이 나지 않을 수 있지만, 분명한 사실은 저출산과 고령화의 흐름을 되돌리기 어렵고, 해마다 지방의 인구 감소 속도는 더욱 빨라지고 있다는 것이다.

인구 감소가 가속화됨에 따라 지역의 전통시장, 슈퍼마켓, 소매점 등도 빠르게 쇠퇴하고 있다. 2023년 한 해 동안에만 20여 개의 슈퍼마켓과 소매점이 문을 닫았다. 이제 지자체도 더 이상 이 상황을 방관할 수 없는 지경에 이르렀다.

돗토리현의 와카사초(인구 약 2,700명)는 65세 이상 인구가 절반을 넘는 고령화 마을이다. 돗토리시 중심부에서 불과 30킬로미터 떨어져 있지만, 고령화와 인구 감소로 인해 장보기 환경은 날로 악화되고 있다. 이에 와카사초에서는 주민들의 열악한 장보기 환경을 개선하기 위해 지자체 차원의 자구책을 마련했다. 돗토리현청의 중산간 지역 진흥과를 담당하고 있는 오오이시 코지 씨는 이동판매 차량과 지역 공설 슈퍼마켓을 통한 지원책에 대해 다음과 같이 설명했다.

"현재 돗토리현 동부 지역을 중심으로 20여 개의 이동판매 사업자가 중산간 지역에서 소매업을 운영하고 있습니다. 현에서는 이들의 활동을 지원하기 위해 다양한 지원책을 마련했습니다. 신규로 이동판매 사업을 시작하는 사업자에게는 이동판매 차량 도입 비용을 지원하고, 연료비나 차량 유지·관리비 등도 보조하고 있습니다."

돗토리현은 개인이 이동판매 차량을 구입할 경우 최대 500만 엔을, 지역별로 연간 최대 100만 엔까지 운영비를 지원하는 등 이동판매 사업자를 위한 다양한 지원책을 시행하고 있다. 이와 함께 마을 내에는 주민들이 불편 없이 장을 볼 수 있도록 공설 슈퍼마켓을 설립해 운영하고 있다. 이 공설 슈퍼마켓은 지자체가 건물과 토지를 소유하고, 민간업자에게 운영을 위탁하는 방식이며, 운영에 필요한 경비의 절반을 지자체가 부담하고 있다.

실제로 돗토리현 와카사초 주민들은 주변의 슈퍼마켓과 소매점들이 대부분 문을 닫은 상황에서, 식료품과 생필품을 구매할 수 있는 공간이 생긴 것에 대해 크게 만족하고 있다. 고령화로 장보기 환경이 위협받고 있는 돗토리현은 이동판매 차량과 공설 슈퍼마켓 운영 등으로 실질적인 자구책을 마련하는 데 힘을 쏟고 있다.

도쿄 외곽 신도시의 슬럼화

쇼핑 난민을 위한 이동판매 차량의 운영은 인구가 없는 시골 마을에 국한되지 않는다. 일본 도쿄도 주변 도시에서도 쇼핑 난민 문제가 확산되고 있다. 한국에 1990년대 대규모로 조성된 신도시 분당과 일산이 있다면, 일본에서는 1970년대 수도권 외곽, 특히 도쿄에서 30~40킬로미터 거리에 위치한 하치오지시, 마치다시, 다마시의 뉴타운 등 대규모 주택 단지가 있다.

제2차 세계대전 이후 일본은 고도 경제성장기를 맞이하면서, 1960년대 도쿄 구도심 일대의 집값이 급등했다. 이에 따라 무분별한 도시 개발이 확산되자, 일본 정부는 주거 환경이 양호한 외곽지역에 택지를 공급하기로 결정한다. 이 과정에서 조성된 대표적인 대규모 베드타운이 바로 이타바시구 다카시마다이라의 고층 아파트 단지이다.

1972년에 준공된 이 단지는 분양된 약 1,900세대를 포함해 총 약 1만 세대를 수용할 수 있는, 전국 최대 규모의 고층·고밀도 주거단지였다. 1970년대 초반에는 20대 후반에서 30대 중반의 젊은 가구들이 비교적 저렴한 주택을 찾아 이곳으로 대거 유입되어, 단지 내 인구만 2만 명이 넘는 대규모 신흥 주거지가 형성되었다.

신도시가 올드 타운이 되어버린 사연

다카시마다이라가 가장 활기를 띠었던 시기는 일본 경제가 거품경제의 정점이던 1980년대였다. 하지만 이후 장기적인 경제 침체가 이어지면서 이 신도시의 활기는 점차 사그라들었다. 게다가 1970년대 초반 입주했던 당시 20~30대 주민들은 50여 년이 지난 지금 70~80대의 고령 인구가 되어버렸다. 과거에 지어진 이 아파트 단지는 주로 2인 가구를 중심으로 한 소형 평형대 위주로 분양되었기 때문에, 성장한 자녀들은 대부분 이곳을 떠났고, 지금은 노인들이 대부분을 차지하는 마을로 변해버렸다.

이곳은 고도 경제성장기 당시에는 도쿄 도심의 심각한 주거난과 주택난 속에서 비교적 저렴한 집세를 강점으로 인기를 끌었다. 하지만 지금은 경제가 활력을 잃고 저출산이 심화되면서, 도쿄 외곽의 주거 비용도 낮아지고 있다. 이에 따라 과거 이 지역이 지녔던 '저렴한 거주비'라는 장점도 점차 의미를 잃고 있다. 한때 '신거주 지역'이라 불렸던 다카시마다이라는 이제 '올드 타운'으로 전락해버렸고, 젊은 층이 떠나면서 점차 슬럼화가 진행되고 있다.

2024년 여름, 다카시마다이라 지역 신문사 사무실을 찾았다. 무라나카 다카히데 편집장은 아파트 단지 내의 주거시설을 사무실로 만들어 신문사를 운영하고 있었다. 그는 지역 신문사를 이끌던 아버지의 뒤를 이어 젊은 시절부터 신문 발행 일을 계속해오고 있다. 그는 이곳에서 태어나 중학생 때까지 아버지와 함께 살았다고 한다. 이제 50대가 된 그는 자신의 10대 시절을 이렇게 회상했다.

"그 당시에는 유치원과 어린이집이 부족해서 시설을 늘려야 한다는 요구가 컸어요. 초등학교의 학생 수가 너무 많아서 임시로 교실 건물을 세우기도 했죠. 그런데 그것으로도 부족해서 아예 새로운 학교를 세우려는 움직임도 있었어요. 그런데 지금은 어떻냐고요? 이 아파트 단지 근처 초등학교 두 곳이 이미 폐교됐습니다."

그는 1970년대 다카시마다이라의 모습을 담은 흑백 사진들을 보여주었다. 사진 속에는 예방접종을 위해 아이를 안고 길게 줄을 선 아파트 주민들의 모습, 마을 축제에서 수많은 남녀노소가 어울려 환하게 웃는 장면들이 담겨 있었다. 지금은 상상하기 힘든, 활기 넘치던 시절의 풍경이었다. 반세기가 지난 지금, 다카시마다이라의 아파트 단지는 적막에 잠겨 있다. 그의 깊은 팔자 주름 사이로 씁쓸한 미소가 번졌다.

"주위에 고령자를 위한 요양병원이나 노인복지 시설이 점점 늘어나고 있어요. 아파트 단지 안의 점포들도 문을 닫은 곳이 점점 많아지고 있어요. 상가를 찾는 사람들도 노인분들만 가끔 보일 뿐이고요."

고도 경제성장기에 사람들을 끌어 모았던 도시는, 반세기 만에 사람이 떠나는 곳이 되어버렸다. 새로운 인구 유입이 끊기자, 아파트 단지 인근에 있던 대형 쇼핑몰은 문을 닫았고, 크고 작은 소매점들도 잇따라 폐업하고 있는 실정이다.

그들은 왜 재개발을 원하지 않을까?

다카시마다이라 지역 아파트 단지 주민의 절반 넘는 인구가 65세 이상이다. 자치회 회장 도다 도시유키 씨는 1970년대 이곳에 분양을 받아 첫 입주한 후 49년째 이곳에 거주하고 있다.

"가장 큰 문제는 독거노인이 늘고 있다는 점입니다. 그만큼 고독사도 많아지고 있어요. 사교적인 성격이 아닌 분들은 좀처럼 집 밖으로 나오지 않습니다. 본인이 마음을 내지 않는 이상, 억지로 끌어낼 수도 없는 일이죠. 이 단지 안에 살롱이나 체조 교실 같은 다양한 활동과 모임이 마련된 것도 그런 문제를 극복하려는 노력의 일환이에요. 하지만 이런 모임에 나오는 사람들은 한정되어 있는 게 현실입니다."

주민의 고령화만큼이나 아파트 노후화 문제도 심각하다. 단지에서는 소유주를 중심으로 재건축하려는 움직임이 있기는 하지만, 자치회 회장은 이를 달가워하지 않았다.

"새로 아파트를 짓게 되면 우선 임대료가 오릅니다. 저처럼 연금만으로 생활하고 있는 사람들은 이 이상 임대료가 오르면 버틸 수가 없어요. 결국에는 이곳에서 나갈 수밖에 없죠. 저도 고령이라 언제까지 여기에서 살 수 있을지 알 수 없어요. 여러 가지로 걱정입니다."

1970년대 서양식으로 지어진 다카시마다이라 지역 아파트 단지.

다카시마다이라 지역의 재개발 찬성 여론은 상당하지만, 일본에서 아자부다이힐즈 재개발 사례에서 알 수 있듯이, 이런 사업은 20~30년 넘게 걸리는 장기 레이스다. 60~70세 노인이 많은 이곳에서 재건축은 반가운 소식일 리 없다. 당장 이 많은 주민들을 일거에 이동시킬 주거시설도 없는 데다, 20~30년 뒤에나 완공되면 주민들의 나이가 80~100세가 된다. 게다가 임대로 입주한 주민들이 현재 주택 임대료에 만족하고 있어서 재건축으로 인한 임대료 상승을 원치 않고 있다.

1970년에 입주한 후 지금까지 거주하고 있는 다카노 레이코 씨. 10년 전 남편과 사별한 후 혼자 살고 있다. 1970년대 서양식으로 지어진 아파트는 과거 건축 양식을 그대로 간직하고 있었다. 그중 눈길을 끄는 것은 수세식 화장실에 붙어 있던, 그림으로 설명된 화장실 사용법 스티커였다.

"1970년대 초, 수세식 화장실이 막 도입되던 시기라 이렇게 사용법이 그림과 함께 안내돼 있었습니다. 당시에는 대부분이 재래식 화장실을 썼어요. 수세식 화장실을 처음 접한 사람들이 많았으니까 어떻게 사용하는지 안내가 필요했죠. 그 스티커가 그대로 남아있는 겁니다."

1970년에 당시 일본의 주거문화에 큰 변화를 가져온 것이 바로 UR(일본 주택공사) 주택이었다. 그로부터 50년 가까운 세월이 흐른 지금, 이곳은 어느새 과거의 흔적들만 남은 공간이 되었다. 시멘트 건물은 여전히 굳건히 서있지만, 이곳을 기억하는 사람들은 하나둘 떠나고, 시간만이 벽에 스며들 듯 조용히 이곳을 지키고 있었다.

천년 고도 교토,
빈집과의 전쟁

　일본 지방 소도시에서는 인구 감소로 인한 또 다른 큰 과제가 있는데, 바로 빈집 문제이다. 일본 총무성이 실시한 2023년 주택·토지 통계조사에 따르면, 일본 내 빈집 수는 이미 900만 채를 넘었다. 노무라 종합연구소의 분석에 따르면 2033년까지 2,300만 채가 넘고, 전체 주택 중 30.4퍼센트가 빈집이 될 것으로 전망한다. 이는 곧 3채 중 1채가 빈집이 될 수 있다는 의미다.

　일본 정부는 이미 10년 전 '빈집대책특별조치법'을 제정하고, 마을과 사람 그리고 일자리 재생 종합전략을 개정하는 등 대책 마련에 나서고 있다. 그러나 지금까지도 뚜렷한 성과를 내지 못하고 있는 실정이다.

100평짜리 집, 100엔에 드립니다

일본의 빈집 문제가 심각해진 주요 원인으로는 저출산, 고령화 문제 이전에 주택 과잉 공급이 큰 원인으로 지목되고 있다. 제2차 세계대전 이후 급격한 인구 증가로 만성적인 주택 부족에 시달렸던 일본은, 주택 공급을 최우선 과제로 삼아 정책을 추진해왔다. 그러나 주택 문제가 상당 부분 해소된 뒤에도 매년 100만 채에 달하는 신규 주택을 2000년대까지 공급한 것이다. 그 결과, 전체 주택 수가 가구 수를 크게 초과하게 되었고, 이는 빈집 증가로 이어졌다. 여기에 더해 지속적인 인구 감소는 빈집 문제를 더욱 악화시키고 있다.

일본의 인구는 2009년 정점을 찍은 이후 15년째 감소세를 이어가고 있다. 수도 도쿄조차 2018년 26년 만에 처음으로 인구 감소를 기록했다. 고령화로 인구가 줄고, 빈집은 더욱 빠른 속도로 늘어나면서 시골의 작은 마을들도 하나둘씩 사라져가고 있는 것이 일본의 현실이다. 수년 내로 일본 전역에서 사람이 한 명도 살지 않는 마을이 2만여 곳에 이를 것이라는 전망까지 나오고 있다.

방치된 빈집이 일본 전역에서 늘어나자, 나가노현 나카노시에서는 구매 희망자가 없는 빈집을 100엔의 균일가로 내놓고, 집을 구하는 사람을 연결해주는 '빈집 게이트웨이'라는 매칭 사이트를 운영하고 있다. 노후화로 붕괴 위험이 있는 시골집을 줄이기 위한 방책의 하나이다. 물론 '100엔짜리 빈집'은 상징적인 의미를 내세운 타이틀이고, 실제로 집을 매입할 경우 수선비, 측량비, 거래비용, 고정자산세 등으로 약 1,000만 원 안팎의 비용이 발생한다. 이렇게 빈집을 싸게 매입하여 리

인구 감소로 시골 마을에서 흔히 보이는 빈집.

모델링하면, 쓸모없던 집이 다시 사람이 거주하고 활용할 수 있는 공간으로 탈바꿈하게 된다.

실제로 2024년에는 한 부동산 정보 사이트에 시즈오카현 히가시이즈초의 온천 관광지 인근에 위치한 별장이 100엔에 매물로 올라왔다. 이 2층짜리 별장은 지어진 지 40년이 넘는 건물로, 건물 면적과 주변 토지를 합하면 100평에 가깝다. 온천 시설을 갖추고 있으며, 바다를 조망할 수 있는 별장이 이런 터무니없이 싼 가격에 나온 이유는 무엇일까?

가장 큰 이유는 건물의 유지와 보수 그리고 관리 비용에 대한 부담 때문이다. 40년이 넘은 건물이라 개·보수가 필요하고, 유지 관리비, 세금 등 매달 우리 돈으로 20만 원 이상이 들기 때문이다. 소유자도 처음에는 약 200만 엔(한화 약 2,000만 원)으로 별장을 내놓았지만, 오랜 기간 팔리지 않자 가격을 100엔까지 낮춰 부동산 중개 사이트에 올려놓은 것이다. 하지만 초기에 수천만 원에 달하는 수리비용 부담 때문에 여전히 매입 희망자를 찾지 못하고 있는 상황이다.

부동산 업자에 따르면, 매입자 입장에서는 별장 구입대금 외에도 수도 이용료, 온천 사용료, 리모델링 비용 등 초기 비용이 추가로 발생할 수 있다고 한다. 오래된 부동산을 매물로 내놨지만 좀처럼 팔리지 않아 빈집으로 남는 사례는 지방의 별장지가 밀집한 지역과 부모 세대에게 물려받은 노후 아파트 및 맨션 등에서 두드러진다. 일본의 지방자치단체에서는 이러한 빈집 문제를 해결하기 위해 다양한 방안을 강구하고 있다.

철거가 아닌 재생, 정체된 도시의 가능성을 시험하다

일본의 지자체 중에서 빈집 문제 해결을 위해 빈집세를 도입한 곳이 있다. 바로 천년 고도 교토이다. '빈집세'는 공식적으로는 '비거주 활용 촉진세'로, 교토에서는 2026년부터 빈집을 소유한 소유자에게 세금을 부과하는 정책을 시행할 예정이다. 이 세금 도입에 앞서, 교토시는 소유주의 관리 부실로 방치된 빈집에 대해 행정조치를 취하는 등 사전 정비 작업도 병행하고 있다.

교토시는 빈집을 방치한 소유주에게는 과세를 통해 책임을 묻는 한편, 빈집을 매각하거나 철거를 할 경우에는 보조금을 지원하는 방식으로 문제 해결의 실마리를 찾고 있다. 빈집을 매각하면 중개 수수료의 절반을 지원하고, 철거할 경우에는 해체 공사비용의 3분의 1에 해당하는 금액을 보조금으로 지급한다.

이와 더불어 교토시는 빈집 문제 해결을 위해 전화상담실을 설치하고, 주민들의 민원을 접수하며 상담 서비스를 제공하고 있다. 특히 빈집 리모델링이 필요한 경우에는 부동산 및 건축 전문가와 연계해 보다 전문적인 상담이 이뤄질 수 있도록 지원하고 있다. 빈집세 부과에 앞서, 교토시는 현재 빈집 소유주에게 조치가 필요하다는 안내장을 발송하고 있다. 향후 빈집 소유주에게 추가 경고장도 발송할 예정이다. 이 경고장에는 재산세의 4배 부과, 50만 엔의 추가 과세와 같은 경고 문구도 포함되어 있다.

교토시에서는 세입자를 찾고 있지 않거나 매매를 위해 부동산 시장에 내놓지 않은 빈집은 모두 '빈집세' 부과 대상에 포함하고 있다. 이러한 정책은 빈집이 정식 부동산 매물로 등록되어 활발하게 유통될 수 있도록 하기 위함이다. 교토시 세제과의 카와토 아키오 과장은 이 조치가 징벌적 과세가 아닌 빈집을 적극적으로 활용하도록 유도하는 데 중점을 둔 정책임을 강조했다.

"사실 낡고 위험한 빈집을 단순히 철거하는 방식으로 접근할 경우, 빈집을 철거한 후 남게 되는 공터가 지역사회에 또 다른 문제를 초래할 가능성이 큽니다. 따라서 빈집을 없애는 것이 아니라, 어떻게 활용할 수 있을지를 고민하는 것이 중요합니다. 이를 위해 활용 가치가 있는 빈집에 대한 정보를 충실히 제공하고 있습니다. 이를테면 '역에서 500미터 이내에 위치하며 간단한 수리로 바로 사용할 수 있는 빈집'이라든가

'도로에 인접해 있고, 활용 조건이 좋은 넓은 규모의 빈집'처럼 구체적 정보를 제공하는 것이죠.

또한 교토시에서는 빈집을 개조하거나 매입해서 지역에 필요한 복지 시설 등 공공 인프라로 재활용하고 있습니다. 청년 창업을 위한 공간, 청년과 신혼부부를 위한 임대주택 등 다양한 목적의 시설을 조성하는 데 빈집을 적극적으로 활용하고 있습니다."

물론 빈집 활용을 지원하는 데에는 지자체의 재정 부담이 따르게 마련이다. 하지만 교토시는 재정 여건이 허락하는 범위 내에서 빈집을 적극적으로 활용해 지역 활성화를 도모하는 방향으로 정책을 추진하고 있으며, 그 결과 점차 긍정적인 변화의 흐름이 나타나고 있다.

교토시는 2014년부터 빈집 담당 부서를 상설화해 체계적으로 대응한 덕분에, 지난 10년 동안 4,700채 이상의 빈집을 줄이는 성과를 거두었다. 5년마다 실시되는 일본 주택·토지통계조사에 따르면, 2023년 교토시의 빈집 수는 2018년에 비해 약 700채가 줄어들었다. 현재 교토 시내에 10만 5천 호가 넘는 빈집이 있는데, 이중 약 1만 5천 호가 2026년 도입 예정인 '빈집세' 과세 대상이 될 것으로 예상하고 있다.

"교토시가 추진 중인 '빈집세'는 토지 및 주택의 고정자산세의 약 절반 수준으로 부과될 예정입니다. 이를 통해 약 9억 5,000만 엔의 세수를 확보할 것으로 예상하고 있습니다. 빈집 소유주의 입장에서는 세금 부담을 줄이고 보조금 혜택을 받을 수 있기 때문에, 빈집을 방치하기보다는 부동산 시장에 유통시키는 것이 훨씬 유리합니다. 교토시에서는 이렇게 시장에 나온 빈집을 적극 확보해 청년층과 자녀를 둔 가구 등 '육아 세대'에게 저렴하게 공급할 계획입니다.

교토시는 문화재가 밀집한 도시 특성상 고층 주택 개발이 어렵고, 대규모 신규 주택공급에도 제약이 따릅니다. 이러한 조건에서 임대료가 상승하게 되면 청년층이 교토를 떠나는 현상이 가속화될 수밖에 없습니다. 이에 따라 취업한 청년세대와 어린 자녀가 있는 가구가 교토에 정착할 수 있도록, 빈집을 활용한 공공주택 공급 계획을 장기적인 관점에서 수립하고 추진하고 있습니다."

카와토 과장은 10년 넘게 빈집 대책을 수립하고, 다양한 정책을 펼쳐왔지만, 빈집 소유주에게 정책의 취지를 제대로 전달하고 협조를 이끌어내는 일이 여전히 쉽지 않다고 말했다. 특히 청년층과 육아 세대의 인구가 줄면서 지자체의 세수 감소가 점차 가시화되는 상황에서, 빈집을 활용해 인구 유입의 전환점으로 만들고자 하는 교토시의 고군분투가 엿보였다. 하지만 현실은 녹록지 않다. 교토시가 다각도로 노력하고 있음에도 불구하고, 빈집을 해체하거나 활용하는 속도가 빈집 증가 추세를 따라가지 못하는 것이 현실이다. 특히 젊은 세대의 대도시 집중 현상이 가속화되면서, 교토 내 빈집이 늘어가는 속도도 빨라지고 있다. 상속 문제, 부동산 관리의 어려움, 경제적 부담, 법적 절차, 문화적 인식 등 복합적인 문제들로 인해 많은 집주인들이 빈집을 방치하고 있어 문제 해결이 쉽지 않은 상황이다. 이러한 상황에서 교토시가 추진 중인 빈집 관련 정책이 실제로 효과를 거둘 수 있을지, 그리고 주민들의 협력을 이끌어낼 수 있을지는 이제 시험대 위에 올라 있다.

3부

떠난 자들과 남은 자들

7장

엑소더스 이후의 일본

양극화,
격차사회의 함정

일본의 고도 경제성장기에는 국민 전체의 삶의 질이 향상되고, 경제 성장의 혜택이 분배되어 중산층이 두터운 사회가 형성되었다. 당시 일본은 '1억 총중류總中流' 사회, 즉 중산층이 1억 명에 달하는 사회라고 부르며, 비교적 빈부 격차가 적은 나라라는 인식이 자리잡았다. 하지만 이러한 모습은 점차 과거의 유산이 되었고, 자민당의 고이즈미 준이치로가 정권을 잡은 후 신자유주의가 본격적으로 확산되면서, 일본 사회 전반에 사회·경제적 양극화가 심화되기 시작했다.

현재 일본은 소득 재분배를 통해 중산층이 두터워지는 사회가 아니라, 자산 격차와 빈부 격차가 만연한 사회로 변화하고 있다. 그동안 일본을 선진국이자 복지가 잘 갖춰진 나라, 중산층이 탄탄해 비교적 평등한 사회로 인식해온 많은 일본인들에게 이런 현실은 큰 충격으로 다가왔다. 일본의 시사 주간지 〈다이아몬드〉는 현재 일본 사회의 중산층이 붕괴되어 '상위 10퍼센트만을 위한 사회'로 전락했다고 진단하고 있다. 국민 대부분이 중산층 의식을 공유하던 '1억 총중류' 사회는 점점 과거의 모습이 되었고, 이제는 하층 계급인 언더클래스가 확산되면서 일본 사회는 새로운 계급사회로 변모하고 있는 실정이다.

무역보복으로 번지는 한일 갈등

일본 중산층이 붕괴하고 양극화가 심화되는 현장을 취재하기 위해 2019년 10월 일본을 찾았다. 코로나19 팬데믹으로 내·외국인에 대한 입국을 봉쇄하기 직전이었다. 일본 경제는 아베 총리의 리더십 아래 경기 회복을 하지 못한 채 저성장을 이어가고 있었다.

그해 10월 22일에는 나루히토 천황의 즉위식이 거행되었다. 장남인 나루히토는 부황인 아키히토 천황이 2019년 건강 악화와 고령을 이유로 퇴위를 결정하자 천황의 자리를 이어받았다.

아키히토 천황은 황위를 나루히토 황태자에게 물려주고, 본인은 상황上皇이 되었다. 이로써 2019년 5월 1일부터 새로운 연호인 '레이와令和' 시대가 시작되었다. 이는 제126대 나루히토 천황의 즉위를 기점으로 한 새로운 시대의 출범을 의미한다. 그러나 이 시기 한일 관계는 악화되고 있었다.

한·일 관계가 갈등 국면에 접어든 계기는 2018년 10월, 한국 대법원의 판결이었다. 당시 한국 대법원은 일제강점기 강제노역 피해자 4명이 일본 기업 신일철주금(현 일본제철)을 상대로 제기한 손해배상 청구 소송에서 피해자들의 청구권을 인정하고, 1인당 1억 원씩 배상하라는 판결을 내렸다. 일본 정부는 이에 강하게 반발했다. 1965년 체결된 한일 청구권협정에 따라 피해자 개인의 청구권도 소멸되었다는 기본 입장을 고수하며, 한국 정부에 협의를 요청했다. 당시 문재인 대통령은 2019년 1월 신년 기자회견에서 "대법원 판결은 사법부의 독립적인 판단이며, 정부가 개입할 수 없다"는 원칙을 재확인했다. 다른 한편으로 외교적 해결을 위한 대화를 강조했다. 하지만 양국은 입장 차를 좁히지 못했고 양국 간의 외교 갈등은 더욱 격화되었다.

2019년 5월, 일본제철이 한국 내에 보유한 자산에 대한 강제 매각 절차가 시작됐다. 일본은 이에 대한 대응으로 같은 해 7월 1일, 한국에 대한 수출규제 방침을 전격 발표했다. 일본 경제산업성은 한국을 백색국가(화이트리스트)에서 제외하고, 반도체·디스플레이 핵심 소재 3종의 포괄적 수출허가 대상에서 제외하는 조치를 취했다. 이 조치로 인해 한국의 관련 산업에 큰 타격이 예상되었다.

이에 한국에서는 일본 제품에 대한 불매운동이 벌어졌고, 한일 양국의 관계는 급속도로 악화되었다. 일본 정부는 이번 수출규제가 보복적 성격의 조치임을 부인하지 않았으며, 한국에서는 이에 맞서 일본 제품과 일본 프랜차이즈 음식점에 대한 불매 포스터를 제작·공유하는 등 시민 차원의 대응이 확산되었다. 일부 시민들은 일본산 자동차에 낙서를 하거나, 일본산 필기구와 화장품 등을 쓰레기통에 버리는 '인증샷'을 SNS에 올리기도 했다. 이처럼 한·일 간 갈등이 깊어지는 가운데, 취재를 위해 일본을 방문했다.

명문 도쿄대생도 어려운 정규직 전환

당시 일본 사회의 양극화 현실을 들여다보기 위해, 자산을 기준으로 '가진 자'와 '가지지 못한 자'라는 두 축으로 나누어 취재를 진행하고 있었다. 자산을 제대로 마련하지 못한 사례자 취재를 위해 도쿄 외곽 조후시에 거주하는 40대 후반의 미혼 남성 후카가와 미노루를 만나게 되었다. 그는 도쿄대학교 경제학과를 졸업한 뒤, 한 대기업의 건설 부문에서 몇 년간 정규직으로 일했다. 퇴사 이후 현재까지 비정규직 아르바이트를 전전하며 생활하고 있었다.

그는 일본의 '로스트 제너레이션Lost Generation' — 1990년대 '잃어버린 10년' 이후 장기적인 경기 침체로 인해 취업 기회를 잃은 세대 — 을 대표하는 인물로, 중년 비정규직 노동자의 전형적인 삶을 보여주고 있었다.

그는 비교적 임대료가 저렴한 도쿄 외곽의 작은 방에서 홀로 자취하며 살고 있었다. 생계를 위해 건설현장에서 비정규직으로 일하며, 공사장의 안전을 관리하거나 도로공사 시 교통량을 측정하는 등의 업무를 맡고 있었다. 그의 저녁식사는 단출했다. 일본식 된장국과 낫토, 흰쌀밥 한 그릇이 전부였다. 그러나 그는 자신의 삶에 대해 '스스로 선택한 길'이라며 만족감을 드러냈다.

"원래는 배우가 되고 싶었어요. 프로 복서에게 복싱을 배우며 시합에도 나갔고, 아는 분의 소개로 한국의 EBS 일본어 강좌 재연 코너에 일본인 역할로 출연하기도 했습니다."

그의 집 책장 한쪽에는 자신이 출연한 방송을 녹화한 VHS 테이프들이 꽂혀 있었고, 젊은 시절 복싱대회에 참가했던 사진들도 앨범 안에 보관되어 있었다.

"제가 대학을 졸업하고 취업을 준비하던 시기는 '취업빙하기'였어요. 취업시장이 얼어붙은 상황이었지만, 도쿄대 출신이라는 간판 덕분에 비교적 쉽게 건설회사에 입사했죠. 3년 정도 일했지만 제 적성에 맞지 않았고, 일에서 보람도 느끼지 못해 결국 퇴사했습니다. 그런데 그 결정이 제 인생을 완전히 바꿔놓게 될 줄은 몰랐어요."

정규직을 그만둔 그는 배우의 꿈을 이루기 위해 연기학원에 다니며, 틈틈이 재연 프로그램의 단역으로 출연하며 생활비를 벌었다. 그러나 영화나 드라마 오디션에서 계속 탈락하면서, 엑스트라 일로 근근이 생계를 유지하는 날들이 이어졌다. 결국 그는 배우의 꿈을 접고 생계를 위해 다양한 아르바이트를 전전하게 되었다. 편의점부터 영업직까지 안 해본 일이 없을 정도였다. 한 번 비정규직이 된 이후에는 다시 정규직으로 돌아가는 것이 거의 불가능했다. 대학을 졸업한 지 30년 가까운 세월이 흐른 지금도 그는 여전히 비정규직이라는 굴레에서 벗어나지 못하고 있다.

슈퍼카를 수집하는 부동산업자와 통장에 23만 엔뿐인 노동자

일본의 양극화 현실을 들여다보기 위해, 비정규직으로 살아가는 청·장년층의 실상을 조명하는 한편, 이후 장기간에 걸쳐 자산투자로 부를 축적한 상위계층의 삶도 함께 취재했다.

부동산 투자 사업가인 사토 모토하루 사장은, 일본 부동산 시장이 거품경제 붕괴 이후 바닥을 치던 시기에 헐값에 부동산을 매입하고, 경기 회복기에 되팔아 막대한 자산을 축적했다. 원래 입시학원 강사로 일하던 그는 월급만으로는 경제적 자유를 이루기 어렵다고 판단하고 부동산 경매 공부를 시작했다. 저가에 낙찰받은 물건을 경기 호황기에 매각한 뒤, 그 수익을 다시 투자에 활용하는 방식으로 자산을 점차 불려 나갔다. 그의 자산 증식은 일본 부동산 시장이 회복세로 전환되는 시기와 절묘하게 맞물려 있었다. 이렇게 반복적인 투자 끝에 큰 부를 이룬 그는 현재 강사 시절과 비교해 수입이 거의 100배 가까이 늘었다. 자타공인 슈퍼카 수집가이기도 한 그는 세계 한정판 차량을 모으고 직접 서킷에서 레이싱을 즐기는 취미를 갖고 있다.

"동경하던 슈퍼카를 실제로 소유하게 된 것은 제 인생에서 가장 큰 동기 부여가 됐습니다. 지금까지 모은 스포츠카만 50대가 넘습니다. 람보르기니, 페라리, 맥라렌, 벤츠 등 세계적으로 몇 대밖에 없는 희소 모델들도 보유하고 있죠. 한 대에 수억 엔을 호가하는 차량들도 있습니다."

그가 운영하는 부동산 투자회사 건물의 주차장에는 슈퍼카 다섯 대가 주차되어 있었다. 이 차들은 일본 거품경제 시절에 생산된 모델로, 일본 최초로 1,000만 엔을 넘긴 차량도 있었다. 당시 약 4,500만 엔에 구입한 차가 현재는 일본 내에서도 몇 십 대밖에 남지 않은 희귀 모델이 되었다고 설명했다. 그는 수억 엔에 이르는 슈퍼카를 일상적인 출퇴근용으로 타고 다녔다.

그는 삿포로 인근 에베츠시의 드넓은 평야에서 슈퍼카를 몰고 달리는 자신의 모습을 촬영해 달라고 요청하기도 했다. 끝없이 펼쳐진 대지 위를 굉음을 내며 달리는 그의 슈퍼카에서, 일본 사회의 격차가 적나라하게 드러나고 있었다. 그는 남들이 공포에 떨고 있을 때 과감하게 투자했던 결정이 지금의 부를 가져다주었다고 이야기한다.

"2000년, 2001년이 일본 거품경제 붕괴 이후 부동산 시장의 최저점이었어요. 당시에는 부동산에 투자한다고 하면 대부분 '사기다', '위험하다'며 말렸죠. 그런데 저는 오히려 그게 기회라고 생각했어요. 처음엔 분양 맨션 한 채를 경매로 낙찰받은 게 시작이었습니다. 그때는 100만 엔, 200만 엔 정도면 맨션 하나를 살 수 있었던 시절이니까요. 지금은 그 물건들이 최소 5~6배, 위치에 따라서는 많게는 10배 가까이 오른 것도 있습니다."

실제로 일본의 부동산 가격 지수는 2009년 이후 현재까지 지속적으로 상승세를 보이고 있다. 특히 한국의 아파트에 해당하는 일본 '맨션'의 경우, 가격 상승 폭이 더욱 가팔라지고 있다. 이러한 흐름 속에서 그의 자산도 빠르게 불어나고 있었다.

한편, 도쿄 외곽의 오래된 공동주택에 세 들어 살며 비정규직 일자리를 전전하고 있는 후카가와 씨는 집 앞 빨랫줄에 젖은 옷을 널며 깊은 생각에 잠긴 표정을 지었다. 그의 통장에 남은 돈은 23만 엔. 그 금액은 좀처럼 늘어날 기미를 보이지 않는다.

두 사람의 삶은 일본 사회에 깊숙이 뿌리내린 격차사회의 현실을 여

부동산 매매차익으로 부자가 된 사토 씨(위).

실히 보여준다. 청년기에는 비슷한 출발선에 서있었지만, 시간이 흐르며 자산을 축적할 수 있었던 이와 그렇지 못했던 이의 삶은 전혀 다른 궤도로 갈라졌다. 부동산과 주식시장의 흐름을 읽고 자산을 증식한 이들은 더 많은 기회를 손에 넣었고, 비정규직을 전전하게 된 이들은 다시 정규직으로 복귀할 기회조차 얻기 어려웠다.

한 번 벌어진 격차는 시간이 흐를수록 더욱 벌어졌고, 그것은 이제 개인의 노력만으로는 극복하기 어려운 구조적 벽이 되어버렸다. 이러한 현실은 일본 사회만의 문제가 아니라 오늘날 우리 사회가 마주하고 있는 과제이기도 하다. 지금 우리에게 필요한 것은 격차를 줄이기 위한 실질적 제도와 정책, 그리고 그 이면에 자리한 구조적 불평등을 직시하고 성찰하려는 사회적 의지다.

'마스다 보고서'의
충격

    일본은 메이지 시대(1868~1912) 이후 도쿄를 정치·경제·문화의 중심지로 삼으며 수도로서의 위상을 공고히 해왔다. 산업화와 도시화가 빠르게 진행되면서 도쿄는 핵심 상업 및 산업 도시로 성장했고, 현재는 세계에서 인구 밀도가 가장 높은 도시 중 하나가 되었다.

    청년들은 경제적 기회를 찾아 도쿄로 몰려들었고, 이는 곧 악순환을 불러왔다. 도쿄로의 인구 집중은 일본 내 다른 지역의 상대적 정체와 인구 감소를 초래했고, 경제적 기회의 집중은 지방의 빈곤과 실업 문제를 심화시켰다. 고령화가 가속화되는 지방은 경제적 활력을 잃어갔고, 이로 인해 더 많은 청년들이 도시로 떠나는 결과를 낳았다. 이처럼 도쿄 중심체제가 고착되며 지역 간 격차가 심화되자, 일본 사회에서는

'청년들의 지방 탈출', 즉 도쿄로의 엑소더스 현상이 심각한 사회문제로 대두되었다. 그 결과 본격적으로 제기되기 시작한 것이 '지방소멸론'이다.

지방 도시가 사라지고 있다!

일본 총무대신을 역임한 마스다 히로야는 수도권 과밀현상이 인구 감소를 더욱 심화시키며, 결국 지방소멸로 이어지고 있다고 경고했다. 그는 2014년 지방소멸 문제를 다룬 보고서, 이른바 '마스다 보고서'를 발표했다. 이 보고서에서 그는 지방소멸의 원인을 단순히 출산율 저하나 인구 감소에 국한하지 않고, 수도권 집중과 지역 간 불균형에서 근본 원인을 찾았다. 특히 청년층의 대규모 수도권 유입이 지방의 인구 기반을 급격히 약화시키고 있으며, 이로 인해 지방이 더욱 빠르게 소멸의 길로 접어들고 있다고 분석했다. 마스다 보고서가 제시한 지방소멸 가능성은 일본 사회에 큰 경각심을 불러일으켰고, 지방의 미래에 대한 진지한 논의를 촉진시키는 계기가 되었다.

'마스다 보고서'는 이후 내용을 보완하고 정리하는 과정을 거쳐 2014년 《지방소멸》이라는 책으로 출간되었다. 이 책에서 저자 마스다 히로야는 수도권 집중현상에 대해 뚜렷한 문제의식을 드러내며, 특히 청년층 인구의 수도권 집중이 지방소멸을 가속화시키는 핵심 요인이라고 지적한다.

그는 인구의 도쿄 집중이 지방의 소멸을 부추기고, 그 결과 인구 감소와 더불어 수도권 역시 쇠퇴의 길로 들어서는 악순환에 빠질 수 있다고 경고한다. 2024년 인구전략회의의 분석에 따르면, 일본의 기초자치단체 1,729곳 중 744곳이 2050년까지 젊은 여성(20~39세)의 인구가 2020년 대비 절반 이하로 줄어들 가능성이 있는 '소멸 가능성 지자체'로 분류되었다.

마스다 히로야는 지방의 붕괴가 결국 도쿄에도 영향을 미쳐, 과밀화와 부동산 가격 급등, 인프라 과부하 등 다양한 문제가 누적될 것이라고 경고한다. 장기적으로는 도쿄 역시 인구 감소와 기능 상실이라는 위협에 직면할 수 있다는 것이다.

2022년 12월 하순 당시 일본 우정국의 사장인 마스다 히로야를 찾아가 인터뷰를 했다. 그는 대도시와 지방 간의 불균형 심화는 세계화가 진행된 많은 나라들이 공통적으로 겪고 있는 문제라고 지적하며, 핵심은 수도권에서 지방으로 젊은 인구를 어떻게 되돌릴 수 있느냐에 달려 있다고 했다.

"지금까지의 주요 정책 방향은 가능한 한 지방으로 젊은 층의 이주를 확대하겠다는 것이었습니다. 앞으로는 도쿄 외에 제2, 제3의 지방도시, 즉 지역 거점도시들을 더욱 강화하고 확대해 나가는 것이 중요합니다. 모두가 성공을 꿈꾸며 도쿄로 몰려드는 구조가 아니라, 지방에서도 청년들이 자신의 삶을 설계하고, 안정적인 일자리를 갖고, 경제적으로 자립할 수 있도록 만드는 것이 관건입니다.

그동안 일본 정부는 청년들이 삶의 방식과 인생 설계를 바꾸고, 도시에서 지방으로 일자리를 옮기도록 유도하기 위한 다양한 정책들을 추진해왔지만, 기대만큼의 성과를 내지는 못했습니다."

도쿄 등 대도시에서 일하던 젊은 세대가 지방으로 이주해 정착하도록 유도하는 정책은 방향성은 옳지만, 이를 실현하기에는 극복해야 할 과제가 많다는 것을 인정했다. 하지만 그는 정부가 컨트롤타워 역할을 확고히 하며 정책의 일관성을 유지하는 것이 무엇보다 중요하다고 이야기한다.

"정부가 사령탑으로서 중심을 잃지 않고 일관된 정책을 펴고, 더불어 각 지자체 역시 지역에 맞는 정책을 흔들림 없이 지속적으로 추진하는 것이 중요합니다. 이 문제는 단기간에 효과를 볼 수 있는 단순한 과제가 아니라, 고차원의 방정식과 같은 복잡한 문제입니다. 1~2년 안에 가시적인 결과를 기대하기보다는, 오랜 시간에 걸쳐 꾸준히 예산을 투자하고 정책을 지속함으로써 젊은 세대가 안심하고 아이를 낳고 키울 수 있는 환경을 조성해야 합니다. 물론 육아를 위한 저출산 대책도 중요하지만, 더 나아가 젊은 남녀가 연애하고 결혼할 수 있도록 지원하는 정책도 필요합니다."

쇠락한 시골 마을이 집값 상승률 1위를 찍은 비결

대도시와 지방 간의 불균형 심화를 극복하기 위한 핵심 해법 중 하나는 바로 지방에서의 안정적인 일자리 창출이다. 최근 일본에서는 지방 일자리 창출의 대표적 성공사례로 구마모토현의 TSMC 공장 유치가 주목받고 있다.

일본 정부는 반도체 산업을 부흥시키기 위한 전략의 일환으로, 대만의 세계 최대 반도체 위탁생산 업체인 TSMC를 규슈 구마모토현에 유치하는 데 성공했다. 2021년 4월부터 현재까지 일본 내 반도체 산업에 투입된 투자 규모는 약 5조 엔에 달한다.

TSMC는 구마모토현에 두 곳의 반도체 파운드리 공장을 건설 중이며, 총 225억 달러(약 31조 1,600억 원)를 투자할 계획이다. 2024년 12월에는 제1공장이 본격적인 양산에 들어갔고, 2027년까지 제2공장 가동을 목표로 준비가 진행 중이다. 일본 정부도 이러한 대규모 투자를 적극 지원하고 있으며, 1조 2천억 엔(약 10조 8,400억 원) 규모의 보조금을 투입해 공격적인 산업육성 정책을 펴고 있다.

구마모토현의 TSMC 공장 유치는 지역 내 청년층을 위한 양질의 일자리를 창출했을 뿐 아니라, 첨단 반도체 산업과 연계된 고급 기술인력의 유입을 이끌어냈다. 한때 쇠락해가던 시골 마을이었던 기쿠요초는 TSMC 반도체 공장 유치 이후 활력을 되찾았다. 지금은 출근시간에 몰리는 1,700명에 가까운 근로자들을 수용하기 위해 버스와 전철이 증편 운행되는 상황이다.

2024년 6월 구마모토현 기쿠요초의 반도체 산업단지 출근길을 취재했을 때, 좁은 시골길에 차량이 길게 늘어서며 교통 체증이 발생하는 모습을 확인할 수 있었다. 또한 무인으로 운영되는 작은 시골역에서는 전철이 도착할 때마다 수많은 인파가 한꺼번에 쏟아져 나와 출근길을 재촉하는 풍경이 펼쳐졌다.

이러한 현장을 목격하며, 지방에서 안정적인 일자리 창출이 가져다 주는 변화의 파급력을 다시금 실감할 수 있었다. 일자리는 단순한 생계 수단을 넘어, 지역사회의 인구 회복과 경제 활성화를 이끄는 핵심 동력

구마모토현 기쿠요초 마을의 TSMC 반도체 단지.

이었다.

TSMC 공장이 들어선 기쿠요초 마을에는 인구 4만 3천 명 정도가 거주하는데, 현재는 대만에서 구마모토현으로 전근 온 직원이 300명이 넘고, 현지 고용 인원도 3,400명까지 확대될 예정이라고 현지 언론이 보도했다.

대만과 일본을 오가는 출장자들을 위한 호텔이 새롭게 들어서고, 장기 체류를 고려한 신축 맨션의 건설과 분양도 활발하게 이루어지고 있다. 이러한 변화에 힘입어 기쿠요초는 2024년 일본에서 지가 상승률 1위를 기록한 지역으로 급부상했다.

특히 TSMC 관련 산업에서의 인력 수요가 급증하면서, 이 지역의 최저 시급은 일본 내 다른 지역의 두 배에 달할 정도로 높게 책정되고 있다. 예를 들어, 청소 업무는 시급이 1,800엔, 사원 식당 조리 보조는 1,300엔 수준으로 대도시 평균 시급(1,000엔 이하)을 크게 웃돌고 있다.

현지 반도체 업체의 채용 담당자는 "과거에는 엔지니어 평균 월급이 약 25만 엔 수준이었지만, 지금은 30만 엔에 육박합니다. 그만큼 인재 확보를 위한 경쟁도 치열해지고 있습니다"라고 전했다.

인재들이 지방으로 몰려간 이유

수도권에서 지방으로 인재를 이주시키는 가장 효과적인 방법은 산업을 육성하고 양질의 일자리를 창출함으로써 지역 내 인력 수요를 만드는 것이다. 특히 반도체 산업은 '산업의 쌀'로 불릴 만큼 첨단기술 산업의 핵심 분야로, 안정적으로 반도체 물량을 공급하는 것이 중요하다. 일본은 코로나19 팬데믹과 러시아-우크라이나 전쟁으로 인해 물류 공급에 큰 차질을 겪으면서 반도체 공급부족 문제에 직면했다. 이를 계기로 자국 내 반도체 생산기지의 필요성을 절감하게 되었다. 이에 따라 일본 정부는 대규모 자본을 투입해 반도체 산업을 적극적으로 육성하기 시작했으며, 그 일환으로 대만의 TSMC 반도체 공장을 구마모토현에 유치하게 된 것이다.

구마모토현에 반도체 공장이 들어서게 된 가장 큰 이유는 바로 이 지역의 풍부하고 깨끗한 수자원 때문이다. 고순도의 반도체를 생산하기 위해서는 불순물이 없는 깨끗한 물을 사용한 세척 공정이 필수적인데, 예로부터 구마모토현은 1급수 수준의 지하수가 풍부해, 현재도 생활용수 전부를 지하수로 공급하고 있을 정도다. 이러한 수질 조건은 구마모토를 반도체 공장 유치의 최적지로 만들었다.

실제로 TSMC 제1공장의 가동으로 인한 경제적 효과가 가시화되면서, 구마모토현은 제3공장도 유치하려고 적극적으로 노력하고 있다. 대만 기업의 공장을 유치한 이후 수도권에서 지방으로 유입되는 청년층 인구와 일자리 증가는 쇠퇴하던 시골 마을 기쿠요초에 '제2의 번영'을 불러왔다. 이러한 변화는 대도시와 지방 간 불균형이 심화되고 있는 일본 사회에서 매우 의미 있는 흐름으로 평가받고 있다.

그러나 한 지역의 부흥이 다른 지역의 인구 유출이나 일자리 감소로 이어질 수 있다는 점은 간과할 수 없다. 첨단산업이 가져오는 경제적 효과 역시 한계가 있다. 일본 전역에서 인구 감소와 전통산업의 쇠퇴가 동시다발적으로 진행되고 있는 현실 속에서, 이러한 변화의 흐름이 과연 얼마나 지속될지는 주의 깊게 지켜볼 문제다.

다사사회 多死社会,
달라지는 죽음의 풍경들

한 사회가 고령화를 넘어 65세 이상 노인 인구 비중이 20퍼센트를 넘는 초고령 사회로 접어들면, 다양한 분야에 변화가 나타난다. 그중 하나가 바로 장례문화다. 한국의 경우, 전통적으로 매장 중심이던 장례방식이 점차 화장으로 바뀌었고, 이후에는 유골을 납골당에 안치하는 봉안방식이 주를 이루게 되었다. 최근에는 유골을 자연으로 되돌려 보내는 수목장 형태로까지 변화하고 있다.

이미 2005년에 초고령 사회에 진입한 일본은 이러한 흐름 속에서 어떤 새로운 장례문화를 만들어가고 있을까?

메타버스 묘지, 아바타 성묘

새로운 장례문화에 관한 자료조사를 진행하던 중 눈에 들어온 것이 바로 장례문화의 디지털화였다. 메타버스(가상세계)에 묘소를 만들고, 가족들은 아바타를 통해 성묘하는 방식이 새롭게 등장했다. '디지털 묘지'란 온라인상 가상의 공간에 마련된 장례와 추모의 공간을 말한다.

취재를 위해 방문한 사이타마현의 관혼상제 전문업체 '알파클럽 무사시노'는 가상공간에 디지털 묘지를 개설하고, 장례 서비스 개발을 진행하고 있었다. 이 회사의 오가와 마코토 이사는 메타버스 관련 디지털 기술을 가진 회사를 인수해 사업 확장의 발판으로 삼았다고 했다.

"큰 장례식장을 운영하고 있는 우리 회사가 앞으로 장례문화를 어떻게 이끌어갈 것인지에 대해 고민했습니다. 그러던 중 온라인상에서 소규모 가상 장례식을 운영하던 회사를 인수해서 가상공간의 장례식을 기획하게 되었습니다."

장례 전문기업인 알파클럽 무사시노는 실제 장례식 운영 경험을 바탕으로, 기존 오프라인 장례식을 온라인에서도 구현할 수 있도록 디지털 장례식을 도입했다. 신종 코로나 바이러스 유행 당시, 직접 장례식장에 방문해 고인을 애도하는 것이 어려워지자, 알파클럽 무사시노는 이에 대한 새로운 대안으로 가상공간 장례 서비스를 고안한 것이다. 취재진이 방문했을 당시에는 아직 완성된 서비스는 아니었지만, 테스트용으로 무료 제공되고 있는 가상공간 장례식에 대한 설명을 들을 수 있었다.

당시 공개된 이 장례식의 이름은 '메타버스 영원靈園, 바람의 영靈'으로, 초대받은 사람만이 입장할 수 있는 구조였다. 참가자는 아바타를 설정한 뒤 디지털 장례식에 참석하며, 약 20명 규모로 음성 대화나 채팅을 통해 조문객들끼리 소통하고, 고인을 함께 기릴 수 있도록 설계되어 있다. 또한 가상의 공간에는 고인이나 반려동물 등 그리운 존재와의 추억을 담은 사진과 동영상이 전시되어 있어, 참가자들이 그 기억을 함께 나눌 수 있도록 꾸며져 있었다.

가상의 메타버스 공간에서는 전차를 타고 장례식이 열리는 장소로 이동하는 것도 가능했다. 장례식장에 도착하면, 참가자는 아바타 캐릭터를 이용하여 고인의 빈소에 향을 올리거나 헌화를 하는 등 조문을 할 수 있었다. 이처럼 실제 공간이나 시간의 제약 없이, 누구나 원하는 시점에 고인을 애도할 수 있도록 구성된 것이 이 서비스의 특징이다.

앞으로는 메타버스 공간 내 사찰이나 납골당 등을 유료로 분양하고, 이를 구입한 개인이나 단체가 자체적으로 묘지를 만들어 운영할 수 있는 서비스도 도입할 계획이라고 한다. 특히 애도의 대상을 3D 그래픽으로 구현하고, 여기에 인공지능AI를 접목해 고인의 인격을 학습시켜 생전에 나눴던 대화를 재현할 수 있도록 하는 기술 개발도 진행 중이다. 알파클럽 무사시노의 오가와 이사는 앞으로의 계획을 전했다.

"2040년이 되면 일본은 사망자가 급증하는 '다사사회多死社会'에 접어들 것으로 예상됩니다. 그렇게 될 경우 지금의 젊은 세대가 어떻게 성묘를 할 수 있을지 고민하게 되었고, 그 고민이 디지털 장례문화를 기획한 계기가 되었습니다. 현재 우리는 메타버스라는 가상공간에서 새로운 장례문화를 어떻게 펼쳐갈 수 있을지 다양한 가능성을 모색하고 있습니다."

가족 없는 시대, 새로운 장례 비즈니스

장례식의 디지털화라는 새로운 추세에서 알 수 있듯이, 전통적인 의미의 공동묘지에도 변화의 바람이 불고 있었다. 이러한 변화를 취재하기 위해 찾은 곳은 서일본 최대의 도시 오사카였다. 보통 오사카에 가려면 신칸센을 이용하는데, 이번에 찾은 공원묘지는 오사카 북쪽 지역에 위치해 있어 국내선 전용인 오사카 이타미 공항을 이용했다. 오사카 시내에서 자동차로 한 시간 정도 북쪽으로 달리면, 산 중턱에 넓게 조성된 '호쿠세쓰 공원묘지'가 모습을 드러낸다.

이곳은 약 2만 4천 기를 수용할 수 있는 규모로, 오사카부에서 가장 큰 규모의 공원묘지다. 이 공원묘지의 관리소 과장 츠지이 마사키 씨는 "최근 들어 묘지를 철거해 달라는 요청이 점점 늘고 있다"고 전했다. 실제로 공원묘지를 둘러보면 빈 묘지 터가 곳곳에 눈에 띄었다. 츠지이 과장은 이에 대해, 유가족이 고령화되면서 묘지에 오기 힘들어지자, 묘지를 철거해 달라는 신청 건수가 늘고 있기 때문이라고 설명했다.

"최근에는 새롭게 설치되는 묘지보다 반환되거나 철거되는 묘지의 수가 압도적으로 증가하고 있습니다. 지난 10년 동안 신규로 설치된 묘지가 440기인 반면, 철거된 묘지는 2,200기로 무려 다섯 배에 달합니다."

또한 장례문화의 변화로 매장하는 묘지보다는 화장해서 봉안하거나 수목장을 하는 경우가 늘고 있어서 철거하는 묘지의 숫자가 계속 늘어나는 추세다.

츠지이 과장은 묘지 수요가 전반적으로 줄어들고 있는 가운데, 반대로 새롭게 조성되고 있는 묘지도 있다며 취재진을 안내했다. 공원묘지에서 가장 전망이 좋은 곳이었다. 이곳은 묘지를 돌볼 자녀나 후손이 없는 경우 묘지 관리와 비용 부담을 줄이고자 고안된 묘지라고 한다.

"이 묘지의 사용기간은 30년으로 제한되어 있습니다. 장례를 치르고 이곳에 안치된 후, 30년이 지나면 철거하게 됩니다. 그에 따른 비용은 묘지를 사용하는 비용에 포함되어 있습니다. 철거된 유골은 합동묘지로 옮겨져 공동으로 매장됩니다."

도쿄 도심에도 새로운 형태의 납골당이 등장하고 있다. 분쿄구에 위치한 사찰 고코쿠지 옆에 자리한 '루리덴'은 현대식 납골당으로, 전통과 첨단기술이 결합된 공간이다. 이 납골당은 유족이 없는 경우에도 절에서 최대 30년간 유골을 보관해준다. 절에서 이용료를 받고 대신 무덤을 관리해주는 방식이다.

루리덴 내부에는 LED 조명이 설치된 2,000여 개 불상이 있고, 그 뒤편에 유골함이 자리하고 있다. 참배객이 본인의 아이디 카드를 인식기에 대면, 고인의 유골함이 위치한 작은 불상의 조명이 켜지고 참배객은 참배를 할 수 있다. 형편상 자주 방문하지 못하거나 유골함을 직접 관리하기 어려운 유족을 대신해, 절에서 지속적으로 관리해주는 것이 이 납골당의 큰 장점이다.

고코쿠지의 주지이자 루리덴의 관리인인 야지마 다이준 스님은 어떻게 이러한 납골당을 운영하게 되었을까?

"도쿄와 같은 대도시에 독신 가정이 늘어났고, 가족 구성도 변화했습니다. 자녀가 없는 분들이 돌아가시면 그 유골을 관리하고 참배할 사람도 없지요. 그래서 그런 분들의 유골을 관리하고 지켜나갈 방법을 고민하다 만들게 되었습니다."

아바타 캐릭터를 활용한 메타버스 장례식(위)과 2,000여 개의 불상이 있는 루리덴 납골당.

　절에서 30년 동안 유골함을 관리해주고, 호쿠세쓰 공원묘지의 경우처럼 30년이 지나면 유골은 합동묘지로 옮겨져 그곳에 안치된다.
　초고령화 사회를 지나 '다사사회多死社會'로 접어들고 있는 일본. 결혼을 하지 않는 독신 가정이 급속히 늘어나고, 전통적인 가족 형태가 해체되면서 핵가족화가 가속화되고 있는 일본에서 죽음과 연관된 비즈니스 세계에도 예상치 못한 변화가 일어나고 있었다. 전통적인 장례방식은 빠르게 자취를 감추고, 새로운 장례와 추모 방식으로 재편되고 있음을 실감할 수 있었다. 우리 사회 역시 이러한 변화의 흐름을 피하기 어려울 것이다.

8장

엑소더스의 끝에서

베트남 IT 회사
인턴의 꿈

   3년에 걸쳐 일본의 경제 관련 현장을 취재하며, '잃어버린 30년'의 그림자에서 벗어나지 못한 채 경기 침체가 더욱 심화되는 현실을 곳곳에서 목격할 수 있었다. 정체된 임금, 비정규직과 정규직의 격차, 경직된 직장문화 등 일상의 여러 모습에서 경기 침체의 그늘이 짙게 드리워져 있음을 확인했다.

   이러한 암울한 현실 속에서, 일본 청년들은 과감하게 해외로 눈을 돌려 새로운 희망과 도전을 꿈꾸기 시작했다. 일본 경제가 고도 성장기를 지나 하락세로 접어든 1980~90년대에는 주로 유럽, 미국, 캐나다 등 선진국으로 유학하거나 취업하는 경우가 많았다. 최근에는 일본 청년들이 빠르게 성장하고 있는 동남아시아 개발도상국에서 취업하거나 창업에 도전하는 사례가 늘고 있다. 20대 청년 모리 타이키도 그 흐름 속에 있다. 그는 베트남 하노이에서 모바일 앱과 웹 플랫폼을 통해 음식 주문과 배달을 중개하는 서비스를 운영 중이다.

모리는 왜 베트남을 선택했을까?

2017년 모리는 고베대학교를 휴학한 뒤 베트남 하노이에 있는 한 IT 기업에서 인턴 생활을 시작했다. 처음에는 1년 정도 체류할 계획으로 베트남에 왔지만, 인턴십에서 만난 베트남 동료들과 친해지면서 현지 생활에 매력을 느꼈고, 베트남에 남기로 결심하게 되었다. 경기 침체의 길을 걷고 있는 일본과 달리, 역동적인 성장이 기대되는 베트남에서 사업을 해보고 싶다는 도전 의지가 생겨서였다. 인턴십을 마친 그는 베트남에서의 창업을 목표로 투자처를 알아보고 사업 아이템을 탐색하며 본격적인 준비에 나섰다.

2020년 3월, 모리는 23세의 나이로 베트남 하노이에 '캐피치Capichi'라는 회사를 설립했다. 사업 초기에는 베트남 현지의 레스토랑을 동영상으로 소개하는 애플리케이션 플랫폼을 운영했다. 그가 이런 사업을 구상하게 된 배경에는, 외국인으로서 음식점을 찾을 때 겪는 불편함 때문이었다. 당시 베트남에 거주하던 외국인들은 믿을 만하고 맛있는 현지 식당이나 술집을 찾기 어려웠고, 인스타그램 같은 기존의 SNS로는 식당의 위치나 분위기를 정확히 알기 어려웠다. 이에 모리 대표는 동영상과 지도를 연계해, 고객들의 평판이 좋은 식당을 쉽게 찾을 수 있는 서비스를 개발했다.

야심차게 사업을 시작했지만, 창업 직후 코로나19 팬데믹이 발생하면서 상황은 급변했다. 사회적 거리두기와 식당 내 식사 제한조치가 시행되자, 캐피치에서 제작한 동영상을 통해 식당을 찾는 사람들도 급격히 줄어들었다. 사업은 붕괴 위기에 처했고, 어렵게 유치한 투자자금도 빠르게 소진되기 시작했다. 결국 모리 대표는 방향 전환이 필요하다고 판단하고, 사업 모델을 전면 수정하기로 결심했다.

이후 모리 대표는 음식 배달 애플리케이션을 개발하며, 베트남 외식업계에서 독자적인 배달 서비스를 구축해 나가기 시작했다. 사업 초반의 어려움을 극복한 뒤, 점차 서비스가 안정화되고 확장되면서 현재는 음식 배달앱뿐만 아니라 하노이와 호치민의 음식점 정보를 제공하는 블로그 및 배달 서비스도 함께 운영하고 있다. 이제는 베트남 외식업계에서 독자적인 배달 플랫폼을 보유한 기업으로 자리매김했으며, 10명도 안 되는 인원으로 시작한 회사는 5년 만에 직원 수 50명이 넘는 기업으로 성장했다.

모리 대표는 회사에서 도보로 약 30분 거리에 자택을 마련하고, 매일 걸어서 출퇴근하고 있다. 출근길에는 베트남 전통시장과 크고 작은 상가들을 지나며, 요즘 어떤 것들이 유행하는지, 어떤 가게들이 새로 생겼는지를 유심히 살핀다. 이 출퇴근길은 그의 일상 속 작은 즐거움이자 영감의 원천이기도 하다. 검정색 배낭을 메고 수수한 대학생 같은 차림으로 출근길에 나서는 그는 손수건으로 연신 땀을 닦으며 시장길 주변을 둘러보았다.

"저는 출근길에 시장길을 지나다니는 걸 좋아합니다. 베트남 특유의

베트남에서 음식 배달 플랫폼을 창업한 모리 대표(위). 빠르게 성장하는 하노이 전경(아래).

활기찬 에너지가 느껴지거든요. 때로는 사업확장과 관련된 아이디어도 얻을 수 있고요. 모터사이클을 타고 출근하는 수많은 젊은이를 보면, 이 나라가 얼마나 큰 잠재력을 지니고 있는지 실감하게 됩니다. 일본에서는 경제가 정체된 지 오래고, 뉴스에서는 '고령화가 심각하다', '올해도 GDP가 오르지 않았다'는 이야기뿐이지만, 동남아시아 일대는 성장

8장 엑소더스의 끝에서 **225**

하고 있다는 소식이 자주 들려옵니다. 그런 점이 무척 흥미로웠고, 저는 무엇보다 성장 가능성이 있는 베트남에서 일을 해보고 싶었습니다."

20대 사장 모리 타이키는 베트남의 성장 가능성에 주목하고 자신의 청춘을 걸었다. 그는 여기에 그치지 않고 서비스를 점검하며 새로운 아이디어를 찾으려고 노력한다. 그가 회사에 도착하면 제일 먼저 확인하는 것은 배달 애플리케이션의 이용 건수와 신규 참여 식당들의 현황이다. 그가 동료들과 함께 설계한 이 서비스는 수십 차례의 개선과정을 거쳐 현재의 형태에 이르렀다. 지금은 영어뿐만 아니라 일본어, 중국어, 한국어 등 다양한 언어로 주문할 수 있는 시스템을 갖추었다. 모리 대표는 베트남 로컬 식당뿐만 아니라 일식, 한식 등 다양한 장르의 식당을 직접 발로 뛰며 개척해 나갔다. 직접 영업에 나서며 사업을 확장한 결과, '캐피치'는 입소문을 타게 되었고, 베트남 현지인들 사이에서도 관심을 갖는 이용자들이 늘어나고 있다.

현재 캐피치는 베트남의 하노이와 호치민, 두 도시에 사업 거점을 두고 운영하고 있다. 수도 하노이에는 200곳이 넘는 음식점이, 호치민에는 100곳 이상의 음식점이 등록되어 있다. 물론 베트남에는 그랩푸드, 나우, 그리고 한국계 배달앱 '배달의 민족' 등 경쟁업체들이 이미 자리 잡고 있어 시장 경쟁이 치열한 상황이다. 하지만 모리 대표는 캐피치만의 차별화된 전략으로 시장에서 입지를 넓혀가고 있다. 그는 캐피치가 다른 플랫폼에서는 주문하기 어려운 중간 가격대의 음식점이나 외국계 식당을 중심으로 배달 서비스를 제공하기 때문에 독자적인 강점이 있다고 설명한다. 그 배경에는 모리 대표의 피나는 노력이 있다. 그는 창업 초기부터 현재까지 거래처를 확보하기 위해 수시로 시장조사를 하고, 직접 발로 뛰며 영업활동을 해오고 있다. 회사 사무실에서 그의 자리가 영업 부서원들 사이에 놓여 있는 모습만 봐도, 그가 여전히 현장을 중시하는 CEO라는 사실을 알 수 있다.

일본 경제가 축소될 수밖에 없는 이유

하노이에서 일본인 상점과 식당이 밀집해 있는 지역에서 영업 중인 모리 대표를 취재한 후, 그의 자택을 방문했다. 그는 동료의 소개로 만난 베트남 여성과 결혼해 현지 사회에 완전히 정착했다. 퇴근 후 아내와 함께 베트남 음식을 준비해 저녁식사를 하고 나면, 그는 회사에서 마무리하지 못한 일을 이어간다. 50명이 넘는 직원을 이끄는 회사 대표로서의 책임감과 무게감이 느껴졌다.

"저는 물론 일본을 정말 좋아하지만, 여러 가능성을 놓고 생각해봤을 때, 제 능력을 발휘할 수 있는 무대는 일본이 아니라 해외라고 판단했습니다. 그리고 지금 베트남에서 현지 동료들과 함께 일하는 것에 매우 만족합니다. 이곳을 거점으로 사업을 전 세계로 확장해가고 싶습니다. 일본 경제는 점차 축소될 것이 분명합니다. 인구가 줄고 고령자는 계속 늘어나고 있으며, 일자리도 줄어들고 있어요. 게다가 AI 기술도 빠르게 발전하고 있죠. 이러한 상황에서 일본 안에서만 일하는 것은, 미래에 큰 리스크가 될 수 있습니다."

모리 대표 역시 일본의 경제 침체 속에서 해외를 주목하는 다른 청년들과 비슷한 생각을 갖고 있었다. 일본은 세계에서 가장 빠르게 늘어가는 나라 중 하나로, 고령 인구를 부양하기 위한 사회복지 비용은 해마다 증가하고 있다. 그 부담은 고스란히 청년층에게 돌아가고 있는 실정이다.

소수의 청년이 다수의 고령 인구를 부양해야 하는 사회로 향해 가고 있는 일본. 이런 미래가 예고된 상황에서, 일본의 많은 청년들은 점점 희망을 잃어가고 있다. 따라서 청년들이 침체된 일본을 떠나 경제성장의 가능성이 있는 동남아시아로 눈을 돌리는 것은 자연스러운 흐름이라 볼 수 있다.

음식 배달 애플리케이션 사업에 뛰어든 모리 대표나 초밥 전문점 창업을 꿈꾸는 카지 요시타카와 같은 청년들은 모두 '희망'과 '가능성'을 좇아 인생의 방향을 과감히 전환했다. 일본에서 동남아시아로 이어지는 청년층의 엑소더스가 앞으로도 계속될지, 그리고 이러한 흐름이 일본 사회에 어떤 변화를 가져올지 관심을 갖고 지켜보아야 할 것이다.

일본 기업들도
동남아에 뛰어들다

　새롭게 부상하고 있는 동남아시아를 과거의 경제대국 일본은 어떤 시선으로 바라보고 있을까? 코로나19 팬데믹 직전인 2022년, 베트남의 경제성장률은 8.02퍼센트를 기록했다. 장기적인 경기 침체를 겪고 있는 일본 기업들은 성장 잠재력이 큰 베트남을 주목하고, 새로운 시장 개척의 교두보로 삼고 있다.

　베트남 기획투자부MPI의 분석에 따르면, 일본은 팬데믹 직전인 2019년 당시 베트남의 4,200여 개 프로젝트에 약 580억 달러를 투자하여, 베트남에 직접 투자하는 국가들 중 두 번째로 큰 규모를 기록했다.

　2025년 일본무역진흥기구JETRO 호치민 사무소의 조사에 따르면, 베트남에서 일본 기업의 56.1퍼센트가 향후 1~2년 이내에 현지 사업을 확대할 계획이라고 응답했다. 이는 태국(52.2퍼센트)이나 중국(48.7퍼센트)보다 높은 수치로, 일본 기업들이 베트남 시장에 크게 주목하고 있음을 보여준다.

하노이에 고급 레지던스를 짓는 일본 기업들

일본계 기업들은 베트남 내에서 시장 수요 확대와 수익성 증가가 향후 수년간 지속될 것으로 기대하고 있다. 바로 이런 기대감이 현지 사업을 계속 확장하는 주요 원동력이 되고 있다. 2025년 1월, 호치민시에서 일본무역진흥기구가 주최한 회의에서 진행된 설문 조사에 따르면, 일본 기업들은 2025년 현재 베트남 내 사업 성과에 대해 전반적으로 낙관적인 입장을 보이고 있었다. 조사 결과, 응답 기업의 50.4퍼센트가 이익 증가를 예상했다. 보수적인 투자 성향을 지닌 일본 기업 중 절반 이상이 사업 확장을 희망하는 점은 그만큼 베트남 경제의 성장 가능성을 긍정적으로 평가하고 있음을 보여준다.

'차세대 중국'으로 불리는 베트남은 현재 글로벌 제조업의 새로운 허브로 자리매김하고 있다. 한국, 일본, 미국 등의 기업들도 발빠르게 중국에서 베트남으로 생산기지를 이전하거나 이전을 검토하는 추세다. 특히 일본과 비교했을 때 노동비용이 낮고 사회주의 국가로서 정치·사회적 환경이 비교적 안정적이라는 점은 일본 기업들이 베트남 투자를 확대하는 주요 요인으로 작용하고 있다.

베트남 수도 하노이에 공동 출자로 고급 레지던스를 건설한 두 기업이 있다. 일본에서만 50만 건이 넘는 임대주택 관리 실적을 보유한 다이와 리빙의 베트남 법인과 일본 건설업계의 대표 기업인 다이세이 건설의 현지 법인이다. 두 기업은 베트남 부동산 시장의 성장 가능성을 높이 평가해 현지 법인을 설립하고, 본격적인 건설 및 투자에 나선 것이다. 하노이에서 최근 급속히 발전 중인 꺼우저이 지구에 조성한 레지던스를 기획하고 디자인한 것은 물론, 설계부터 시공과 운영까지 직접 관리하고 있다.

그렇다면 이 두 대기업은 왜 일본 본국이 아닌 동남아시아, 그중에서도 베트남에서 이러한 사업을 추진하게 된 것일까? 현지 취재를 도와준 다이와 리빙 하노이 지사의 제너럴 디렉터 마츠무라의 이야기를 들어보았다. 그는 꺼우저이 지구에 위치한 이 고급 레지던스가 하노이에서 일본계 기업이 단독으로 투자하고 개발한 첫 사례라고 설명했다.

"저희 그룹이 베트남을 매력적인 투자처라고 보는 데는 몇 가지 이유가 있습니다. 우선 이 지역은 최근 몇 년간 경제성장이 빠르게 진행되면서 일자리가 늘어났고, 젊은 인구도 많습니다. 특히 IT 관련 고액 연봉 직장도 인근에 많이 생겨났습니다. 이곳에 근무하는 베트남 현지인은 물론이고, 일본 본사에서 파견되는 주재원의 수요도 많습니다. 또 대형마트와 편의점 등이 도보 거리 내에 있어 생활 편의성이 높다는 점도 큰 장점의 하나입니다. 과거에 비해 치안도 크게 개선되어, 베트남은 지금 매우 매력적인 투자 대상국이라고 생각합니다."

일본의 다이와 그룹과 다이세이 그룹은 장기적인 경기 침체로 정체된 일본 내수 시장에서 벗어나, 젊은 인구가 많고 성장 잠재력이 풍부한 베트남에서 과감한 투자에 나서고 있다. 현재 이들은 휴양지인 하이

인도, 베트남, 말레이시아에 고급 레지던스를 건설하는 일본 기업들.

퐁에도 레지던스 건설 프로젝트를 진행 중이다. 앞으로 호치민까지 사업을 확대하는 방안을 검토하고 있다고 한다.

인도와 베트남, 말레이시아로 투자 엑소더스가 확산되다

이 고급 레지던스에는 하노이에 진출한 다양한 일본계 기업의 직원들이 다수 입주해 있다. 일본과 유사한 수준의 서비스를 제공받을 수 있을 뿐만 아니라, 일본인 커뮤니티 형성도 가능하다는 점에서 선호도가 높다고 한다. 레지던스에 거주 중인 일본인 청년 모리즈미 카호를 만나 베트남 현지 생활에 대해 이야기를 들어보았다. 그녀는 2022년 10월 말에 베트남 하노이로 전근을 왔다고 한다.

"일본에서는 비즈니스 호텔에서 일했는데, 이직을 하면서 하노이에

오게 되었어요. 대학 시절 베트남 다낭으로 여행 다녀온 것을 계기로 베트남에 관심을 갖게 되었고, 이후 인턴십과 유학도 하노이에서 했습니다. 언젠가는 해외에서 일하고 싶다고 생각했는데, 그중에서도 베트남이 가장 좋겠다는 확신이 들어 결국 이직을 결심했죠. 지금은 하노이에 있는 일본계 호텔에서 고객 편의와 관련된 업무를 담당하고 있습니다."

그녀는 20대에 베트남 하노이로 이직해서 20평 남짓한 원룸에서 해외 생활을 시작했다. 베트남의 어떤 점이 좋았을까?

"여기서는 매달 월급을 달러로 받고 있어요. 요즘 엔저 현상이 이어지다 보니, 일본으로 송금할 때 환율 차익이 생겨 이득이 됩니다. 또 베트남은 일본과 비교해 물가가 낮아서 생활비 부담이 적고, 자연스럽게 저축도 여유 있게 할 수 있게 되었어요. 일본에 있을 때보다 돈을 모으기가 훨씬 수월하죠. 현재로선 일본에서 다시 일할 계획은 없고, 앞으로도 베트남을 포함한 해외에서 계속 일하고 싶어요. 다양한 환경에서 일하면서 더 성장하고 싶거든요. 지금 베트남에서의 경험이 저를 더 성장시킬 거라 믿고 있어요."

그녀가 근무하고 있는 호텔 역시 일본에 본사를 둔 기업으로, 베트남을 비롯한 동남아시아 시장 진출을 적극적으로 확대하고 있다. 하노이 중심가의 쇼핑 상가에서도 유니클로, 무인양품, 이온몰, 일본계 음식 체인 등 다양한 일본 기업들이 진출해 있다. 일본 문화에 대한 관심이 높아지면서 베트남 유통업체들은 쇼핑몰과 백화점에 일본계 브랜드를 유치하기 위해 경쟁적으로 나서고 있다. 물론 베트남의 복잡한 행정 절차는 여전히 걸림돌로 작용하고 있지만, 베트남에 진출한 일본 기업들의 재투자 의향은 여전히 높은 편이다. 이에 따라 향후 다양한 산업 분야에서 일본 기업 간의 경쟁이 더욱 치열해질 것으로 보이며, 베트남 현지 법인에 취업하는 일본 청년들의 증가도 예상된다. 정체된 일본 내수 시장을 벗어나 새로운 성장동력을 찾기 위해 일본 기업들은 인도, 베트남, 태국, 말레이시아 등 동남아시아 시장에서 기회를 모색하고 있다. 이러한 '투자 엑소더스'는 자연스럽게 일본 청년들의 해외 진출을 촉진하고 있으며, 그에 따라 일본에서 '인재 이탈' 현상도 나타나고 있다. 해외에서 일자리를 찾은 일본 청년들은 보다 나은 경제적 조건과 폭넓은 경험, 다양한 기회를 접하면서 점차 '취업 유목민'으로 변모하고 있다.

그러다 보니 일본이라는 섬에서 벗어나 외부 세계를 경험한 청년들은 다시 일본으로 돌아가기를 주저하게 된다. 또한 이윤 극대화를 추구하는 일본 기업들 역시 1억 2천만 명 규모의 내수 시장만으로는 한계를 느끼고, 더 큰 가능성이 있는 해외 시장개척에 적극적으로 나서고 있다.

이처럼 기업과 인재 모두 해외로 눈을 돌리는 상황에서, 일본 정부는 해외에 진출한 일본계 기업들을 어떻게 다시 국내로 유턴시킬 수 있을지, 그리고 외국에서 자리를 잡아가고 있는 일본 청년들을 본국으로 돌아오게 할 정책은 무엇일지 깊은 고민에 빠져 있다.

갈라파고스를 떠나
찾은 인생

    2023년 7월 중순, 본격적인 더위가 시작된 후쿠오카 공항의 활주로에는 뜨거운 열기로 아지랑이가 피어오르고 있었다. 오후 3시, 후쿠오카 시내에 위치한 워킹홀리데이협회 후쿠오카 지부 사무실은 워킹홀리데이 설명회를 찾은 일본 청년들로 붐비고 있었다.

    설명회가 끝난 후, 규슈 지역 매니저 후지타 이쓰로는 당시 호주에 체류 중이던 청년 미즈카미 타쿠야와 화상 인터뷰를 진행했다. 설명회에 참석한 청년들은 사무실에 설치된 대형 모니터 앞에 모여 앉아, 해외에서 생활 중인 선배의 생생한 경험담을 경청했다. 워킹홀리데이 비자를 통해 해외에 진출한 선배와 이야기를 나눌 수 있는 좋은 기회였던 만큼, 현장을 찾은 청년들에게 특별한 자극이 되었을 것이다.

대졸 초봉보다 많은 호주 아르바이트

미즈카미 타쿠야는 2022년 12월, 워킹홀리데이 비자를 받고 호주 케언즈로 떠났다. 화상 인터뷰 당시, 그는 케언즈에서 버스로 약 한 시간 반 떨어진 작은 시골 마을 톨가에서 지내고 있었다. 햇볕에 그을린 얼굴은 농장에서의 고된 일상을 고스란히 보여주는 듯했다.

"지금은 호주의 한 농장에서 아르바이트를 하고 있습니다. 오전 7시부터 작업이 시작되기 때문에 새벽 5시 반쯤 일어나서 준비하죠. 오후 4시까지 일하고 나면, 쉐어하우스로 돌아와서 운동을 하거나 식사를 한 뒤, 밤 9시에서 9시 반 사이에 잠자리에 듭니다."

그는 농장에서 바나나 수확과 포장 일을 주로 맡고 있으며, 그 외에도 아보카도와 커스터드애플 같은 과일을 수확하는 일을 하고 있었다. 비록 단순한 육체노동이지만, 일본에서 아르바이트를 할 때보다 두 배 이상 높은 시급을 받고 있었다. 후지타 매니저가 한 달 수입을 묻자, 그는 주저 없이 답했다.

"7월 1일부터 호주의 최저 시급이 인상되면서 지금은 시간당 거의 29달러 정도 받고 있어요. 일주일에 약 1,000달러 정도 벌고 있고, 한 달 일하면 4,000달러 정도의 수입이 생깁니다."

설명회에 참석한 일본 청년들은 미즈카미의 이야기에 놀라움을 감추지 못했다. 월 4,000호주달러, 즉 엔화로 약 38만 엔이 넘는 수입은 아르바이트임에도 일본의 대졸 평균 초임보다 많은 금액이다. 그는 시골에서 자취를 하며 생활비를 절약하고 있으며, 물가가 비교적 낮아 저축도 할 수 있다고 말했다. 여기에 엔저로 인한 환율 차이까지 더해져

호주 농장에서 아르바이트하며 일본보다 두 배 이상의 시급을 받는 미즈카미.

서, 호주에서 번 돈을 모아 일본에 돌아갈 계획을 세우고 있었다. 그는 해외 진출을 꿈꾸는 후배들에게 이런 조언을 전했다.

"여기 와서 느낀 건, 최소한의 영어 실력은 꼭 필요하다는 거예요. 일본인 중에도 언어소통 문제로 힘들어하는 사람들이 꽤 있었습니다. 워킹홀리데이를 준비할 때, 사전 준비가 정말 중요해요. 특히 영어는 일자리를 구하는 데 큰 영향을 미칩니다. 영어공부를 충분히 하고 오신다면, 기회는 정말 많이 있어요. 잘 준비해서 도전해보시면 좋겠습니다."

그는 워킹홀리데이를 준비하는 후배들에게 당부의 말도 잊지 않았다. 줌Zoom 설명회가 끝난 뒤, 인터뷰를 통해 미즈카미와 이야기를 이어갈 수 있었다. 그는 과연 워킹홀리데이 경험을 통해 무엇을 배우게 되었을까. "워킹홀리데이 비자로 해외로 나가는 걸 주변 사람들에게 추천하시겠어요?"라는 질문에 그는 주저 없이 대답했다.

"네, 물론 일본에서도 돈을 벌 수 있지만, 해외에 나와서 일하며 돈을 번다는 건 단순한 경제적인 의미를 넘어서 여러 면에서 자신을 성장시킬 수 있는 기회가 된다고 생각합니다. 영어 실력을 키울 수 있을 뿐만 아니라, 다양한 배경을 가진 사람들과 함께 일하면서 새로운 시각과 경험을 얻을 수 있거든요. 일본이라는 섬나라 안에 갇혀 있던 제 가치관이나 상식이 훨씬 넓어졌고, 제 삶의 시야도 확장되었어요. 그런 점에서 워킹홀리데이는 제게 매우 큰 의미가 있었고, 누구에게나 꼭 한 번쯤은 도전해보라고 말하고 싶습니다."

급변하는 글로벌 환경 속에서 고립되는 일본

일본은 1억 2천만 명이 넘는 인구를 바탕으로 한 견고한 내수 시장이 경제를 지탱하고 있다. 이미 오래전에 저성장 국면에 접어들었음에도, 여전히 선진국의 지위를 유지할 수 있는 배경에는 전국에 걸쳐 있는 47개의 행정구역, 즉 도도부현都道府県이 중요한 역할을 하고 있다. 일본에서 하나의 사업이 성공하면, 이 성공을 47개의 전국 각지로 확장할 수 있는 기회가 열려 있는 것이다.

이런 구조 속에서 일본 청년들은 그동안 해외 시장에 진출하기보다는 국내에서 학업과 취업을 이어가는 경향이 강했다. 하지만 일본 경제가 30년 가까이 장기 침체에 빠지면서, 일본에 머물며 학업을 마치고 취업하는 것이 더 이상 미래가 보장된 선택이 아니라는 인식이 커지고 있다. 그 결과, 점점 더 많은 청년이 해외에서 새로운 기회를 찾기 시작했다. 워킹홀리데이협회와 해외 취업을 알선하는 여러 기업을 취재하면서, 이러한 흐름이 일본 청년 사이에서 점점 뚜렷해지고 있다는 사실을 확인할 수 있었다.

2024년 6월, 취재를 위해 1년 만에 후쿠오카를 다시 찾았다. 사전에 워킹홀리데이협회 측에 취재 협조를 요청하는 과정에서, 지난해 인터뷰했던 미즈카미 타쿠야 청년이 호주에서 돌아와 현재 워킹홀리데이협회 후쿠오카 사무소에서 근무 중이라는 소식을 들었다. 그의 1년간의 경험담을 듣고 싶어 인터뷰 요청을 했고 흔쾌히 승낙을 받았다.

하카타역에서 만난 미즈카미는 호주에서 만났을 때와는 사뭇 다른 모습이었다. 짧게 자른 단정한 머리에 감색 수트를 입고 있었고, 자신감이 묻어나는 눈빛이 인상적이었다. 그의 변화를 보면서, 그간의 일들이 더욱 궁금해졌다.

"대학 졸업 후 약 2년 동안 캐나다에서 유학과 워킹홀리데이를 했습니다. 그후 일본에 돌아와 외국계 기업에 취직해서 일하기도 했어요. 제 경우, 유학과 워킹홀리데이 경험이 제 인생을 크게 바꿔놓았다고 생각합니다. 다양한 인종과 문화가 공존하는 나라에서 지내다 보니, 저 역시 여러 문화와 다양성을 자연스럽게 받아들이게 되었죠. 그러면서 저만의 개성과 '나다움'을 더 소중히 여기게 되었어요."

미즈카미는 해외 경험을 통해 일본 사회의 경직된 문화에서 벗어나 자신을 새롭게 발견했다고 했다. 무엇보다 경제적 관점에서 변화가 컸다고 말했다.

"이번에 다시 워킹홀리데이를 통해 해외에 나가서, 다른 나라들이 얼마나 빠르게 경제적으로 성장하고 있는지 실감하게 되었습니다. 특히 일본과 비교했을 때, 시급 차이 같은 경제적 격차를 크게 느꼈어요.

2015년에 처음 캐나다나 호주에 갔을 때만 해도 동남아시아 사람들은 그다지 눈에 띄지 않았는데, 이번에 호주에 가보니 베트남, 태국 등에서 온 사람들이 훨씬 많아졌더라고요. 예전과 달리 태국인이 일본인보다 더 여유롭고 풍족하게 생활하는 모습도 보였습니다. 물론 다른 나라들이 발전하는 건 자연스러운 일이지만, '혹시 일본이 동남아시아 국가들의 발전을 따라가지 못하는 건 아닐까'라는 생각이 들기도 했습니다."

그의 솔직한 이야기를 들으면서, 이 시대를 살아가는 일본 청년들이 자신의 나라에 대해 자부심보다는 오히려 자괴감을 느끼고 있음을 알 수 있었다. 청년들이 일본을 떠나 외부에서 바라본 일본은, 국내에서 인식하던 모습과는 사뭇 달랐다. 외부와의 교류 없이 독자적인 생태계를 발전시켜 온 갈라파고스 제도처럼, 일본도 글로벌 사회와 경제 변화의 흐름에서 점점 멀어지며 자신만의 방식으로 고립되어가는 듯했다.

급변하는 글로벌 환경 속에서 '갈라파고스화'가 심화되는 지금, 일본의 청년들은 자신들이 국제사회에서 점점 고립되어간다는 현실에 깊은 위기감을 느끼고 있다.

9장

남은 자들의 슬픔

리틀 아시아 마켓의 쇠락

 규슈 지방의 행정·경제·교통의 중심지인 후쿠오카시에는 70년 역사를 자랑하는 시장 골목이 있다. 하카타역에서 JR선을 타고 한 정거장만 가면 요시즈카역에 도착한다. 이 역의 동쪽 출구에서 도보로 4분 거리에 있는 '요시즈카 상점가'가 바로 그곳이다.
 제2차 세계대전 직후인 1950년대, 몇몇 상점들이 모여 장사를 시작한 것을 계기로 형성된 이곳은 1960~70년대에 전성기를 맞이하며 약 150개에 달하는 점포가 문을 열었고, 한때는 행인들로 시장 골목이 발 디딜 틈 없이 붐빌 정도로 활기를 띠었다. 그러나 시간이 흐르면서 점차 쇠퇴의 길을 걷게 되었고, 현재는 영업 중인 점포가 35개 정도로 줄어든 상태다.

지역 주민들 사이에서는 '이대로 두면 요시즈카 상점가는 사라질지도 모른다'는 위기감이 고조되었고, 몇 년에 걸친 노력 끝에 지역민들과 인근에 거주하는 외국인들이 함께 이 상점가를 되살릴 방안을 고민하게 되었다.

2020년 지역 재생을 위한 새로운 시도로 시장의 이름을 '요시즈카 리틀 아시아 마켓Yoshizuka Little Asia Market'으로 바꾸고 새롭게 단장해 다시 문을 열었다. 개장 당시에는 다양한 문화가 어우러지는 활기찬 분위기 속에 주목을 받았지만, 이후 시간이 흐르며 상점가의 분위기가 다시 가라앉고 있다는 소식을 듣고, 다시 후쿠오카를 찾았다.

외국인 알바생들이 사라지고 있다

엔저 현상이 지속되는 가운데, 일본 규슈 지방을 찾는 해외 관광객 수는 역대 최고 수준을 기록하고 있다. 그러나 후쿠오카시 중심지에서 멀지 않은 요시즈카에 위치한 리틀 아시아 마켓은 전혀 다른 현실을 마주하고 있다. 외견상 활기를 띠는 관광 열기와 달리, 시장 골목 안은 '풍요 속 빈곤'이라는 표현이 어울릴 정도의 어려움을 겪고 있었다.

이곳 리틀 아시아 마켓에는 미얀마, 베트남, 한국, 중국 등 다양한 아시아계 이민자들이 운영하는 가게들이 모여 있다. 일본에 정착한 외국인 아르바이트생이 이 가게들의 운영을 실질적으로 지탱해왔다. 하지만 엔저로 인한 실질임금 하락과 생활비 상승은 이들의 일본 체류를 점차 어렵게 만들었다. 대만, 한국, 베트남 등지에서 온 노동자들 가운데 일부는 더 나은 임금을 찾아 다시 본국으로 돌아가거나, 다른 국가로 이주하는 현상이 나타나고 있다.

일본인 아르바이트생들 역시 비교적 임금 수준이 높은 도쿄 등 수도권으로 빠져나가고, 아예 한국, 미국, 유럽 등 외국으로 단기 일자리를 찾아 나가는 청년들도 늘고 있는 실정이다. 그 결과, 리틀 아시아 마켓이 위치한 요시즈카 상점가는 점점 더 빈 점포가 늘어나며 말 그대로 '엑소더스' 현상을 겪고 있다.

리틀 아시아 마켓에서 베트남 식당을 운영하고 있는 후쿠다 테쓰지 사장은 최근 큰 변화를 체감하고 있다. 오랫동안 식당에서 함께 일하던 베트남 출신 아르바이트생이 본국으로 돌아간 뒤, 지금은 가족과 함께 식당을 운영하고 있다.

"우리 가게는 다른 식당에 비해 음식 가격이 저렴한 편이라, 돈이 부족한 학생들이 자주 찾아와요. 메뉴 하나를 시켜 먹고 남은 음식을 포장해 가는 경우도 많고요. 예전에 엔화 가치가 높았던 시절에는 한국 유학생들이 일본에서 아르바이트를 하면서 꽤 많은 돈을 모으기도 했죠. 그런데 요즘은 엔화가 워낙 약세이다 보니, 이 지역에는 한국 유학생들이 아르바이트하러 잘 오지 않아요. 규슈 지역 전체적으로 외국인 아르바이트생 숫자가 확실히 줄어든 느낌입니다."

후쿠다 사장은 베트남 유학생들도 예전과는 다른 흐름을 보이고 있다고 설명했다.

"요즘은 더 나은 장학금 혜택이나 아르바이트 수입을 기대할 수 있는 미국이나 캐나다 쪽으로 가는 학생들이 늘고 있다는 이야기를 베트남 지인에게서 들었습니다. 게다가 베트남 내에서도 급여 수준이 계속

물가 상승으로 손님이 끊긴 리틀 아시아 마켓.

오르고 있어서, 꽤 높은 월급을 받는 사람이 많아지고 있어요. 최근에는 일본보다 한국이나 대만으로 가고 싶어 하는 학생이나 아르바이트 희망자들이 많아졌다고 하더군요."

그는 이어서 이렇게 덧붙였다.

"엔저가 언제까지 이어질지는 모르지만, 환율 때문에 실질 급여가 30퍼센트 가까이 줄어드는 상황이라면, 유학생이나 일하는 사람들 입장에서는 정말 큰 부담입니다. 이 상황이 계속된다면, 외국인 노동자들이 일본을 찾지 않을 게 뻔해요."

후쿠다 사장은 최근 일본이 처한 경제 현실과 엔저가 불러온 변화를 다른 OECD 국가들과 비교하면서 설명했다. 그는 특히 일본의 낮은 임금 수준이 문제라고 지적했다.

"지금 후쿠오카현의 최저 시급은 941엔입니다. 그런데 캐나다는 그 두 배 수준이고, 호주는 2.5배에 달하죠."

실제로 2022년 기준으로 보면, 미국의 평균임금은 7만 7,463달러에 이르며, 대부분의 OECD 국가들은 지난 30년간 임금이 꾸준히 상승해 왔다. 반면에 일본의 평균임금은 4만 1,509달러에 머물러 있으며, 구매력을 기준으로 지난 30년간 평균임금 상승률은 겨우 4.4퍼센트에 그쳐 사실상 정체 상태다.

악순환 고리에 빠져 탈출구를 잃은 자영업자들

후쿠다 사장은 재료비가 눈에 띄게 올랐지만, 손님 부담을 고려해 음식 값을 인상하지 못한 채 어려운 상황을 버티고 있다.

"아무래도 물가가 계속 오르다 보니 저렴한 가격에 재료를 들여오는 것도 쉽지 않아요. 손님들도 경제적으로 여유가 없다 보니 외식 빈도도 줄었고요. 엔저가 미치는 영향이 크다고 생각합니다. 특히 베트남에서 직접 수입하는 식재료들의 가격이 많이 올랐어요. 필요한 재료는 비싸도 어쩔 수 없이 사야 하니 힘드네요. 작년과 비교하면 재료비가 약 10퍼센트 올랐는데, 그렇다고 메뉴 가격을 쉽게 올릴 수도 없어요. 손님들은 아무래도 가격이 저렴하면서도 맛있는 식당을 찾아다니니까요."

경기의 향방은 여전히 불확실하지만, 그는 비용을 최대한 절감하고 가격을 유지하면서 당분간은 버텨보겠다는 각오다. 일본에 남아있는 이들은 불확실성 속에서도 자신들의 삶을 지탱해온 장인정신과 근면함, 그리고 절약의 미덕을 실천하며 하루하루를 살아가고 있었다. 자영업자와 가계 등 민간 차원에서는 주어진 조건 안에서 생존을 모색하며 나름의 방식으로 돌파구를 찾고 있지만, 정작 일본의 정치권은 뚜렷한 방향 전환 없이 양적완화라는 바다 위에서 위태롭게 거대한 전함 '일본호'를 몰아가고 있는 실정이다.

2023년 취재 당시, 일본은행은 여전히 양적완화 기조를 유지하며 엔저를 멈출 기미를 보이지 않았고, 오히려 엔저 흐름을 점차 가속화하고 있었다. 물론 엔화 약세는 수출기업에는 유리한 측면이 있을 수 있으나, 가계에 큰 부담을 안기고 있었고, 가계와 수출기업 간의 구매력 순환이 엔저만으로는 이루어지지 않는다는 것이 당시 경제 전문가들의 공통된 지적이었다.

일본제일생명 경제연구소의 수석 이코노미스트인 구마노 히데오는 일본 경제가 이른바 '나쁜 엔저'의 흐름에 갇혀 있고, 그 탈출구를 찾는 것이 쉽지 않다고 분석했다.

"구매력 순환이 제대로 작동하려면 일본 내에서 임금을 인상하고, 설비 투자를 확대하며, 고용 기회를 늘리는 등 비즈니스 사이클이 건강하게 돌아가도록 구조를 리모델링해야 합니다. 그렇지 않고서는 엔저만으로 일본 경제를 견인하기에는 분명한 한계가 있습니다. 현재의 악순환 구조 속에서 엔화 약세가 더욱 심화되면, 이 고리는 더 단단하게 굳어질 수밖에 없습니다. 지금처럼 수입 가격만 오르고 국내 임금은 정체된 상황에서는, 가계와 수출기업 사이에 구매력 순환은 제대로 작동하지 않기 때문입니다."

어쩌면 이 악순환의 고리는 이미 10년 전, 아니 20년 전에 시작되었을지도 모른다. 그리고 악순환의 고리를 끊는 과감한 방향 전환이 이뤄지지 않는 한, 앞으로의 10년도 일본 경제는 비슷한 흐름을 반복할 가능성이 크다. '잃어버린 30년'을 맞이하고 있는 지금, 일본은 선진국 역사상 유례없는, 누구도 가보지 않은 미지의 바다로 항해를 시작하고 있다.

그 속에서도 변화와 생존을 선택한 기업들은 공통적으로 위기를 예민하게 감지하고, 체질 개선을 위한 근본적인 개혁에 나섰다. 변화에 민감하게 대응해 체력을 키운 기업들과, 위기 앞에서도 안일하게 대응한 기업들 사이의 격차는 앞으로 더욱 벌어질 수밖에 없다.

'잃어버린 20년'이 '잃어버린 30년'으로 이어진 지금, 강한 위기감을 갖지 않는다면 기업의 경영개혁과 같은 근본적인 변화는 결코 일어날 수 없다. 일본은 이제 생존을 위해 정치와 경제 전반을 재편해야 하는 중대한 전환점에 서있다. 하지만 현실은 녹록지 않다. 오랜 기간 지속된 엔화 약세와 인구 구조의 급격한 변화, 악화되는 재정 적자, 구조적인 내수 부진, 그리고 정치제도의 한계로 인한 경제 개혁의 실패는 여전히 해결되지 않은 채 남아있다. 이 위기를 전환의 기회로 삼지 못한다면, '잃어버린 30년'은 곧 '잃어버린 40년'으로 이어질 가능성이 크다.

흑자 도산의
도미노

도쿄의 랜드마크인 스카이트리가 위치한 스미다구는 일본을 대표하는 공업지구 중 하나다. 이 지역은 근대 이전인 에도시대부터 전통공예 공방이 밀집해 있던 곳으로, 오래전부터 제조업의 중심지 역할을 해왔다. 전후에는 섬유, 의류, 가죽 등을 다루는 소규모 제조업체들이 들어서며 일본의 고도 성장기를 이끄는 데 큰 역할을 했다. 1970년대에는 약 9,700개에 달하는 사업장이 활발히 운영되었을 정도로 제조업이 융성했다.

현재는 전성기를 지나 제조업 전반의 쇠퇴와 함께 이 지역도 침체의 길을 걷고 있다. 그럼에도 불구하고 여전히 많은 소규모 제조업체들이 자리를 지키고 있어, 스미다구는 일본 제조업의 본산이라 불릴 만큼 의미 있는 지역으로 남아 있다.

특히 1980년대에는 봉제산업이 크게 성장하며 전성기를 누렸다. 당시 다른 제조업과 마찬가지로 호황을 누렸으나, 그 영광은 오래 가지 않았다. 중국, 베트남 등 신흥 개발도상국들이 시장에 진입하면서 경쟁이 치열해졌고, 그 결과 일본 내 봉제산업의 시장 점유율은 3퍼센트대로 급감하게 되었다.

작지만 강한 회사들의 예상치 못한 폐업

스미다구가 자랑하던 제조업 분야 중 하나는 금형 제조업이다. 이 지역에 자리한 오카노공업은 금형 및 프레스 전문업체로, 리튬이온 배터리 케이스를 개발해 전자기기의 모바일 시대를 연 것으로 유명하다. 뛰어난 기술력을 인정받아 NASA, 도요타, 소니 등과 협업했으며, 직원 6명으로 연 매출 6억 엔을 기록할 정도로 높은 성과를 올린 기업이었다. 고정밀·고품질의 금속제품을 시장에 선보이며 일본 제조업의 기술 수준을 세계에 알리는 데 앞장섰다.

하지만 오카노 마사유키 대표가 회사를 물려줄 후계자를 찾지 못하면서, 오카노공업은 폐업 위기를 맞게 되었다. 후계자를 수소문하던 오카노 대표는 결국 핵심 기술을 협력업체에 넘기고 은퇴를 선언했다. 무통無痛 주사기, 리튬이온 배터리 케이스 개발 등으로 세계적인 주목을 받았던 오카노공업은 이렇게 역사의 뒤안길로 사라지게 되었다.

산업이 첨단화되고 컴퓨터와 최신 설비가 도입되면서 과거의 금형,

프레스 산업은 더 이상 경쟁력을 유지하기 어려운 상황에 놓였다. 일본에서는 최근 산업구조의 변화와 중소기업 대표들의 고령화로 인해, 흑자를 내고 있음에도 후계자를 찾지 못해 폐업 가능성이 있는 중소기업이 전국적으로 약 60만 개에 달하는 것으로 나타났다.

치바현 야치마타시는 중·소 규모의 제조업 공장이 밀집한 지역이다. 이곳에는 창업 이후 38년 연속 흑자를 내며 중견기업으로 성장한 ㈜J&A사쿠라가 자리하고 있다. 현재 83세의 하시모토 키요시 사장이 운영하는 이 회사는 통신장비, 복사기에 사용되는 롤러 등의 자동화 기기 부품을 만들어왔다. 하지만 최근 하시모토 사장의 건강이 악화되면서 회사를 이어받을 후계자를 찾고 있다. 그는 직계가족은 물론 친척, 제3자 중에서도 아직 회사를 물려받겠다고 나서는 사람을 찾지 못한 상황이다. 하시모토 사장은 회사 인수에 대한 솔직한 심정을 이야기했다.

"아직 기력이 남아있을 때 장래를 준비하는 것이 좋다고 생각했습니다. 5년 전부터 막연히 폐업을 생각해왔고, 본격적으로 고민하게 된 건 2년 전쯤입니다. 아직까지 적당한 후계자를 찾지 못한 상황입니다. 우리 회사를 인수하겠다고 찾아온 기업이 두 곳 정도 있었지만, 결국 성사되지 않았습니다. 무엇보다 회사를 넘기려면 넘기는 쪽과 받는 쪽 모두에게 이익이 되어야 합니다. 하지만 이 공장에 있는 선반 기기처럼 오래된 설비로는 새로운 사업을 하기 어려워요. 아직 시간이 있지만 인수자를 찾기 위해서는 상당한 노력과 에너지가 필요한데, 지금의 제 상태로는 감당이 어렵습니다. 건강이 아직 허락할 때 사업을 정리하고 싶은 마음입니다."

하시모토 사장은 부정맥으로 한 차례 쓰러진 후 모든 걸 내려놓은 듯

고령 때문에 회사 인수자를 찾아나선 하시모토 사장.

했다. 한때는 100여 명의 직원을 둘 정도로 바쁘게 돌아가던 공장이었고, 부품 제조 분야에서는 독보적인 기술력을 자랑하던 업체였다. 하지만 대기업들이 엔저로 수출 호황을 누리는 동안, 내수에 의존하던 중소 제조업체들은 빠르게 무너져갔다. 일본의 고도 경제성장을 견인했던 중소 제조업의 쇠퇴는 생각보다 빠르게 진행되고 있다. ㈜J&A사쿠라와 같은 제조 기반 기업을 이어받아 운영할 사람을 찾는 일은 이제 현실적으로 매우 어려운 과제가 되었다.

지난 10년 동안 일본에서는 기업 대표의 고령화와 적절한 시기에 후계자를 양성하지 못한 탓에 휴업이나 폐업을 준비하는 중견 제조업체들이 속출하고 있다. 일본 전역에서 얼마나 많은 기업이 후계자 문제로 문을 닫고 있을까? 이 실태를 파악하기 위해 도쿄의 리서치 전문회사 도쿄상공리서치의 데이터를 분석해보았다. 도쿄상공리서치 정보부의 사카타 요시히로 과장은 그 실태를 밝혔다.

"2022년 1월부터 12월까지 후계자 부재로 도산한 기업은 422건이나 됩니다. 이는 2013년부터 관련 조사를 시작한 이래 처음으로 400건이 넘은 겁니다. 최근 3년간의 추이를 보면, 후계자 문제로 인한 도산은 더욱 증가할 것으로 보입니다. 특히 중소 제조업체의 경우, 종업원들도 대부분 고령이고 사장은 그보다 더 고령인 경우가 많아 승계가 매우 어렵습니다. 직원들의 연령층이 높고, 젊은 경영자가 거의 없다 보니, 설령 승계가 이루어진다 해도 기술을 이어받을 인력이 없어 인수합병이 성사되지 않는 경우가 많습니다. 또 하나의 큰 걸림돌은 '부채'입니다. 어떤 경우에는 기업이 지고 있는 부채가 너무 커서, 승계를 해도 대출상환과 자금운용에 대한 불안이 승계를 가로막는 요인이 되기도 합니다."

도쿄상공리서치에 따르면, 휴업이나 폐업을 결정한 기업 대표의 평균 연령은 71세를 넘었으며, 후계자가 없는 기업의 비율도 21.8퍼센트에 달했다. 이처럼 고령화의 그림자는 일본 중소 제조업 전반에 짙게 드리워져 있다.

후계자 없는 시대, 무너지는 제조업의 허리

기업 후계자 부재의 시대에 일본의 기업들은 이 문제를 어떻게 타개해 나가고 있을까? 일본 국내에서 두 번째로 큰 경제 규모를 지닌 오사카부를 찾았다. 철강 가공업체인 ㈜오오우라는 후계자를 찾지 못해 폐업 위기에 놓였던 기업 중 하나다. 오오우라 후미타케 사장은 약 3년 전부터 회사를 인수해줄 적절한 기업을 찾아 나섰다.

"80세라고 하면 언제 어떻게 될지 모를 나이잖아요. 아직 기력이 남아있을 때, 회사를 이어받을 사람에게 제대로 인수인계를 하고 싶었어요. 기업 승계에 대해 알아보던 중, 오사카상공회의소에 이런 업무를 지원하는 부서가 있다는 것을 알게 되어서, 그곳에 승계 절차를 요청했습니다."

오오우라 사장은 오사카상공회의소 산하 사업승계지원센터의 도움을 받아, 철강 가공업체를 운영하고 있던 40대 초반의 후지토 다쓰야 사장을 소개받았다. 후지토 대표는 오오우라 전임사장을 고문으로 영입하고, 공장과 직원을 그대로 승계해 회사를 이어받기로 결정했다.

현재 후지토 대표는 자신이 운영하던 ㈜헤이와강재鋼材에 더해 ㈜오오우라의 대표도 맡으며 두 개의 철강회사를 동시에 경영하고 있다. 사업 확장을 추진하던 그에게는 절호의 기회가 찾아온 것이다.

"저희 모회사인 헤이와강재는 오사카시 동쪽의 히가시오사카에 위치해 있는데, 그동안 시장이 그 지역에 국한되어 있었습니다. 더 넓은 지역으로 사업을 확장하려던 참에 ㈜오오우라가 오사카 남쪽의 사카이시에 있다는 점이 매력적으로 다가왔습니다. 또한 모회사에서는 파이프 제조나 기계 가공 분야에는 진출하지 않았기 때문에, 이 회사를 인수하면 그 분야로 사업을 확장할 수 있다고 판단했습니다."

후계자나 인수자를 찾지 못해 폐업하는 기업이 늘어나면, 지역 경제에 심각한 타격을 줄 수 있다. 이를 방지하기 위해 오사카상공회의소는 사업승계 문제를 해결하기 위해 적극적으로 나서고 있었다. 오사카상공회의소는 내부에 '사업승계지원센터'를 설치하고, 15명에 이르는 전문 인력을 배치해 후계자 연결 및 인수·합병을 지원하고 있다. 이 센터에는 연간 1,000건이 넘는 사업승계 문의가 접수되고 있으며, 이를 통해 후계자 문제로 고민하는 기업이 그만큼 많다는 것을 짐작할 수 있다.

오사카상공회의소는 2025년까지 오사카 내에서만 약 50만 개의 기업이 후계자나 인수자를 찾지 못해 폐업할 것으로 전망하고 있다. 이는 지역 내 총생산 기준으로 약 1조 8,000억 엔 규모의 가치가 사라질 가능성이 있다는 뜻이어서, 지역사회는 대응책 마련에 고심하고 있다.

오사카상업대학 종합경영학부의 무라카미 요시아키 교수는 이러한 문제를 해결하기 위해 정부가 보다 선제적으로 나서야 한다고 강조한다.

"기업가들도 사업을 누가 언제 어떻게 이어받을지를 고려해, 후계자 육성을 미리 계획할 필요가 있습니다. 기업승계를 자녀뿐만 아니라 종업원이나 제3자에게도 열어두는 유연한 접근이 필요하다고 봅니다. 정부 역시 기업승계 문제를 해결하기 위한 정책과 지원책을 보다 적극적으로 마련해야 합니다."

일본의 고도성장을 견인해온 중소 제조업체들이 후계자 문제로 줄줄이 폐업하면서, 사회경제적 비용과 손실에 대한 우려가 커지고 있다. 이 또한 노령화와 산업구조 재편에 따른 결과지만, 이러한 흐름을 막기 위해서는 민간의 노력뿐만 아니라 정부 차원의 종합적이고 지속적인 대책이 절실하다.

도쿄대 엘리트생의
딜레마

    도쿄대학교 대학원에서 국제사회과학 전공으로 박사 과정을 밟고 있던 다나카 슌스케를 처음 만난 건 2022년 8월 27일 일본 국회의사당 앞이었다. 그날 그는 '아베 전 총리의 국장國葬을 반대합니다'라는 문구가 적힌 피켓을 들고 1인 시위를 하고 있었다.

    2022년 7월 8일 나라시에서 선거 유세 중이던 아베 총리는 전직 해상자위대원이 쏜 총에 맞아 향년 67세의 나이로 생을 마감했다. 이에 기시다 총리는 아베 전 총리가 헌정사상 최장인 8년 8개월 동안 내각총리대신으로 재임하며, 탁월한 리더십과 실행력으로 내외의 어려운 정세에 대응해온 점을 평가해, 각의 결정을 통해 국장을 거행하기로 결정했다. 하지만 당시 일본 사회에서는 법적인 근거 없이 2억 엔이 넘는 거액의 세금을 국장에 사용하는 것에 대한 비판 여론이 확산되었다. 추모의 분위기와 함께 국장을 반대하는 시민들의 시위가 동시에 벌어지며, 일본 사회는 아베 전 총리를 둘러싼 평가와 입장이 엇갈리는 분열된 모습을 보였다.

애도와 분노 사이

8월의 뜨거운 태양 아래서 1인 시위를 마친 다나카와 그늘로 자리를 옮겨 인터뷰를 진행했다. 국제사회과학을 전공하고 있는 그는 국무회의의 결정만으로 아베 전 총리의 국장을 추진한 점에 깊은 문제의식을 드러냈다.

이번 국장은 1967년 10월 31일 요시다 시게루 전 총리 이후 반세기 만에 열리는 것으로, 법적인 근거 없이 시행된다는 점이 반대의 주요 이유였다. 다나카는 국장이 거행될 경우, 아베 전 총리의 민주주의를 역행하는 정책들, 예컨대 평화헌법 개정을 통한 일본의 군사화 시도 등에 대한 비판 여론이 위축되고, 언론의 자유와 표현의 자유가 침해될 가능성을 우려했다.

"아베 전 총리의 국장에 반대합니다. 요시다 전 총리 이후 처음 열리는 국장인 만큼, 국회의 의결을 거쳐야 한다고 생각합니다. 아베 전 총리가 총격으로 목숨을 잃은 것은 매우 안타까운 일이지만, 애도의 방식은 개인의 자유에 맡겨야 합니다. 법적 근거도 없는 국장 형식으로 국가 전체가 애도를 강요받는 것에는 분명히 문제가 있습니다."

그는 아베 전 총리의 8년 넘는 집권 기간 동안 일본 사회의 분열이 그 어느 때보다 깊어졌다고 주장한다. 그는 아베노믹스뿐 아니라 극우 성향에 치우친 권위주의적 정치 행보가 일본 사회를 양극화시키는 원인 중 하나라고 지적했다.

2022년 9월 27일 일본의 주요 지상파 방송에서는 국장이 열리는 부도칸(무도관)을 중심으로 펼쳐진 추모행렬과 애도하는 시민들의 모습을 집중적으로 비추었다. 하지만 같은 시각, 국장을 반대하기 위해 전국에서 모인 시민들의 시위 행렬이 도쿄 도심을 가로지르고 있었다. 다나카는 연신 이마에 흐르는 땀을 닦아내며 말을 이어갔다.

"최근 여론조사 결과를 보면, 아베 전 총리의 국장에 반대하는 응답이 53퍼센트를 넘고, 찬성은 30퍼센트대에 그칩니다. 국민 다수가 반대하는 것이죠. 과거에도 전직 총리의 장례는 국장이 아니라 내각과 자민당의 합동장 형식으로 진행됐습니다. 예를 들어 나카소네 야스히로 전 총리 때도 국장이 아니라 합동장이었어요. 관례적으로도 그 방식이면 충분히 예우를 갖출 수 있습니다.

외국 주요 인사들을 초청할 경우 경비가 크게 늘어나게 되고, 적게 잡아도 2억~2억 5천만 엔 이상의 세금이 법적 근거 없이 지출될 수 있다는 점도 문제입니다. 기시다 총리가 속한 파벌의 정치적 입지가 약한 상황에서, 아베 전 총리가 소속되어 있던 파벌, 세이와카이淸和會 측의 압력이나 눈치를 보며 국장을 추진한 게 아닌가 하는 의심도 듭니다. 아베 전 총리의 사망 직후 일본 사회 전체가 충격에 빠졌고 많은 이들이 안타까움을 표했죠. 그런 정서에 기대어 국장을 추진하려는 시도는 적절치 않다고 생각합니다."

2022년 9월 27일 아베 전 총리가 사망한 지 81일 만에 열린 국장에는 우리나라의 한덕수 국무총리를 비롯해 카밀라 해리스 미국 부통령, 나렌드라 모디 인도 총리 등 4,300여 명이 참석했다.

하지만 일본 국민의 53퍼센트 이상이 국장에 반대한다는 여론조사 결과가 나오면서, 국장을 둘러싼 찬반 논쟁은 국론 분열 양상으로 이어졌다. 국장 추진을 결정한 기시다 총리 역시 국민들로부터 강한 비판과 정치적 부담을 떠안게 되었다.

저성장 시대의 청년들이 말하는 새로운 성공의 의미

이처럼 정치적으로 사회가 분열된 상황에서, 경제 분야에서도 소외 계층과 엘리트 계층의 격차가 심화되고 있는 것은 아닐까 하는 의문이 들었다. 그래서 이른바 일본 엘리트층으로 분류되는 명문대 재학생들의 이야기를 듣는 자리를 마련했다. 과연 일본의 대학생들은 졸업을 앞두고 일본의 경제 현실에 대해 어떻게 느끼고 있을까?

2024년 여름, 도쿄대학교 학생 2명, 아오야마학원대학교 학생 1명, 요코하마국립대학교 학생 1명이 참여한 가운데 약 2시간 동안 일본의 경제·정치·사회 그리고 취업 문제를 주제로 다양한 의견을 나눴다. 요코하마국립대학교 경제학부 4학년에 재학 중인 우와야는 사회 진출을 앞두고 자신의 미래 경제 상황에 대해 비관적으로 보고 있었다.

"제가 태어나고 대학에 들어오기까지 '월급이 올랐다'는 얘기를 들어본 적이 없습니다. 반면 미국의 금리 인상, 러시아-우크라이나 전쟁 등의 외부 요인으로 인해 일본의 물가는 과거와는 비교할 수 없을 정도로 올랐습니다. 이대로라면 두렵다는 생각이 듭니다.

이미 취업한 선배들의 이야기를 들어보면, 상황이 좋지 않다는 것을 실감합니다. 대졸 초임이 대부분 20만 엔 안팎인데, 집세, 공과금 등 기본적인 생활비로 15만 엔 정도가 나가고 나면, 오히려 대학생 때보다 더 돈이 없다고 해요. 저도 그렇게 될 것 같아서, 취직하고 나면 그 현실이 버거울 것 같다는 생각이 듭니다."

졸업을 앞둔 명문대생도 비정규직을 전전하는 이들과 마찬가지로 일본과 자신의 미래를 걱정하고 있었다. 유례없는 경기 침체 속에서 일본의 미래를 이끌어갈 청년층이 느끼는 불안과 고민의 깊이가 어느 때보다 커져 있었다.

한편 도쿄대학교 재학 중인 3학년 나카시마는 명문대 학생다운 자신감을 보이며 현재의 상황을 비교적 낙관적으로 보고 있었다. 그는 대학 졸업 후 국가공무원 시험에 합격해 공직에 진출하는 것을 목표로 하고 있었다.

도쿄대학교는 일본의 엘리트 관료를 선발하는 국가공무원 종합직 시험, 즉 한국의 5급 공채(행정고시)에 해당하는 시험에서 매년 수백 명의 합격자를 배출해왔다. 특히 2014년에는 무려 438명의 합격자를 배출하기도 했다. 그러나 최근에는 국가공무원의 인기가 예전만 못해서 2024년에는 전체 합격자 1,953명 중 도쿄대 출신이 189명에 그쳤다.

"확실히 물가가 오르고 임금도 겨우 따라가고 있는 것 같습니다. 일본에서 2퍼센트 정도의 인플레이션이 적절하다는 말을 자주 듣는데, 일본 정부가 그 목표를 달성하기 위해 다양한 노력을 기울이고 있는 만큼, 경제가 조금씩 앞으로 나아가길 기대하고 있습니다.

취업을 준비하면서 느낀 것인데, 지난 5년간 경기 침체 속에서도 일부 기업들은 분명히 연봉을 올려왔다는 것입니다. 사회생활을 막 시작하는 단계에서는 생활비 부담을 고려할 때 도쿄 도심에 살기는 어렵겠지만, 도쿄 근교에서 나름대로의 생활수준을 유지하는 것은 가능할 것 같아요. 그게 저의 현실적인 목표입니다."

그는 확고한 진로 계획을 갖고 있지만, 한편으로는 자신이 진입하려는 공직 사회가 점점 매력을 잃어가고 있다는 사실도 알고 있었다. 치열한 경쟁을 뚫고 관료가 되더라도, 과중한 업무와 낮은 보상, 정치적 책임의 무게는 또 다른 고민으로 작용하고 있었다. 그는 일본을 이끌 엘리트의 위치에 있지만 정작 개인적 삶의 안정을 보장받을 수 있을지는 여전히 불확실하다고 느끼고 있었다. 엘리트라는 정체성과 불안정한 현실 사이에서 그 역시 딜레마에 빠져 있는 셈이다.

2년 전, 아베 전 총리의 국장에 반대하는 1인 시위로 주목을 받았던 도쿄대학교 대학원생 다나카도 이 토론에 참석했다. 그는 현재 일본이 처한 경제적 현실을 고도 성장기를 지나 자본주의가 성숙하고 있는 과정으로 해석하고 있었다.

"일본의 경제구조를 보면 지난 30년간 정체되어 있었습니다. 이미 꽤 오래 전에 고도 경제성장기를 거쳤고, 이제는 안정기에 접어든 상황입니다. 여기에 고령화로 인한 인구 구조의 변화가 더해지면서, 일본은 이제 완만한 경제성장 국면에 들어섰다고 생각합니다. 앞으로는 경제를 얼마나 성장시키느냐보다는 지금의 경제 수준을 어떻게 유지하고 관리하느냐가 더 중요한 과제가 될 것입니다.

일본 경제의 현실과 개인 삶의 방향성을 논의하는 학생들.

물론 탈성장 시대로 접어들면서 해외의 임금이나 생활수준과 비교해볼 때 일본의 삶의 질이 상대적으로 낮아지고 있어요. 과거 일본인이 누렸던 경제적 풍요와 비교하면 지금의 생활이 열악하게 느껴지는 것도 무리는 아닙니다. 이는 결국 일본 경제가 저성장을 거치며 새로운 시대에 접어들고 있다는 하나의 징표라고 생각합니다."

토론에 참여한 4명의 대학생 모두 일본이 앞으로 다시 급격한 성장을 이루기는 어려울 것이라고 입을 모았다. 그러나 이들은 동시에, 저성장 시대에 걸맞은 새로운 성장 모델과 사회구조의 개편이 필요하다는 데에도 공감했다.

이러한 현실 인식은 대학생들에게 특별한 고민을 안긴다. '엘리트로서의 성공'이라는 기존 사회의 기대와, '성장보다는 생존과 지속 가능성'을 중시하는 현실 사이에서 방향을 설정해야 하는 것이다. 그들의 딜레마는 단순히 '성공할 수 있느냐'가 아니라, '성공은 무엇인가'에 대한 질문으로 이어진다.

한때 '경제대국'으로 불리던 일본호가 서서히 가라앉고 있는 지금, 일본이 여전히 소극적인 자세로 경제개혁과 기술혁신에 충분한 노력을 기울이지 않는다면, 향후 일본 경제에 리스크를 키우는 일일 것이다. 또한 새로운 시장 개척 없이 내수 시장에 의존하며 현재의 경제 상황을 유지하려는 전략은 오히려 침체를 심화시키고 일본 경제의 침몰 속도를 앞당길 수 있다는 우려도 제기되고 있다. 이에 일본 청년들은 과거의 영광을 재현하려 하기보다, 새로운 항로를 찾는 데 주력하고 있다. 일본의 미래를 이끌 청년들의 선택이야말로, 이 거대한 배의 항로를 바꿔놓을 수 있을지 모른다.

4부

난파선 위에서

10장

생존을 위한 변화

고립과 은둔에서 벗어나 공동체로

1964년 10월 10일부터 24일까지, 아시아 국가 중 처음으로 일본 도쿄에서 제18회 하계 올림픽이 열렸다. 도쿄 올림픽은 제2차 세계대전 패전 이후 일본이 경제를 회복하고 국제사회로 복귀했음을 세계에 알리는 신호탄이었다. 특히 도쿄 올림픽은 인공위성을 통해 전 세계에 생중계된 첫 번째 올림픽으로, 기술적으로도 새로운 이정표를 세웠다.

당시 세계를 놀라게 한 일본의 기술 중 하나는 초고속 열차인 신칸센 新幹線이었다. 시속 210킬로미터로 달리는 신칸센 고속철도는 일본 첨단기술 시대의 서막을 여는 일종의 선언이었다. 이후 약 20년 동안 일본의 산업과 과학기술은 눈부신 발전을 거듭하며 소니는 워크맨, 비디오 카세트 레코더Video Cassette Recorder, VCR를 선보였고, 도시바는 플래시

메모리를 개발하며 일본의 반도체 기술력을 세계에 과시했다. 텔레비전, 녹음기, 컴퓨터 등 다양한 분야에서 최고의 기술력을 자랑한 일본은 마침내 1980년대 후반, 미국을 제치고 세계 최대의 경제대국으로 우뚝 올라서게 되었다.

경제대국으로 성장한 일본도 저출산과 고령화의 그늘을 피해 갈 수는 없었다. 이미 1970년대부터 출산율 저하와 고령화 현상이 시작되었으며, 청년층의 인구 감소도 심각한 속도로 진행되고 있었다.

특히 일본의 30세 미만의 인구는 전체 인구에서 차지하는 비율이 1974년 처음으로 50퍼센트를 밑돈 후 계속해서 감소하고 있다. 청년 인구가 줄어드는 가운데 이들이 기성세대와의 경제적 격차, 가치관 차이 등을 겪으며 새로운 사회문제가 고개를 들기 시작했다. 2000년 후반 들어 일본에서 큰 사회문제로 떠오른 것이 바로 니트족과 히키코모리 문제였다. 이들이 안고 있는 복합적인 문제들이 사회 전반에 영향을 미치면서 일본의 사회·경제적 문제가 심화되고 세대 간의 갈등, 격차사회의 고착화가 우려되는 상황에 이르렀다.

이러한 상황에 대응하기 위해 일본 정부는 2009년 1월 정기 국회에 '청소년 종합대책 추진법안'을 정부 제출 법안으로 상정했고, 중의원에서 법안에 대한 수정을 거쳐 2009년 7월에는 국가의 본부 조직을 정비했다. 당시 주요 법안 중의 하나는 사회생활에 어려움을 겪는 청년들을 지원하기 위해 지역 네트워크를 구축하는 내용을 골자로 한 '아동·청년 육성지원법'이다. 이 법은 2010년 4월 1일 일본 국회를 통과해 정식으로 시행되었다. 그로부터 10년이 지난 지금, 과연 일본 청년의 고립과 은둔 문제에 대한 대책들이 실질적인 효과를 발휘하고 있을까?

시골에서 일손을 돕는 니트족

일본 총무성의 2016년 노동력 조사에 따르면 15~34세 무직자 중 취업은 물론, 학업이나 가사노동 등 어떤 활동에도 참여하지 않는 청년 니트족이 약 57만 명에 이르는 것으로 파악하고 있다. 이러한 니트족 청년들의 이야기를 듣기 위해 와카야마현 타나베시에서 한 시간 반 거리에 떨어진 한 시골 마을을 찾았다.

이 마을에는 민가가 세 채 정도 남아있으며, 거주하는 주민도 다섯 명뿐인 한계 촌락이다. 한계 촌락이란 주민의 절반 이상이 65세 이상의 고령자로 구성되어 있어, 앞으로 공동체 기능의 유지가 어려워질 가능성이 높은 농·산·어촌 지역을 말한다. 마을 뒷산에는 쿄세이샤共生舎라는 공동 거주시설이 자리하고 있다. 이 시설은 와카야마현의 한 특정비영리활동법인(NPO법인)이 니트족 청년들을 위해 운영하고 있는 공동 기숙사이다.

2023년 와카야마현을 방문했을 당시, 이곳에는 10대에서 30대까지 청년 15명이 공동생활을 하고 있었다. 이 기숙사는 원래 초등학교 건물이었는데 리모델링을 통해 기숙생활이 가능한 시설로 만들었다. 이곳에 거주하는 청년들은 학교에 다니거나 직업훈련을 받지는 않지만, 시골 마을에 모여 자신만의 삶을 영위하고 있었다. 이들이 일반적인 니트족과 다른 점은, 적은 수입이지만 농사일이나 마을 주민들의 일을 도와

● NPO법인: 공익적인 목적을 가지고 비영리적으로 활동하는 민간단체가 법인격을 획득한 형태를 말한다. 일본에서는 1998년에 제정된 '특정비영리활동 촉진법'에 따라 제도적으로 인정받기 시작했다.

주면서 얻은 수입으로 자립적인 생활을 하고 있다는 것이다. 생계를 유지하기 위해 치열하게 일하기보다는, 시골 마을의 자연 속에서 최소한의 일을 하면서 느긋하게 살아가는 것을 중요하게 여기고 있다.

기숙사에 들어서면 건물 중앙에 넓게 트인 개방형 부엌과 거실이 먼저 눈에 들어온다. 이곳에서는 여러 명이 함께 요리를 하고 식사를 하면서 이야기를 나누는 등 공동생활이 이뤄진다.

장기 체류를 원하는 청년들에게는 3평 남짓한 개인실이 제공되며, 자취생활을 전제로 전기·가스요금을 포함해 한 달에 1만 8,000엔의 집세를 내고 있다. 공동생활을 위한 규칙으로는 '다른 주민에게 피해를 주지 않는 것' 외에는 특별히 정해진 것이 없으며, 각자 자신의 방식대로 자유로운 생활을 할 수 있다.

"이 산골에 세워진 쿄세이샤는 사회에 적응하기 힘들어하는 청년들이 함께 모여 사는 곳입니다. 아침에 몇 시에 일어나도 상관없고, 다른 사람과 이야기를 나누고 싶을 때는 함께 이야기를 나누고, 혼자 있고 싶을 때는 방해 받지 않을 수 있는 곳이죠."

34세의 입주민 이시이 씨가 공동 거주시설에 대해 친절하게 설명해주었다. 그는 어렸을 때 공부를 좋아하던 우등생으로, 초등학교 교사를 꿈꾸며 대학에서 교육학과를 전공했다. 하지만 교육 실습을 하는 과정에서 교사와 학부모 사이의 갈등과 알력 다툼을 보고 교사의 꿈을 접었다. 대학을 중퇴하면서 우울증이 찾아왔고, 히키코모리 생활을 하던 중 와카야마현의 쿄세이샤에 대해 알게 되어 9년 전 이곳으로 이주했다. 10년 넘게 니트족 생활을 이어오고 있는 그는 여전히 정상적인 사회생활에 대한 미련이 있지만, 현재는 시골 생활에 만족하며 자신의 속도에 맞춰 살아가고 있다.

"저에게 잘 맞는 인간관계가 형성된 곳에서 일한다면 분명 즐거울 거예요. 하지만 현실적으로 그렇지 않은 곳에서 일하게 될 가능성이 크잖아요. 그런 환경에서 일하게 되면 감당하기 어려울 정도로 힘들어서, 마음에 병이 생길 것 같아요. 이곳에 사는 청년들 대부분이 그런 경험을 겪은 끝에 이곳으로 오게 되죠."

이곳에서 생활하는 청년 중에는 정상적으로 학교를 졸업하고 사회에 진출했지만, 직장 내 인간관계의 어려움이나 과도한 경쟁 등으로 인해 몸과 마음이 지쳐 니트족의 삶을 택하는 경우가 많았다.

와카야마현에 자리한 이 니트족 공동체에 대해, 시골 마을 현지 주민들의 평판은 좋은 편이었다. 인구 과소화와 고령화가 심각하게 진행된 시골 마을에선 일손이 부족하기 마련이다. 이곳에 정착한 니트족 청년들이 농번기에는 풀베기 작업에 투입되어 아르바이트 일당을 받아 가기도 한다. 마을 주민들 역시 일손이 필요할 때 도움을 줄 수 있는 존재라는 점에서 반가운 마음을 갖고 있으며, 청년들이 마을에 머무는 것만으로도 고마움을 느끼고 있다. 마을 주민 나가이 씨는 이렇게 말했다.

"도시에서 히키코모리로 고립되어 사는 것보다는 이런 자연환경에서 여럿이 같이 생활하는 것이 본인에게도 도움이 될 거라고 생각합니다. 노인밖에 없는 산골 마을에 이렇게 청년들이 와서 살아주고, 때로는 일손이 되어주는 것이 정말 큰 힘이 됩니다."

지역사회와 함께 자립을 꿈꾸다

코로나19 대유행 이후, 일본 기업들은 경기 회복과 물가 상승, 인력 부족 문제에 직면하고 있다. 경기가 좋아지고 일자리가 늘어나면 자연스럽게 니트족 문제가 해결될 것이라는 기대도 있지만, 이는 현실과 거리가 있다. 일본 사회에서 표준적인 노동방식은 1일 8시간 근무에 필요시 잔업을 포함하는 형태다. 하지만 니트족 중 상당수는 이처럼 획일적인 근무 형태와 사회적 속박에서 벗어나기를 원하는 경향이 있다. 이에 대해 일부 전문가들은 니트족 문제 해결을 위해서는 보다 유연한 노동시간과 다양한 형태의 일자리를 마련하는 것이 필요하다고 지적한다. 즉, 기존의 표준적 노동방식에서 벗어나 다른 노동방식을 원하는 사람들도 포용할 수 있는 구조를 마련해야 한다는 것이다. 이와 더불어 청년의 사회적·경제적 자립을 지원하는 제도적 환경을 조성하는 것 역시 중요하다고 강조하고 있다.

이에 지역사회에서는 은둔형 외톨이, 따돌림, 등교 거부, 비행, 폭력 행위 등 청소년 문제에 대응하기 위해 다양한 기관과 연계해서 종합적 상담과 지원 대책을 마련하고 있다.

가나가와현의 경우, 청년들이 겪는 다양한 고민을 수용할 수 있도록 '청년종합상담센터'를 설치해 일차 상담창구 역할을 수행하고 있다. 이 상담센터에는 교육·복지·경찰 분야의 전문 인력뿐만 아니라 임상상담사, 사회복지사, 진로상담가가 상시로 청년들의 상담을 진행하고 있다. 또한 와카야마현의 사례에서 알 수 있듯, 정부의 정책적 노력과는 별개로 시민단체와 지역사회의 주도적인 역할도 문제 해결에 매우 중요한 요소로 작용하고 있다.

특히 와카야마현의 특정비영리활동법인NPO의 활동은 주목할 만하다. 이들의 지속적인 지원을 통해, 전국 각지에서 모여든 니트족 청년들이 공동체를 이루고, 자립적인 삶을 꾸려가며 사회로 복귀하는 사례들이 나타나고 있다. 이러한 흐름 속에서 상담기관, NPO 등 민간단체와의 긴밀한 연계를 통해 청년들의 심리적 안정과 사회적 성장을 뒷받침할 수 있는 지역 기반을 마련하는 일이 니트족 문제 해결을 위한 하나의 실마리가 될 수 있다.

부모에 기대어 사는 '패러사이트 싱글'

일본에서 '기생적 독신'을 뜻하는 '패러사이트 싱글Parasite Single'이라는 단어가 본격적으로 등장하기 시작한 것은 1990년대, 일본 경제의 거품이 붕괴되어 정규직 일자리가 급감하면서이다. 이 표현은 1999년 주오대학교의 야마다 마사히로 교수가 펴낸 《패러사이트 싱글의 시대》에서 이름을 따왔다.

'패러사이트 싱글'은 성인이 되었음에도 경제적으로 자립하지 못하고, 부모와 함께 살며 식비·주거비·생활비를 부모에게 의존하는 독신 성인을 일컫는다. 학교를 졸업한 후에도 안정적인 직장을 얻지 못해 경제적 독립이 어려운 청년층이 1990년대 초반부터 점차 늘어나면서, 이러한 현상이 하나의 사회적 문제로 부각되기 시작했다.

일본 경기 침체가 20년 이상 이어지자, 20~30대였던 당시의 패러사이트 싱글들은 이제 중장년층이 되었다. 1980년에는 약 18만 명 정도로 추산되었는데, 현재는 35~49세 패러사이트 싱글이 약 180만 명에 달한다. 이 중에서도 의식주 등 기본적인 생활을 부모에게 의존하는 이들이 30만 명이 넘는 것으로 알려져 있다. 더 큰 문제는 이들이 의존하고 있는 부모 세대가 이미 70~80대 고령층에 접어들어서, 10~20년 뒤에 부모 세대가 세상을 떠나면 중장년이 된 패러사이트 싱글들의 삶이 위태로워진다는 것에 있다.

'폐를 끼치느니, 아들을 죽인 살인범이 되겠다'

중년의 자식이 고령의 부모에게 의존하는 생활이 계속되다가 비극으로 이어진 사건도 있다. 2019년 여름 70대의 전직 고위 관료가 은둔형 외톨이자 패러사이트 싱글로 생활하던 중년 아들을 살해한 사건이 발생했다. 기후현 출신의 은퇴한 구마자와 히데아키는 도쿄대학교를 졸업하고 농림수산성에서 사무차관을 역임했으며, 2005년부터 2008년까지 주駐체코 대사를 지낸 엘리트였다. 구마자와는 직업이 없던 장남과 오랫동안 갈등을 겪어왔는데, 아들이 중학교 시절부터 가정 내 폭력을 저지른 것으로 알려졌다. 44세가 될 때까지도 백수로 지내던 아들은 아버지에게 "당신은 나를 낳은 아버지로서 나를 부양할 책임이 있다"라고 주장하며 한 달에 40만 엔 이상을 용돈으로 받아 게임에 탕진하기도 했다.

사건 당시 구마자와의 장남은 집 근처 초등학교 운동회에서 들려오는 소리가 게임에 방해된다며 크게 화를 냈고, 칼을 들고 격렬하게 분노를 표출했다. 이 과정에서 아버지와 심한 말다툼이 벌어졌고, 아들은 아버지를 구타하기 시작했다. 구마자와는 '이러다가 아들이 주변 이웃이나 아이들에게 끔찍한 일을 저지를지도 모른다'는 두려움이 들기 시작했다. 폭주하는 아들을 말리던 중, 결국 칼로 장남을 여러 차례 찔렀다. 심한 자상을 입은 아들은 병원으로 이송되었으나 과다출혈로 한 시간 만에 숨졌다. 신고를 받고 출동한 경찰에게 자수한 구마자와는 사건 경위를 다음과 같이 설명했다.

"주위에 폐를 끼쳐서는 안 된다고 생각했습니다. 아들이 칼에 찔려 죽어가는 상황에서 만약 기적적으로 살아난다면, 나를 해칠 것이 분명했습니다. 만약 내가 죽는다면 이웃과 아이들에게 끔찍한 일이 일어날 것이라 판단했습니다. 그래서 '이웃에게 폐를 끼치느니 내가 아들을 죽인 살인범이 되겠다'라는 생각으로 아들을 찔렀고, 사망한 것을 확인하고 자수했습니다."

이 사건을 계기로 일본 사회에서는 40대 이상의 중년 자식들이 부모에게 의존하며 가정 내에서 폭언과 폭력을 일삼는 문제가 심각한 사회 문제로 드러났다. 사건의 가해자인 아버지는 살인죄가 인정되어 징역 6년을 선고받았다.

이 사건 이후 일본의 NPO 등 여러 비영리 단체들은 중장년 패러사이트 싱글의 자립을 돕기 위해 좌담회와 세미나를 개최하며, 이들이 부모가 사망했을 경우 자립할 수 있도록 필요한 교육을 제공하고 있다. 니트족과 은둔형 외톨이 문제 해결에 힘쓰는 오하시 후미노부 씨는 패러사이트 싱글의 잠재적 위험성에 대해 경고하고 있다.

"부모의 연금에 의존하는 패러사이트 싱글은 부모에게 배분되어야 할 노령 연금을 자신들이 우선적으로 사용하는 바람에, 사회적 연금 제도의 역할이 축소될 위험이 큽니다. 지금 40~50대 중년 패러사이트 싱글들은 부모가 사망한 후 어떤 문제를 일으킬지 예측하기 어려운 폭탄과 같은 존재입니다. 이들의 문제를 해결하기 위해 국가 차원의 대책과 사회적 역할이 어느 때보다 절실한 시점입니다."

연애와 결혼, 출산의 선순환이 무너지고 있다

최근 일본에서는 '연애, 결혼, 출산'으로 이어지는 전통적인 삶의 흐름이 약해지면서, 이른바 '패러사이트 싱글' 문제에 대한 사회적 우려가 커지고 있다. 이에 대응해 일본 정부는 저출산 문제 해결을 위한 새로운 재정 대책으로 '자녀·육아 지원금' 제도를 2026년 4월부터 도입할 계획이다.

'자녀·육아 지원금'은 건강보험료에 추가되는 형태로 부과되며, 그 명칭과는 달리 실제로는 세금에 가까운 성격을 지닌다. 이 제도는 모든 건강보험 가입자에게 고르게 부과되지만, 육아 중인 세대에게만 직접적인 지원 혜택이 돌아간다. 반면 부모와 함께 거주하거나, 결혼하지 않고 혼자 사는 사람들은 보험료를 더 내면서 실질적인 혜택은 받지 못한다.

이로 인해 일본 사회에서는 '부모의존세' 혹은 '독신세'라는 별칭이 붙으며 논란이 일고 있다. 물론 이는 공식 명칭이 아니라 일반 시민들 사이에서 퍼진 속칭에 불과하다. 일본 정부는 이 제도를 통해 저출산 문제를 사회 전체가 함께 해결해야 할 과제로 인식하고 있으며, 특히 우리나라의 여성가족부에 해당하는 기관인 일본 '어린이·가정청'은 "아이를 키우는 사람뿐 아니라 아이가 없는 사람, 이미 자녀를 다 키운 사람까지 모두가 저출산 문제 해결에 기여해야 한다"라고 강조하고 있다.

'자녀·육아 지원금'은 향후 단계적으로 확대돼 2028년까지 연간 약 1조 엔 규모의 재원을 마련할 예정이다. 그 재원은 아동수당 확대, 육아휴직 지원금 인상, 보육시설 확충 등 다양한 저출산 대책에 투입될 계획이다. 이처럼 일본 정부는 독신 여부를 불문하고 사회 전체가 육아에 기여하는 구조를 만들겠다는 목표를 가지고 제도를 추진하고 있다.

건강보험료에 추가되는 '자녀·육아 지원금' 세액으로 0~18세를 위해 확충되는 누적 지원금은 아이 1인당 평균 146만 엔이 될 것이라 예측하고 있다.

일본 후생노동성의 발표에 따르면, 2023년 일본의 결혼 건수는 90년 만에 50만 건 이하로 떨어져 역대 최저 수준을 기록했다. 신종 코로나바이러스의 유행으로 데이트 기회가 급격히 줄어든 데다, 경제적 어려움으로 인해 청년들이 결혼을 포기하는 상황이 심화되고 있다. 안정적인 일자리를 구하지 못한 젊은 세대는 경제적인 궁핍과 생활 불안, 미래에 대한 걱정 때문에 연애를 포기하고, 자의 반 타의 반으로 독신으로 내몰리는 경우가 많다. 이러한 배경에서 연애에 소극적인 '초식남草食男', '건어물녀干物女'라는 신조어가 등장했다.

최근 일본에서는 경제적 이유로 연애를 포기하는 경우보다, 연인의 필요성을 느끼지 않아 아예 연애를 하지 않는 경우가 늘고 있다. 스마트폰 등 디지털 기기의 보급으로 젊은이들은 온라인 만남을 즐기고, SNS를 통해 언제 어디서나 관심사를 공유하며 활발히 소통하고 있다. 이들은 OTT 플랫폼에서 다양한 콘텐츠를 감상하고, 인터넷으로 정보를 탐색하며, 온라인 채팅과 게임을 즐기는 등 지루할 틈 없이 시간을 보내고 있다. 이제 청년들은 연인이 없어도 즐길 것이 많아 외롭지 않고 혼자서도 심심하지 않게 시간을 보낼 수 있는 환경이 갖춰진 사회에서 살고 있다. 이에 따라 일본 청년들 사이에서는 더 이상 연애를 행복과 자아실현의 필수조건이라고 생각하지 않는 경향이 확산하고 있다. 이러한 풍조 속에서, 현대 사회를 지탱해온 결혼제도가 위협을 받고 있는 것이다.

일본 내각은 저출산 문제를 해결하기 위해 다양한 정책을 펼치고 관련 법안들을 정비했다. 하지만 일본 청년들의 연애관과 결혼관 변화에 어떻게 대처할지, 그들이 안고 있는 미래에 대한 불안감을 어떻게 해소할지에 대해서는 뚜렷한 해결책을 제시하지 못하고 있다.

연애와 결혼 그리고 출산이라는 선순환을 이루며 사회가 작동하던 시대는 점차 지나가고 있다. 지속 가능한 사회를 고민하며 결혼과 출산을 장려하는 일은 기성세대의 중요한 과제지만, 일본 사회는 과거보다 훨씬 더 복합적이고 다층적인 문제들에 직면해 있다. 정책적 차원에서 연애·결혼·출산 지원책을 적극적으로 시행하는 것뿐 아니라, 다변화하는 사회에 발맞추어 고차원적인 해결책을 끊임없이 모색하고, 새로운 문화와 풍토를 조성하는 것이 무엇보다 중요한 시대를 맞이하고 있다.

청년, 고령화 국가의
마지막 자산

　청년들의 일자리 문제가 사회문제로 떠오르는 가운데, 일본 사회는 청년들의 취업 의욕을 높이는 동시에 양질의 일자리를 제공하는 것을 중요한 과제로 인식하게 되었다. 이에 일본 정부는 2003년 '청년자립·도전플랜'을 시작하면서 다양한 법령과 정책을 마련하여 니트족·프리터족의 자립 지원, 정규직 전환 촉진, 은둔형 외톨이 문제 해결에 힘쓰고 있다.

　우선 청년을 대상으로 다양한 취업 지원 프로그램을 적극적으로 운영하여 여러 분야에서 청년들의 참여를 독려하고, 이들의 경제적 기회를 확대하는 방향으로 추진하고 있다.

　또한 청년들이 안정적인 일자리를 얻을 수 있도록 취업 교육과 훈련을 지원하는 프로그램을 제공하며, 기업이 청년을 고용할 경우 인센티브를 제공하는 정책도 함께 시행하고 있다. 또한 정부와 민간 기업이 협력해 취업 정보 제공, 구직 상담, 면접 지원 등 취업 소개 서비스도 활발히 운영하고 있다. 코로나19 팬데믹 이후 일본 경제가 서서히 회복되면서, 이러한 정책을 운용한 덕분에 청년층의 취업률도 점차 상승하는 추세를 보이고 있다.

청년의 일자리와 주거를 해결하기 위한 노력들

NHK의 보도에 따르면 지난 2024년 10월 기준으로 2025년 졸업 예정 대학생의 취업 내정률이 95.9퍼센트로, 전년도보다 3.9퍼센트 상승한 것으로 집계되었다. 물론 임금 수준, 고용의 안정성, 비정규직과 정규직 여부 등 다양한 논란이 있지만, 수치상으로는 일본 청년의 취업률이 개선되고 있음을 보여준다.

또한 일본 후생성이 위탁한 '지역 청년 서포트 스테이션'은 현재 취업하지 않은 청년들에게 상담·구직 지원·정보 제공을 통해 일할 의욕을 북돋우고, 취업 후 직장에 안정적으로 정착할 수 있도록 전문가 상담을 지원하는 맞춤형 프로그램을 운용하고 있다. 이 프로그램을 통해 1년 내 취업 성공 비율이 85.6퍼센트에 달하는 성과를 거두고 있다.

청년 지원책 중 하나로 일본 정부는 스타트업 기업과 창업을 적극 지원하고 있다. 청년들의 창업을 촉진하기 위해 창업 지원금 제공과 저금리 대출 프로그램을 운영하며, 창업 초기에 세금 감면 혜택을 제공한다.

또한 벤처 투자에 대한 세액 공제 등 다양한 세제 지원도 함께 시행 중이다. 이와 더불어 스타트업을 위한 금융 지원도 청년들에게 제공하고 있다.

일본 정책금융공사 Japan Finance Corporation, JFC는 창업자금을 지원하는 프로그램을 운영하며, 저금리 대출과 다양한 금융상품을 통해 청년들의 창업자금 확보를 돕고 있다. 또한 디지털 기술, IT, AI 기반 기술에 대한 교육을 강화해 20~30대 청년들이 급변하는 경제 환경에 대응해 경쟁력 있는 인재로 성장할 수 있도록 지원하고 있다. 최근에는 일본과 OECD 주요 국가 간 임금 격차로 인해 해외 취업이나 해외 창업을 희망하는 청년들이 늘어남에 따라, 이들을 국내로 유인하기 위한 정책도 병행하고 있다.

청년 주거 지원책도 중요한 지원 정책 중 하나이다. 일자리가 집중된 일본 도심의 높은 주거비 문제를 해결하기 위해, 청년들을 대상으로 저렴한 임대주택 제공과 정부가 지원하는 주택 보조금 지급 등 다양한 주거 지원정책이 시행되고 있다. 예를 들어, 가나가와현의 아츠기시에서는 전입하거나 시내에 거주하며 육아 중인 청년세대가 주택을 취득할 경우, 보조 사업을 통해 주택 취득 비용의 일부를 지원하고 있다.

일본의 청년층에 대한 공공주택 지원에서 주목할 점은 공공주택 입주세대 요건에 '지방공공단체가 지방주택계획에서 정하는 세대'에 청년층을 포함했다는 것이다. 이것은 공공주택 입주를 위해 '배려가 필요한 세대'뿐만 아니라 각 지방자치단체가 지역별 필요에 따라 입주자

● 청년 빈곤 해소를 위한 맞춤형 주거지원 정책방안(한국보건사회연구원, 2016)

자격요건을 결정할 수 있음을 의미한다. 이에 따라 각 지자체에서는 이 조항을 활용해 청년층을 대상으로 주택을 제공하는 사례가 증가하고 있다. 즉 주택정책에서 청년층을 우선적으로 배려해야 할 대상으로 인식하고 있다는 것이다. 다만, 이러한 정책은 주로 대도시가 아닌 지방의 외곽 지자체를 중심으로 추진되는 경우가 많다. 주로 해당 지역 출신 청년의 'U턴'(도시로 떠났던 청년이 고향으로 돌아와 정착하는 것)을 촉진하거나, 다른 지역 출신 청년의 'I턴'(새로운 기회를 찾아 지방으로 이주하는 현상)을 지원하는 사업의 일환으로 진행된다.

지방소멸을 막는 '지역살리기협력대'

일본의 다양한 청년 고용 지원정책 중에서 비교적 성공한 한 가지 정책은 '지역살리기협력대'이다. 이 제도는 일본 총무성이 2009년부터 운영해온 것으로, 처음에는 도시 거주자가 지방의 인구 감소 지역으로 이주하여 일정 기간 지역사회 개발과 관련된 업무를 지원하는 데 초점을 맞춰왔다. 보통 1~3년간 지자체 소속의 계약직 공무원 형태로 활동하며 그에 상응하는 급여를 받았다. 초기에는 소수의 대원이 활동했으나, 시간이 지나면서 참여하는 대원과 이 제도를 적극 도입하는 지방자치단체의 수가 크게 증가했고, 이에 따라 제도의 효과도 눈에 띄게 확대되고 있다.

지역살리기협력대 대원들은 대부분 20대와 30대의 젊은 인력들로 구성되어 있다. 이들은 지역 내 사회적·경제적 문제를 해결하기 위해

지역 문제를 해결하기 위해 지원한 홋카이도 아사히카와시의 청년 협력대 대원.

다양한 분야에서 활동하고 있으며, 각 지자체의 필요에 맞춘 맞춤형 프로젝트를 수행하고 있다.

지역살리기협력대는 주요 활동으로 농업 지원, 관광 활성화, 지역사회의 고령화 문제 대응 등에 나서면서 지방의 지역사회에서 중요한 역할을 하고 있다. 예를 들어, 가고시마현 미나미사쓰마시는 협력대원을 활용해 폐교된 초등학교를 리모델링해 지역 창업 인큐베이터 공간으로 탈바꿈시킨 사례로 주목받았다.

가고시마현 남서부에 위치한 미나미사쓰마시는 과거 어업과 농업으로 번성했던 지역인데, 젊은 층이 빠져나가고 폐교도 늘어나면서, 지역 공동체의 활력이 급속히 저하되었다. 이러한 상황에서 미나미사쓰마시는 지역살리기협력대 제도를 적극 도입해, 도시 청년들을 지역에 유입시키는 전략을 세웠다. 그 중심에는 폐교된 초등학교 건물을 활용한 '지역 창업 인큐베이터' 프로젝트가 있었다.

이 프로젝트의 핵심은 지역 장인과 협력대원이 함께 운영하는 공방형 창작공간 조성이었다. 과거 학교 교실이었던 공간은 리모델링을 거쳐 도예, 목공, 섬유 공예 등 다양한 수공예 작업이 가능한 워크숍 공간으로 재탄생했다. 도시 출신의 청년 협력대원들은 이곳에서 지역 자원과 전통기술을 활용한 상품개발을 기획하고, SNS 마케팅과 온라인 스토어 개설 등을 통해 외부 소비자와의 접점을 만들어 나갔다. 특히 지역 출신 장인과 청년들이 협업을 통해 상품을 공동 제작함으로써, 단순한 인력 보완을 넘어 세대 간 기술 전수와 공동 창작이 이루어졌다는 점에서 긍정적인 평가를 받았다.

이 공간은 단순한 창작공간을 넘어, 지역 주민과 외지인이 소통하고 협력하는 커뮤니티 허브로 기능하고 있다. 계절마다 지역 특산물을 활용한 체험 워크숍이나 마켓 이벤트가 열리고, 지역 내 학교와 연계한 체험학습 프로그램도 운영되면서 지역사회와의 연계성이 깊어졌다. 나아가 협력대 활동을 마친 청년들이 이곳에 창업자로 정착해 새로운 브랜드를 론칭하거나, 지역 내 문화기획자로서 지속적인 활동을 이어가고 있다. 미나미사쓰마시의 이 사례는 청년 정착, 지역산업 활성화, 그리고 지역사회 재생이라는 선순환 구조를 실현한 대표적 모델로, 다른 지방자치단체에서도 벤치마킹 대상으로 주목받고 있다.

이러한 '지역살리기협력대' 프로그램은 단기적인 지역개발에 그치지 않고, 대원들이 지역에 정착하거나 이주하여 계속해서 지역사회에 기여하는 긍정적인 효과를 가져오고 있다는 점에서 큰 평가를 받고 있다.

실제로 대원의 약 60퍼센트는 임기 종료 후에도 해당 지역에 남아 지속적으로 활동하거나 사업을 창업하는 등 지역 경제에 장기적인 차원에서 기여를 하고 있다. 이는 단기적인 청년 인력 공급을 넘어, 지역의 지속 가능한 발전을 도모하는 효과적인 방안임을 보여주고 있다. 대도시 집중과 지역 불균형으로 지방소멸의 가능성이 커지고 있는 가운데, 지방자치단체가 자립적으로 지역 발전을 이끌어 나가는 토대를 만드는 중요한 정책으로 자리잡고 있다.

인구 절벽 시대에 일본 정부가 다양한 정책과 사회적 환경을 조성하며 청년들이 자신의 가능성을 최대한 발휘할 수 있도록 힘쓰는 이유는, 이들이 한 국가의 미래를 짊어지고 있는 중요한 세대이기 때문이다. 청년들이 지닌 창의적이고 혁신적인 아이디어와 열정은 일본 사회가 직면한 위기를 극복하고, 새로운 미래사회를 구축하는 데 밑거름이 될 수 있다. 사회 전반에서 청년들의 의견과 참여를 적극적으로 반영하는 문화가 형성된다면, 일본은 인구 절벽이라는 도전을 오히려 새로운 기회로 전환하여 보다 탄력적이고 지속 가능한 사회를 모색할 수 있을 것으로 기대된다. 결국 청년들이 미래를 열어가는 주체로서 새로운 발전의 전환점을 만들어갈 수 있도록 지원하는 것이 중요하다고 할 수 있다.

11장

침몰을 막기 위한 구조선

출산율 2.95명 마을의 비밀

　일본의 합계출산율은 2016년부터 8년 연속 감소하며 매년 역대 최저치를 경신하고 있다. 일본 후생노동성이 최근 몇 년간 발표한 통계 자료는 저출산 문제가 얼마나 심각한지 명확히 보여준다. 2023년 '인구동태통계'에 따르면 합계출산율은 1.20명으로, 1947년 관련 통계 작성 이래 가장 낮은 수준을 기록했다. 2024년 출생자 수는 720,988명으로, 9년 연속 사상 최저치를 경신했다. 저출산 문제가 심화하면서 인구의 안정적 유지가 어려워지자, 일본은 OECD 국가 중에서도 비교적 일찍부터 저출산 문제 해결을 위해 다양한 대책을 추진해왔다.

　대표적인 정책 중 하나가 다자녀 가정에 대한 금전적인 지원책이다. 2024년 10월부터 부모의 소득 수준과 관계없이 아동수당을 지급하기로 결정했다. 3세 미만의 모든 자녀에게 월 15,000엔, 3세 이상부터 고등학교 졸업 전까지의 첫째나 둘째 자녀에게는 월 10,000엔을 지급한다. 세 번째 자녀 이상에 대해서는 월 30,000엔으로 지원금이 인상되었다. 2025년부터는 세 자녀 이상을 둔 가정의 자녀가 대학에 진학하면 학비 전액을 면제하는 정책도 시행하고 있다. 이러한 금전적인 지원이 실제로 출산율을 높이는 데 긍정적인 영향을 미치고 있을까? 일본의 심각한 저출산 문제와 그 해결방안을 취재하기 위해, 전국에서 가장 출산율이 낮은 지역과 가장 높은 지역을 각각 찾아가, 출산율에 영향을 미치는 중요한 요인이 무엇인지 분석해보았다.

"30년 안에 마을이 사라질 수도 있다"

먼저 찾아간 곳은 군마현 남서부에 위치한 작은 마을, 난모쿠무라다. 2020년 인구조사에서, 이 마을의 노년 인구 비율이 65.2퍼센트에 달해 일본 자치단체 중 고령화율이 최고치를 기록했으며, 유소년 인구 비율은 4.6퍼센트로 전국에서 제일 낮았다. 또한 민간 싱크탱크 '일본창성회의'는 2014년 소멸 가능성이 높은 시市, 정町, 촌村 중에서 가장 위험한 지역이라고 예측하기도 했다.

난모쿠무라는 산이 많기로 유명한 나가노현과 인접해 사방이 산으로 둘러싸인 시골 마을이다. 차량으로 이동하는 동안 마을 주변 곳곳에 빈집이 쉽게 눈에 띄었다.

마을의 행정을 책임지고 있는 하세가와 세이죠 촌장은 젊은 인구 유입을 위해 지금까지 여러 정책을 펼쳐왔지만, 큰 효과를 보지 못했다며, "30년 안에 마을이 사라질 수도 있다"는 우려를 전했다. 그는 또한 인구 소멸 위험에 직면한 지자체들이 경쟁적으로 인구 유입에 혈안이 되어 서로 쟁탈전을 벌이는 현실을 비판했다.

"30년 전에는 4,300~4,400명이었던 마을 인구가 현재는 1,600여 명으로 3분의 1 수준으로 줄었습니다. 초등학교와 중학교 학생 수를 모두 합쳐도 25명밖에 되지 않고, 신생아까지 포함하면 50명이 됩니다. '우리 마을로 전입하면 재정적 지원을 해주니 아이 키우기가 쉽다'며 젊은 사람들을 두고 서로 경쟁하는 것은 의미가 없습니다. 인구가 없는데 서로 빼앗고 뺏기는 제로섬 게임일 뿐입니다. 행정기관도 인구 유입으로 이득을 보지 못하고, 지자체 차원에서도 저출산 문제 해결에 큰 효과를 내지 못하고 있습니다."

난모쿠무라에서는 고육지책으로 마을로 이주하는 사람들을 늘리기 위해 이주 코디네이터를 두기 시작했다. 이주 코디네이터는 주민센터에서 고용한 직원으로, 난모쿠무라로 이주를 원하는 사람들에게 거주할 수 있는 빈집을 소개하고 이주민의 정착을 돕는 역할을 하고 있다. 마침 난모쿠무라 주민센터를 방문했을 때, 이주 코디네이터로 일한 지 약 두 달 된 오이가와 사토미 씨가 이주 예정자를 지원하는 현장을 취재할 수 있었다. 난모쿠무라에서는 대략 200만 엔 정도면 상태가 괜찮은 빈집을 구해서 수리 후 거주할 수 있다고 한다. 오이가와 이주 코디네이터가 이주 예정자와 함께 2층짜리 전원주택을 둘러보았다. 계곡을 내려다볼 수 있는 전망 좋은 집이었다.

"저희가 소개할 수 있는 빈집 중에는 이렇게 깨끗한 곳이 많지 않아요. 집이 오래되어 먼지가 쌓여 있고 옛날 농기구와 바구니가 굴러다니는 집들이 대부분이죠."

집의 외관과 내부를 둘러본 이주 예정자인 요코사와 아츠시 씨도 이 집에 만족하는 표정이다.

"저는 사실 농사에 관심이 많습니다. 빈집을 구하게 되면 은퇴하기 전까지는 재택근무를 하면서 현재 일을 계속하려고 합니다. 재택근무를 하면 시간이 많이 생기니까, 난모쿠무라에서 여러 사람과 이야기를 나누고 정보를 얻으면서 농업이나 임업과 관련된 일을 조금씩 시도해 보고 싶네요."

이주 코디네이터들의 노력 덕분에 난모쿠무라에는 중장년층 이주자들이 빈집을 사들여 정착하기 시작했다. 그러나 이주 코디네이터 오이가와 씨는 젊은 이주자나 육아 세대가 늘어야 하는데, 은퇴를 앞둔 사람들의 이주 문의가 많다고 이야기한다.

난모쿠무라가 안고 있는 가장 큰 과제는 육아 세대의 유입 방법을 찾는 것이다. 고령층의 정착이 지역 공동체의 안정에는 도움이 되지만, 마을의 장기적인 활력을 위해서는 어린 자녀를 둔 가구와 청년층의 유입이 필수적이다. 이를 위해서는 단순한 금전적 지원을 넘어서는 종합적인 접근이 필요하다. 취재를 하면서 안정적인 고용 환경 조성, 육아와 일을 병행할 수 있는 사회적 기반 시설 구축, 그리고 육아 세대를 지원하는 문화가 함께 뒷받침되지 않으면, 일시적인 혜택만으로는 젊은 세대의 삶의 선택을 바꾸기 어려운 상황임을 알 수 있었다.

지역의 미래를 사람에게 투자하라

난모쿠무라에서의 취재를 마친 후 향한 곳은 오카야마현의 나기초였다. 이곳은 일본에서 가장 높은 출산율을 기록하는 지역으로 유명하다. 마을 초입에는 '아이 키우는 것을 응원하는 마을, 나기초'라는 대형 플래카드가 걸려 있다. 아이를 키우는 데 지원을 아끼지 않는 마을임을 강조하고 있다. 오카야마현 나기초의 출산율은 지난 2019년에 2.95명으로, 일본 전국에서 가장 높은 수치를 기록했다. 2021년에는 2.68명, 2022년에는 2.21명으로 비교적 높은 수준을 안정적으로 유지하고 있다. 높은 출산율의 배경에는 육아 세대에 대한 지자체의 적극적인 지원 정책이 크게 작용하고 있었다. 출산율의 비결을 살펴보기 위해 먼저 나기초의 보육시설인 '차일드 홈'을 찾았다.

직장에 다니는 부모 세대를 지원하기 위해 마련된 지역 보육시설에서는 자격증을 갖춘 전문 보육교사들이 미취학 아동을 돌보고 있었다. 폐교된 초등학교 건물을 현대적으로 리모델링한 이 보육시설은 오전 9시부터 11시 30분까지 아이를 맡길 수 있으며, 이용 비용은 전액 지자체에서 부담하고 있다.

나기초는 육아 세대를 위해 보육시설 운영비에 인건비, 전기요금, 수도요금 등을 포함해 연간 약 3천만 엔 정도를 지원하고 있다. 이와 더불어 재택 육아 지원수당과 불임치료 지원책도 마련되어 있으며, 신생아부터 18세까지는 예방 접종비 등 의료비에 대한 자기부담금을 전면 면제하고 있다. 또한 고등학생 자녀를 둔 가정을 위해서는 3년간 27만 엔의 학비 보조금을 지원하는 등, 출산에서부터 고등학교 교육까지 단계

미취학 아동을 돌봐주고(위), 주택을 지원(아래)하면서 출산율을 높인 나기초 마을.

별로 세심하게 세분화된 지원책을 운영하고 있다.

이 밖에도 나기초에서는 육아 중인 여성들을 위해 단기 일자리나 아르바이트를 소개하는 자체 직업소개소 '시고토엔'을 운영하고 있다. 이곳에서는 육아와 병행할 수 있는 다양한 일자리를 제공하며, 매년 수백 건에 달하는 일자리 연결 실적을 기록하고 있다.

이뿐만 아니라 다양한 방면에서 나기초 주민에 대한 지원이 이루어지고 있다. 가장 중요한 정책 중 하나는 주택 지원사업이다. 젊은 세대와 육아 세대의 이주를 돕기 위해 마을에 총 21채의 공영주택을 건립했다. 민간업체와 협력하여 40세 이하 주민 또는 초등학생 이하 자녀를 둔 세대가 거주할 수 있도록 공영주택 단지를 조성한 것이다. 이는 젊은 세대가 마을로 이주해 자녀를 낳고 키우기 좋은 환경을 만들기 위해, 지자체가 미래를 내다보고 설계한 핵심 시설이라 할 수 있다.

오카야마현 나기초는 출산율 증가를 위해 20년 이상 일관된 정책을 꾸준히 유지해왔다. 단기 처방이 아닌 장기적 안목으로 저출산 문제에 대응해온 것이다. 나기초 정보기획과 참사관인 모리야스 에이지 씨는 다음과 같이 말했다.

"각 지자체가 흔들림 없이 인구 유입을 위한 정책을 꾸준히 추진하는 것이 중요합니다. 나기초도 저출산 대책과 육아 세대 지원책을 마련해서 20년 넘게 변함없이 이어오고 있습니다. 자치단체장이 바뀌어도 이 정책은 계속 유지되고 있습니다. 아이를 낳고 키우며 교육하는 부분이 가장 중요한 만큼, 행정 인력 감축이나 의원 수 축소, 도로나 건물 공공공사 비용을 줄여 '사람'에 투자하는 예산을 조금씩 늘려왔습니다."

지방소멸의 경고등이 켜진 지금, 일본의 각 지자체는 마을의 출산율을 높이고 마을로의 이주자를 늘리기 위해 다양한 노력을 기울이고 있다. 나기초의 사례를 통해 알 수 있듯이, 출산율을 높이고 인구 유입을 가져오는 정책은 단발성 지원이 아니라 장기적이고 일관된 철학 아래 꾸준히 추진되는 것이 중요하다. 단순한 재정 투입만으로는 큰 변화를 기대하기 어렵지만, 지역의 미래를 '사람'에 대한 투자로 설정하는 분명한 우선순위와 흔들리지 않는 정치적 의지가 뒷받침된다면 인구 소멸의 흐름 속에서 유의미한 변화를 만들어낼 수 있을 것이다. 나기초의 출산율 반등은 단순한 수치상의 변화가 아니라, 지방소멸 위기를 막고 지역 공동체의 지속 가능한 재생을 이끄는 출발점이라 할 수 있다.

연 소득
103만 엔의 벽

 최근 일본에서는 '레이와_{令和}의 쌀 소동'이라고 불리는 사상 초유의 사태가 발생했다. 2025년 들어 쌀값이 전년도 대비 70퍼센트 넘게 치솟은 것이다. 쌀 생산량은 늘었는데 시장에 유통되는 쌀이 줄어드는 공급 부족 현상이 발생하면서, 2023년 5킬로그램당 2,500엔이던 쌀값이 2024년부터는 3,000엔을 넘어섰다. 상승세를 이어가며 2025년 5월에는 4,285엔을 기록하기도 했다. 고이즈미 신지로 신임 농림수산상은 급등한 쌀값을 잡기 위한 대책 마련에 박차를 가하고 있다. 정부 비축미 판매를 공개 입찰이 아닌 수의계약으로 전환할 계획도 모색 중이다. 공개 입찰은 예상보다 높은 가격에 낙찰되거나 투기 세력이 개입할 우려가 있기 때문이다. 또한 쌀값 하락까지 정부 비축미를 계속적으로 방출

할 계획을 추진 중이다.

실제로 쌀 가격이 급등하자 일반 서민들의 생활 부담이 크게 늘기 시작했다. 식당에서는 '밥 무료 추가' 서비스와 '밥 양 많음' 메뉴가 사라지고, 공깃밥 한 그릇의 가격도 인상하기 시작했다. 일본 지상파 방송에서는 점심값을 절약하는 방법이나 쌀 사용량을 줄여 도시락 비용을 아끼는 방법을 주제로 한 프로그램을 소개할 정도이다. 코로나19 팬데믹 이후 전 세계적으로 늘어난 유동성과 러시아-우크라이나 전쟁의 장기화로 물가가 급등하면서, 이미 서민 경제에 빨간불이 들어온 상황이었다. 이런 상황에서 최근 쌀 부족과 가격 급등은 일본 서민들의 분노를 사기에 충분했다.

'쌀 파동'과 '상품권 스캔들', 궁지에 몰린 일본 총리

일본인들은 최근 이어지는 물가 상승과 임금 정체에 큰 불만을 품고 있었다. 이런 상황에서 자민당의 불법 정치자금 문제가 불거졌다. 자민당 주요 파벌들은 정치자금 마련을 위해 파티를 개최하면서 의원들에게 파티 티켓 판매 할당량을 부여했는데, 할당량을 초과해 판매된 금액은 해당 의원들에게 환급되었음에도, 이 수입이 정치자금수지보고서에 누락되어 비자금으로 조성된 정황이 드러난 것이다. 자민당 5개 파벌이 2018~2021년까지 정치자금 모금행사 관련 보고서에 약 4천만 엔을 적게 기재했다는 의혹에 대해 수사가 진행되었다.

이 스캔들이 터지자 민심은 반발했고, 2024년 10월 하순 치러진 중의원 선거에서 그 분노를 표출했다. 중의원 선거에서 집권 자민당은 247석에서 56석이 줄어든 191석을 얻는 데 그쳤다. 전체 중의원 의석 수는 465석으로, 과반을 확보하려면 최소 233석이 필요하다. 하지만 24석을 차지한 공명당과 합쳐도 총 215석에 불과해 단독 과반 확보에 실패한 것이다. 이는 2009년 이후 15년 만의 기록적인 참패였다. 야당이 힘을 합쳐 과반을 차지할 경우 자민당 내각의 정책 추진에 제동이 걸릴 수 있는 상황이다. 새로 출범한 이시바 시게루 내각은 언제든 이런 위기에 직면할 수 있으며, 일부 언론에서는 이시바 총리가 최단명 총리가 될 가능성도 경고하고 있었다. 이런 와중에 2025년 3월 또 하나의 정치 스캔들인 '이시바 총리의 상품권 스캔들'이 터지며 정국은 더욱 불안해지고 있었다.

이시바 총리는 3월 3일 간담회를 앞두고 초선 의원 15명에게 10만 엔 상당의 상품권을 각 의원실에 배포했다. 당내의 지지 기반이 약한 이시바 총리가 초선 의원들의 환심을 사고 이들을 포섭하려 한 것이라는 의혹이 제기되었다. 일부 초선 의원실에서 상품권을 반납하는 과정에서 언론에 크게 보도가 되었다. 자민당 국회의원들의 불법 정치자금 스캔들로 총선에서 대패하고, 정치자금 개혁 논의를 진행 중인 상황에서 집권 여당의 총리가 불법 소지가 있는 행위를 했다는 비판이 거세졌다.

이에 대해 이시바 총리는 언론에 "자신의 사비로 기념품 대용 상품권을 준비한 것이다"라고 해명했다. 또한 정치활동과 관련된 기부가 아니기 때문에 정치자금 규정법상 문제 될 것이 없으며, 자신의 선거구에 거주하는 의원이 없어 공직 선거법에도 저촉되지 않는다고 주장했다.

하지만 취재 결과, 간담회에서 정치와 관련된 여러 대화가 오간 사실이 드러났고, 결국 초선 의원들은 받았던 상품권을 모두 반납했다. 당내에서도 혹독한 비판이 쏟아졌다.

결국 이시바 총리는 참의원 예산위원회에 출석한 자리에서 "법적으로 문제가 없다 하더라도 정치에 대한 불신을 초래한 것에 깊이 반성한다"라고 밝혔다. 이미 불법 정치자금 스캔들로 자민당에 대한 국민 신뢰가 크게 떨어진 상황에서 상품권 사건까지 겹치면서, 이시바 총리는 신뢰도에 큰 타격을 입게 되었다. 이에 야당은 물론 자민당 내에서도 총리 퇴진 요구가 나오고 있으며, 주요 정책을 둘러싼 야당과의 협상에서도 수세에 몰리고 있는 상황이었다.

2025년 3월 이시바 내각에 대한 지지율은 한 달 전보다 7퍼센트 하락한 23퍼센트를 기록하며, 내각 출범 이후 최저치를 경신했다. 사실상 '식물 내각'으로 전락한 이시바 총리는 취임 6개월 만에 퇴진 위기에 몰리기까지 했다.

분노한 시민들, 임금 인상을 외치다

당시 여론이 들끓기 시작하며 일본 국민들도 거리로 쏟아져 나와 총리의 퇴진을 요구하고 나섰다. 시민들은 거리에서 정치자금 규정법의 재개정을 촉구하는 한편, 물가 상승으로 어려워진 만큼 실질임금 인상을 호소했다.

'잃어버린 30년'을 겪어온 일본에서는 임금 상승을 막고 있는 '세 개의 벽'이 존재한다. 이 세 개의 벽이란 연간 소득이 각각 '103만 엔', '106만 엔', '130만 엔'을 초과할 때마다 임금과 수당 등이 제한되어 임금 상승을 억제하는 제도적 장치를 뜻한다. 이러한 제도적 억제 구조 때문에 일본에서는 그동안 실질임금 상승이 지체되어왔다.

연 소득이 103만 엔을 초과하면 세금과 사회보험 부담이 달라진다. 연 소득이 103만 엔 이하일 경우에는 근로소득 공제와 기본 공제를 통해 소득세를 면제받지만, 이를 초과하면 소득세가 부과되고 배우자 공제도 받을 수 없게 된다. 이는 곧 한 가구 전체의 세금 부담 증가로 이어진다. 이런 이유로 일본에서는 일부러 연 소득을 103만 엔 이하로 유지하려는 경향이 생겨났다.

106만 엔의 벽은 연 소득이 이 기준을 넘을 경우, 100명 이상을 고용한 사업장에 근무하는 근로자는 건강보험과 연금에 의무 가입해야 하므로 실수령액이 줄어드는 것을 말한다.

130만 엔의 벽은 배우자의 건강보험 피부양자로 등록될 수 있는 기준으로, 연 소득이 130만 엔을 초과하면 피부양자 자격을 잃고 건강보험료를 별도로 내야 하는 부담이 커진다.

이처럼 일본에서는 세금과 사회보험 부담을 피하기 위해 소득을 일정 수준 이하로 조절하려는 경향이 뚜렷하게 나타나고 있다. 이러한 현상은 일본 경제 전반에 부정적인 영향을 미치고 있으며, 특히 만성적인 인력 부족 상황에서 사람들이 세금 부담을 우려해 더 이상 일하기를 꺼리는 결과로 이어지고 있다. 이런 이유로 일부 기업들은 연봉이 103만 엔을 초과해도 실질소득이 줄어들지 않도록 별도의 지원금을 지급하는 등의 대책을 도입하고 있다. 그러나 여전히 103만 엔, 106만 엔, 그리고

130만 엔의 소득 기준은 특히 여성, 그중에서도 기혼 여성의 재취업을 어렵게 만드는 주요 장애물로 작용하고 있으며, 이는 가계 전체의 임금 상승에 큰 걸림돌로 작용하고 있다.

일본 정부도 이러한 문제를 인식하고 세제 개편을 통해 이 '세 개의 벽'을 제거하기 위해 여러 가지 노력을 해왔지만 보다 근본적인 대책이 필요한 상황이다. 자민당과 연립 여당인 공명당은 제3야당인 국민민주당과 함께 이를 개선하는 방안을 모색해왔다. 2024년 11월 하순, 세 정당은 경제 대책협의에서 '103만 엔의 벽' 해소를 위한 정책 방향에 합의했다. 특히 국민민주당은 근로소득자의 면세 기준을 103만 엔에서 178만 엔으로 올릴 것을 강력히 주장해왔고, 여당 측도 이를 2025년 회계연도 세제 개편 논의에 반영하기로 결정했다. 다만, 면세 기준이 상향될 경우 당장 세수 감소가 불가피하다는 점에서 우려의 목소리도 나오고 있다. 세수가 줄어들면 지방자치단체의 재정 운용에도 영향을 미쳐 행정 서비스의 질이 저하될 가능성이 있기 때문이다.

서민 가계의 경제적 자립을 위한 면세 기준 인상은 일본 세제 개편 논의에서 핵심 쟁점이 될 것으로 보인다. 중의원 선거 패배로 여소야대의 정국이 형성되면서, 이시바 내각은 불안정한 정치 지형 속에서 국정을 이끌어가야 하는 처지에 놓였다. 과반 의석 확보에 실패했기에 예산안이나 법안 처리를 위해서는 반드시 야당의 협력을 얻어야 하는 상황이다.

만약 야당이 결집해 내각 불신임을 제출하고 가결시킨다면, 이시바 내각은 총사퇴해야 하는 처지여서 생존을 위해서 야당과 협력하며 외줄타기하듯 위태로운 정국 운영을 이어가고 있다. 2012년 아베 전 총리가 민주당으로부터 정권을 탈환한 뒤, 자민당은 공명당과의 연정을 통해 안정적인 '1강 체제'를 유지해왔다. 그러나 중의원 선거를 통해 그 체제에 균열이 생긴 것이다. 이처럼 정치 지형이 요동치는 가운데, 이시바 내각이 어떤 정치적 노선과 연정을 통해 위기를 돌파해 나갈 것인지 모두의 관심이 집중되고 있다.

초고령화 시대의
재택의료

    일본은 세계에서 가장 빠르게 고령화가 진행 중인 나라다. 65세 이상 인구가 전체의 30퍼센트에 육박하면서 의료 현장에서는 전례 없는 위기가 현실화되고 있다. 암, 심혈관 질환, 뇌졸중, 치매, 골절 후유증 등 다양한 만성 질환과 복합 질환을 앓는 노인 환자가 급증하면서 기존의 입원 중심 의료체계는 한계에 직면했다. 병원 병상이 부족해지고, 의료진의 과중한 업무와 장기 입원에 따른 건강보험 재정 악화는 의료 붕괴에 대한 경고등을 켜고 있다. 실제로 고령 환자의 장기 입원으로 인해 일본 전체 의료비의 약 40퍼센트가 소수 중증 환자에게 집중되고 있다는 지적도 있다.

    이처럼 고령 환자가 넘쳐나는 가운데 일본 의료계는 병원이 감당할 수 없는 수요를 분산하고 환자의 삶의 질을 높이기 위한 현실적인 대안으로 '재택의료'에 주목하고 있다. 재택의료는 단순히 병원을 대체하는 개념을 넘어, 의료 서비스가 환자의 일상 속으로 들어가는 패러다임의 전환이다. 거동이 불편한 노인들이 병원 대신 자신의 집에서 진료, 간호, 재활 서비스를 받을 수 있도록 설계된 이 시스템은 의료 혜택의 확대임과 동시에 환자의 존엄한 삶을 지켜주는 수단으로 자리잡아가고 있다.

이러한 변화는 특히 심장질환, 뇌졸중, 치매와 같은 주요 고령 질환에 효과적으로 대응하기 위해 더욱 주목받고 있으며, 실제로 일본 각지에서 원격 진료와 방문 진료를 결합한 다양한 시도가 활발히 이루어지고 있다. 그 대표적 사례로, 도쿄 유미노 심장 클리닉의 재택의료 시스템이 있다.

"환자의 집이 병원이 되는 것이죠"

일본 신주쿠에 위치한 유미노 심장 클리닉은 비대면 원격 진료를 도입했다. 환자가 착용한 디지털 헬스케어 장치를 통해 산소 포화도, 체중, 심전도 등의 생체 데이터를 집에서 측정하고, 이를 병원이 원격으로 실시간 확인하는 방식이다.

특히 이 클리닉은 응급상황이 생기면 의사와 간호사가 직접 환자의 집으로 찾아가는 '방문 진료' 시스템도 운영 중이다. 간호사 출신 상담사들이 환자의 상태를 주기적으로 확인하고, 필요하면 진료팀을 파견해 심장병 치료와 재활을 돕고 있다.

현재 이 병원에서 관리 중인 환자는 도쿄도에 1,600여 명에 달하는데, 재택의료 관제센터에서는 원격 시스템을 통해 환자의 상태를 24시간 모니터링하고 있다. 응급상황 대응체계도 잘 구축되어 있어, 환자로부터 긴급 전화가 오면 상담 후 즉시 진료팀이나 치료팀을 신속하게 파견한다. 환자의 상태가 악화되는 경우에는 심장내과 전문의가 직접 모바일 심장 초음파 기기를 들고 방문해 진료하며, 휴대형 프린터로 처방전을 발행해 환자 가족이 약을 손쉽게 구입할 수 있게 한다.

초고령 사회로 접어든 일본에서 유미노 클리닉의 이 같은 재택진료 시스템은 노인들이 집에서 진료 서비스를 받을 수 있게 해주며, 병원은 입원 환자를 줄여 의료 자원의 효율성을 높이는 모범 사례로 자리 잡고 있다. 유미노 심장 클리닉의 원장은 방문 진료가 앞으로 의료 서비스의 중심축이 될 것이라고 전망했다.

"궁극적으로 환자의 집이 병원이 되는 셈이죠. 환자가 병원에 직접 방문할 필요 없이 집에서 편하게 진료를 받을 수 있다는 것이 큰 장점입니다. 의료 관제센터에서 디지털 헬스케어 장치를 통해 24시간 모니터링을 하고 있어서 병세가 악화되는 조짐을 조기에 발견할 수 있으며, 응급상황에는 신속한 방문 진료로 적절한 치료를 제공합니다. 환자 가족의 입장에서는 입원비 부담이 줄고, 사회적으로도 전체 의료비가 절감되는 효과를 얻을 수 있습니다."

일본에서는 고령 환자가 거동이 불편해 입원한 후, 결국 퇴원하지 못하고 병원에서 생을 마감하는 사례가 적지 않다. 이러한 장기 입원으로 인한 의료비 부담은 막대해서, 건강보험 재정 지출에 큰 부담을 주고 있다. 이러한 현실에서 병원이 아닌 집에서 진료를 받을 수 있는 재택의료는 초고령 사회 일본이 선택할 수밖에 없는 현실적인 대안으로 떠오르고 있다.

유미노 심장 클리닉에서 한 해 동안 환자 집으로 찾아간 왕진 건수는 2만 건이 넘는다. 이 병원에는 방문 진료를 하는 전문의와 더불어 간호사, 물리치료사, 영양사 등 다양한 분야의 전문가들이 함께 팀을 구성해 환자의 질병 관리와 생활 전반을 종합적으로 지원하고 있다. 최근 일본에서는 신경과, 재활의학과, 정형외과 등 다양한 진료과에서도 방문 진료를 실시하면서, '병원'이 아닌 '집'을 중심으로 한 새로운 의료 시스템을 갖춘 병원들이 증가하는 추세다.

시골 마을의 고령 환자들을 위한 의료진의 고민들

일본 지방 의료에도 변화의 바람이 불고 있다. 시코쿠 지역의 에히메현에 위치한 어촌마을 타와라즈는 인구가 1,100명에 불과하지만, 고령화율은 무려 46.2퍼센트에 달한다. 인구 유입은 거의 없고 한 해 50명 이상의 노인이 사망하면서 빈집도 늘어가는 실정이다. 지난 10년간 급격한 고령화와 인구 감소가 동시에 진행되면서, 지역진료소의 적자가 2012년 기준 3천만 엔에 달하며 한때 폐쇄 위기까지 몰렸다. 만약 진료소가 문을 닫게 되면, 마을 주민들은 100킬로미터나 떨어진 현청 소재지 마쓰야마시에 있는 병원으로 가야 한다. 이런 상황 속에서 한 민간의료법인이 지역 진료소를 인수했고, 지자체에서는 지원책을 마련했다. 기존의 지역 진료소는 환자의 집을 찾아가는 '방문 진료'와 '재택의료'를 제공할 수 있는 새로운 형태의 병원으로 탈바꿈했다. 시골 마을의 유일한 병원이 없어지는 것을 우려한 의료법인 유노모리의 이사장이 '인생의 마지막까지 계속해서 살 수 있는 마을'을 실현하기 위해 진료소를 인수해 지속 가능한 의료 시스템으로 바꾼 것이다.

원래대로라면 한 명의 의사가 이 벽지 진료소에 상주해야 하지만, 에히메현은 정책적으로 조율하여 의사의 교대 근무가 가능하도록 했다. 요일별로 근무가 정해진 의사들은 매일 100킬로미터 떨어진 현청 소재지 마쓰야마에서 어촌마을 타와라즈로 이동한다. 이들은 오전에 진료소에서 외래 진료를 하고, 오후에는 간호사와 함께 방문 진료를 한다. 진료가 끝난 뒤에는 지역에서 마련한 숙소에 하룻밤을 묵고, 이튿날 아침에 다음 담당의사와 교대를 한다. 이러한 방식은 시골 마을에서도 안정적이고 지속적인 의료 서비스를 제공할 수 있는 기반을 마련해주었다. 또한 의사 두 명이 교대로 근무함으로써 주민들은 전문 분야별 진료를 받을 수 있는 기회도 얻게 되었다. 이처럼 의료진 교대 시스템과 방문 진료를 결합한 지속 가능한 의료 서비스 덕분에, 마을 주민들은 24시간 언제든지 필요한 진료를 받을 수 있다.

10년 전부터 에히메현의 농어촌 벽지에서 방문 진료를 해오고 있는 나가이 원장은 시골 지역 의료의 한계에 대해 깊은 고민을 안고 있었다.

"매년 이 마을에서 50명에서 60여 명의 노인이 돌아가십니다. 인구 감소는 이미 피할 수 없는 현실이라고 생각합니다. 이런 상황에서는 한 명의 의사가 특정 지역에 계속 상주하는 방식이 아닌, 여러 지역을 순회하며 진료하는 등 다양한 아이디어를 모색할 필요가 있습니다."

어촌마을 타와라즈에서 방문 진료를 하는 나가이 원장.

방문 진료를 위해 움직이는 인원은 단 두 명뿐이다. 진료소가 있는 곳에서 어촌마을 타와라즈까지는 차를 타고 30분 이상을 이동해야 한다. 주치의와 간호사가 최소한의 의료기구를 가지고 왕진을 시작한다. 나가이 원장은 진료소까지 올 수 없는 고령자를 위해 하루에 8~10건의 재택진료를 하고 있다. 나가이 원장은 87세의 환자를 진료한 후 앞으로 전개될 상황에 대해 전했다.

"이 환자분은 오랫동안 약 먹는 것을 잊어버리셨는데 치매가 생겼기 때문입니다. 앞으로 더욱 악화가 될 겁니다. 혼자서 지내고 계시니까요. 이제부터는 요양보호사와 협력하고, 노인요양보험과 연계된 사회복지사와 함께 환자 상태가 더 악화되었을 때 어떤 조치를 할지를 판단하고 결정해야 합니다."

인구 1,100명에 불과한 시골 마을에서 의료 한계를 극복하기 위한 의료진의 고민은 계속되고 있다. 지난 20년간 일본에서는 재택의료의 수요가 두 배 이상 증가했으며, 방문 간호 등 재택의료 서비스를 제공하는 민간 의료시설도 빠르게 늘어나고 있다. 방문 진료는 환자들이 비교적 적은 비용으로 의료 서비스를 받을 수 있도록 해주며, 일본 사회 전체의 의료비 절감에도 기여하고 있다.

특히 중증 환자가 병원이 아닌 익숙한 자택에서 요양과 간호를 받을 수 있기 때문에, 환자 가족들로서는 마지막 순간까지 보다 편안하게 환자를 돌볼 수 있는 환경이 마련된다.

선진국 중 가장 먼저 초고령화 사회에 진입한 일본에서, 고령자 의료 문제를 둘러싼 긴 싸움은 이제 막 시작된 것일지도 모른다.

12장

대전환의 항로에 서다

다문화 사회로의
전환

    고질적인 저출산의 여파로 일본 기업들의 인력난이 심화하고 있는 가운데, 과거에는 대학 졸업자에게 취업 우선순위에서 밀렸던 고졸자들의 입사 기회가 10년 전부터 꾸준히 증가하고 있다. 일본 후생노동성 자료에 따르면, 고졸자 한 명당 일자리 비율은 2013년 1.56배에서 2014년에는 신입 고졸자만으로도 1.80배로 늘었다. 기업들이 고졸자를 조기에 선점하려는 인력 경쟁에 나서면서, 과거에는 단순 작업이나 육체노동에 그쳤던 고졸 직원들의 회사 내 역할도 달라지고 있다. 특히 IT 업계에서도 대졸자가 아니면 입사하기 어려웠던 과거와 달리, 디지털 네이티브digital native 세대인 고졸자들에게 입사 제안을 하는 사례가 늘고 있다. 이들은 디지털 환경에 익숙하고 업무 적응력이 빠르다고 평가받고 있다. 투자와 소비가 회복되면서 기업들이 서서히 고용을 늘리고 있는 가운데, 대졸자를 넘어 고졸자에게까지 눈독을 들일 정도로 인재 확보가 어려워지고 있는 것이다.

그러나 무엇보다도 일손 부족의 가장 큰 원인은 생산 가능 인구가 급감하고 65세 이상의 고령자 비율이 빠르게 늘면서 경제활동 인구가 줄어들었기 때문이다. 인구 구조변화와 더불어 대부분의 산업분야에서 노동력 부족 현상이 심각해지고 있다. 특히 제조업, 농업, 서비스업 그리고 간병업 등에서 심각한 일손 부족 문제가 현실로 나타나기 시작했다. 이러한 노동력 부족 문제를 해결하기 위해 일본이 꺼내든 카드는 외국인 노동자를 적극적으로 받아들이는 것이다. 일본은 전통적으로 외국인 노동자 수용에 보수적이고 신중한 입장을 유지해왔으나, 외국인 노동자 이주를 적극적으로 허용하지 않으면 노동력 부족 문제를 해결할 수 없는 상황에 이르게 된 것이다.

도쿄 시내에서 종종 만나는 외국인 택시 기사

일본 정부는 인력 부족 문제를 해결하기 위해 다양한 정책을 추진하면서, 2019년 외국인 노동자 유입을 확대하기 위해 '특정 기술 비자' 제도를 새롭게 도입했다. 이 제도는 일정한 기술을 보유한 외국인에게 특별 비자를 발급하여 일본에서 일정 기간 일할 수 있는 기회를 제공하는 것이다. 특히 건설업, 간호업, 숙박업, 농업 등 인력이 부족한 분야에 초점을 맞추고 있다. '특정 기술 1호' 비자는 5년까지 체류가 가능하고,

'특정 기술 2호' 비자 소지자는 일정 조건을 충족하면 영주권을 신청할 수 있는 자격이 부여된다.

전통적으로 단일민족 국가로서 외국인에 대한 배척과 차별 분위기가 강했던 일본이 외국인 노동자에게 영주권을 부여하는 정책을 적극 추진하고 있다는 점은, 자국의 노동력 부족 문제가 얼마나 심각한지를 단적으로 보여준다.

건설업, 제조업, 농업, 그리고 요양산업 등 저임금의 노동력이 절실히 필요한 현장에서 외국인 노동자들은 이러한 수요를 채우는 중요한 역할을 하고 있다. 일본 정부도 외국인에 대한 차별과 배척의 문화에서 벗어나 일본에 정착한 외국인들이 장기적으로 사회에 기여할 수 있도록 정책적 지원과 제도 개선에 힘쓰고 있다.

최근 일본에서 인력 부족으로 외국인을 적극적으로 받아들이기 시작한 분야 중 하나가 운수업이다. 일본의 택시 운전기사 숫자는 2005년 약 40만 명이었다. 이 숫자가 꾸준히 줄어들어 2023년에는 23만여 명으로 감소했다. 이러한 운전기사 부족 상황에서 대형 택시회사 히노마루는 2017년부터 외국인 운전기사를 적극적으로 채용하기 시작했다. 현재 이 회사에는 80명이 넘는 외국인이 운전기사로 재직 중이다. 인력 부족 실태와 일본에 적응하며 일하는 외국인 노동자들의 이야기를 직접 듣기 위해 택시회사 히노마루의 도쿄 지사를 찾았다.

케냐 출신의 택시 운전기사 와루잉게 톰 키마니를 만난 것은 2023년 11월 말, 이른 새벽이었다. 택시 기사들은 회사에 출근하면 가장 먼저 음주 여부를 확인하는 절차를 거친다. 알코올 측정기로 여러 차례 검사를 받은 뒤 테스트를 통과하면, 결과를 출력해 기록으로 남기고 차량

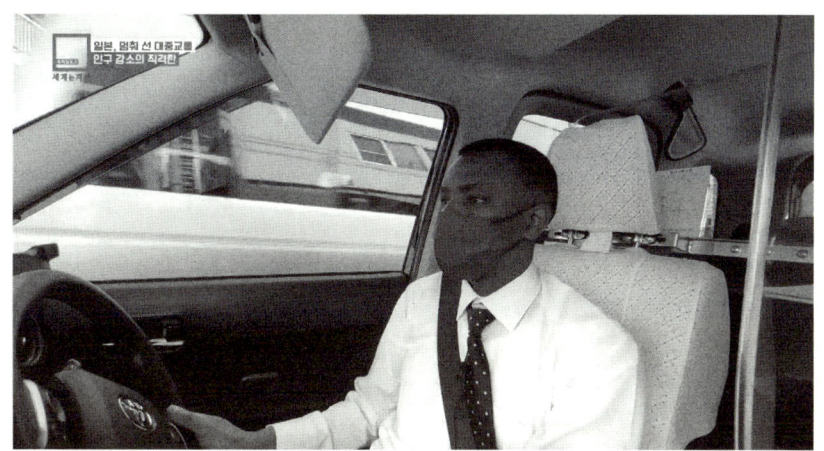
케냐 출신 택시 운전기사 와루잉게.

키를 건네받는다. 차량의 외관과 내부를 점검한 뒤에는 곧바로 영업에 나선다. 와루잉게는 일본인 여성과 결혼해 영주권을 취득한 뒤, 1년 전부터 택시 운전을 시작했다고 한다.

"우리 택시회사에는 미국, 프랑스, 태국, 중국 등 다양한 나라 출신 외국인 기사들이 많이 있습니다. 지금도 택시 기사가 부족한 상황입니다. 일이 힘든 데 비해 급여 수준은 높지 않다 보니, 일본인들이 선호하지 않는 일자리 중 하나입니다. 일본인 기사들도 나이가 들면 은퇴하지만 이를 대체할 인력이 충분히 확보되지 않아 전체 운전기사 수는 점점 줄고 있습니다. 최근 외국인 관광객이 크게 늘면서 택시 수요는 많은데, 회사 입장에서는 고민이 클 수밖에 없죠. 일본인 기사는 줄어드는 반면, 외국인이 택시 운전면허를 취득하려면 까다로운 시험을 거쳐야 하고 시간도 오래 걸리거든요."

일본에서 외국인이 택시 운전을 하기 위해서는 기본적으로 영주권을 취득해야 한다. 영주권을 받은 후에는 택시 영업에 필요한 2종 운전면허를 취득해야 한다. 면허 취득 후 연수를 거쳐 업무를 시작하기까지 평균 11주가 걸린다. 전통적으로 보수적인 일본 사회가 교통 기반 시설의 한 축인 택시 운전을 외국인에게 맡길 정도로, 택시 업계는 만성적인 인력난에 시달리고 있다. 인구 감소 여파가 이어지며 버스와 트럭 운송업체들도 규제를 완화해 외국인 운전자의 채용을 정부에 요청하는 상황이다.

이민자 유입, 문화와 경제를 풍요롭게 하다

일본에 유입된 이민자들은 납세 의무를 성실히 이행하며 일본의 소비시장과 노동시장에 실질적으로 중요한 역할을 하고 있다. 소비자로서 내수 시장을 활성화하고, 노동력 부족을 해소하는 데 기여하며, 장기적으로는 경기 회복과 경제성장에 긍정적인 영향을 미치고 있다. 특히 고령화가 심화되는 일본 사회에서 부족한 노동력을 보완하는 데 젊은 이민자의 유입은 필수적인 요소로 작용하고 있다. 취업을 위해 일본 영주권을 취득하거나 일본으로 이주하는 외국인의 숫자가 늘면서 단일민족 사회를 이루어왔던 일본이 다문화 사회로 이행하는 초입에 들어서고 있다. 한편, 일본 사회 내부에서는 외국인과 외국 문화의 유입이 자국에 가져올 변화에 대해 불안과 두려움을 느끼는 목소리도 존재한다.

유럽 사회가 이민자들을 받아들이며 지난 10년간 겪은 변화를 바라

보며 일본의 고민도 깊어지고 있다. 유럽은 10년 전부터 외국 노동자와 난민을 적극적으로 받아들이기 시작했고 그 결과 사회 전반에 큰 변동이 일어났다. 일부 유럽 국가에서는 민족주의와 반이민 운동이 급속히 확산되었으며, 이민자 수가 급증하면서 일부 유럽의 국민들은 경제적·문화적 불안감을 느끼고 이민에 반대하는 목소리를 높였다. 극우 성향의 정당들이 성장하며 이민자 반대 및 국경 통제를 강화하라는 목소리도 커졌다. 일본에서도 일부 극우단체들이 외국인과 이민자에 대한 차별과 혐오 표현을 이어가며, 이민 정책에 반대하는 목소리와 움직임을 보이고 있다. 대표적으로 사이타마현 가와구치시에서 쿠르드족 난민에 대한 혐오와 차별 행위, 가나가와현 가와사키시에서 재일 한국인에 대한 혐오와 차별 등이 그것이다.

실제로 외국인 노동자의 수가 더욱 늘어남에 따라, 점점 보수화하고 우경화하는 일본 사회에 어떤 영향을 미칠지에 대해서는 사회 전반의 이목이 집중되고 있다.

일본 사회는 앞으로 이민자와 난민 수용에 대해 중대한 결정을 내려야 할 시점을 맞이하고 있다. 인구 고령화와 만성적인 노동력 부족 문제를 해결하기 위해 이민자의 역할은 더욱 커질 전망이다. 따라서 이민자들을 단순히 배척하거나 경계의 대상으로 보는 인식을 넘어서, 이들의 사회적 통합을 지원하고 경제적 기여를 극대화할 수 있는 정책적 노력이 필요하다. 이민자들이 일본 사회에 원활히 정착하고, 문화적 갈등을 최소화하려면 교육과 직업 훈련 기회를 균등하게 제공하는 것이 중요하다. 서로 다른 문화적 배경을 가진 사람들이 이해와 협력을 바탕으로 공존할 수 있도록 지속적인 합의의 과정을 거치는 것도 필요하다.

유럽에서 지난 10년간 이민자와 난민 수용이 사회·경제·정치 전반에 큰 변화와 혼란을 불러일으킨 바 있다. 일본 사회도 산업 유지와 지역사회 지속을 위해 외국인 노동력에 대한 의존도가 점점 높아지고 있는 상황에서, 장기적인 관점에서 이러한 변화를 수용하고 대비해 나갈 필요가 있다.

앞으로 일본이 해결해야 할 주요 과제는 이민자와 난민의 역할을 긍정적으로 인식하고, 이들이 사회에 원활히 통합될 수 있도록 돕는 제도적 기반과 정책을 마련하는 일일 것이다.

인생학교에서 배운 지혜

1월 중순, 홋카이도는 가장 혹독하면서도 가장 아름다운 설경이 펼쳐진다. 끝없이 이어진 평원은 하얀 눈으로 뒤덮이고 바다에는 유빙流氷이 찾아오며 맑고 높은 하늘 아래 고요한 겨울 풍경이 펼쳐진다. 취재진이 방문한 아사히카와시 히가시카와초는 홋카이도 중서부에 위치한 작은 마을로, 홋카이도에서 가장 큰 산인 대설산大雪山과 30킬로미터 가량 떨어져 있다.

이 시골 마을을 찾은 이유는, 일본 전국에서도 드물게 청년 인구와 젊은 육아 세대가 증가하고 있기 때문이다. 아사히카와시 일대는 '홋카이도의 지붕'이라 불릴 만큼 광활하고 웅장한 평원과 산악지대를 아우르는 지역이다. 동시에 이곳은 홋카이도의 대표적인 농촌 지역으로, 고령화와 인구 감소 문제가 두드러진 곳이기도 하다. 그렇다면 청년들은 왜 이런 지역을 선택하는 것일까? 젊은 육아 세대가 대도시의 교육환경을 뒤로 하고 자연 속의 시골 마을로 이주하는 이유는 무엇일까? 이 두 가지 질문에 대한 답을 구하기 위해 '지역살리기협력대' 활동을 하고 있는 청년들을 만났다.

청년과 육아 세대가 늘어나는 마을의 비결

기온이 영하 7도에 가까운 1월 중순 오전, 히가시카와초 마을의 지역문화센터를 방문했다. 이곳에서는 10주간 진행되는 '인생학교' 프로그램이 운영되고 있다. 참가자들은 프로그램 기간 동안 히가시카와초를 탐방하며 마을 곳곳을 살펴보고, 이 마을에서 할 수 있는 다양한 활동을 체험할 수 있는 기회를 갖는다. 지난 2년간 100명 넘게 '인생학교'에 참여했으며, 프로그램이 끝난 후에도 히가시카와초에 남아 마을의 일을 돕는 '지역살리기협력대' 활동에 참여하는 이들도 적지 않다.

'인생학교' 프로그램을 운영하는 야스이 사키 씨는 게이오대학교를 졸업하고 민간 교육 컨설팅 회사에서 일하다 회사를 그만두고 홋카이도에서 새로운 삶을 시작했다. 친구이자 동료인 토오마타 카오리와 함께 2020년 4월 히가시카와초로 이주해 지역사회 활성화와 성인 교육을 목표로 하는 회사 Compath를 설립했다. 이 회사에서는 같은 해 7월부터 덴마크의 포크 하이 스콜레Folkehøjskole, Folk High School를 모델로 삼아 성인들을 대상으로 '인생학교'를 운영하고 있다.

인생학교를 통해 마을의 매력을 알리는 야스이 사키(위)와 히가시카와초 마을의 모습(아래).

"저희 '인생학교'는 지친 사람들이 회복할 수 있는 공간이자, 삶의 방향을 잃은 이들이 잠시 머무는 산장의 난로 같은 역할을 하는 곳입니다. 주로 도시에서 지친 30~40대 직장인이나 인생 전환기를 고민하는 청년 또는 중년들이 많이 찾아오죠. 새로운 지역과 삶을 체험하고 싶은 이들도 있고요. 시험이나 점수, 경쟁이 없는 환경에서 다양한 연령대가 함께 생활하며 서로 배우는 공간입니다. 잠시 자신의 삶을 멈추고 함께 생각하며 삶의 방향을 다시 설정하는 시간을 가지죠. 함께 식사하고 대화하며, 자연 속에서 산책하고 사색하면서 어떻게 살아갈지에 대해 각자 그리고 함께 고민합니다."

또한 그녀는 히가시카와초의 '지역살리기협력대' 활동도 병행하며, '인생학교'를 통해 다른 지역 사람들을 이곳으로 초대해 마을의 매력을 알리는 일을 하고 있다.

대학 졸업 후 사회생활을 시작한 야스이와 토오마타 씨는 도시 중심의 일과 삶에 회의를 느껴 삶의 방향을 다시 찾을 수 있는 공간에 대해 고민하기 시작했다. 그러던 중 자신을 돌아보고 타인과 관계를 맺으며 앞으로 나아갈 수 있는 '인생의 리셋' 공간으로서, 주민과 농가 그리고 장인들이 함께 교류하며 살아가는 홋카이도 아사히카와시 히가시카와초에 주목하게 되었다. 이들은 히가시카와초의 지역살리기협력대에 자원하여 지역에서 급여를 받으며 '인생학교'를 통해 지역 활성화를 위한 다양한 활동을 전개하기 시작했다.

지난 20년간 홋카이도의 인구는 약 5.5퍼센트 감소했지만, 히가시카와초 마을의 인구는 완만하면서도 꾸준히 증가하는 추세를 보이고 있다. 2000년대 초반 약 7,500명이던 인구는 2010년대 중반 8,000명을 넘었고, 2023년에는 약 9,000명까지 늘어났다. 주민의 이주를 담당하는 히가시카와초 세무정주과의 요시하라 노리하루 과장을 만나 마을에서 펼치고 있는 이주 지원정책에 대해 들어보았다.

"우리 마을에서는 육아 세대를 위한 정책 지원에 힘을 쏟고 있습니다. 육아 환경 조성에 마을 전체가 노력하고 있죠. 또한 이주 관련 투어와 이주 체험회도 개최해서 적극적으로 주민 유치에 나서고 있습니다. 2022년에는 이주 투어 프로그램에 스물세 가족이 참여했고, 그중 일곱 가족이 실제로 히가시카와초로 이주를 결정했습니다. 우리 마을은 이주 희망자들을 위해 월세 2만 5천 엔에 최대 1년간 임대주택을 제공하고 있습니다. 이주 예정자들은 이 임대주택에서 1년간 생활하면서 집도 알아보고 일자리와 직장도 찾을 수 있습니다."

히가시카와초에서는 넓은 부지를 갖춘 초등학교를 신설하는 한편, 창업하는 세대에게는 최대 100만 엔 한도로 보조금을 지원하고 있다. 이주 담당 부서에서는 정기적으로 이주 예정자들을 방문해 상담을 진행하며, 새로운 이주자들의 지역 적응 과정을 돕고 있다. 이와 같은 다양한 지원책 덕분에 육아 세대의 전입이 늘어나고 젊은 층의 유입도 꾸준히 이어지고 있다.

사람이 사람을 부르다

취재를 위해 히가시카와초를 방문했을 때 마침 이주 체험 프로그램에 참가한 지 3개월이 되어가는 한 가족을 만날 수 있었다. 마에자와 지로 씨는 도쿄에서 IT 관련 일을 하면서 히가시카와초로의 이주를 준비 중인 예정자로, 당시 도쿄에서 원격 근무를 하며 창업을 준비하고 있었다. 마에자와 가족은 3개월간의 이주 체험 기간 동안 아이를 초등학교에 보내며 생활해본 후, 이곳에 정착하기로 결정했다. 전원생활을 통해 삶의 여유를 찾고자 하는 육아 세대에게 히가시카와초의 다양한 지원책이 큰 매력으로 다가온 것이다. 임대주택은 약 80제곱미터 넓이로, 냉장고와 세탁기 등 기본적인 생활 가전이 갖춰져 있다. 남편과 함께 초등학교 1학년 딸을 키우는 마에자와 씨는, 앞으로 6년간의 초등학교 과정은 홋카이도의 자연 속에서 보내게 할 계획이다.

"이주 체험 프로그램 덕분에 직접 생활해보고 결정할 수 있어 정말 좋았습니다. 딸이 자라고 어른이 되면 취업 등 여러 면에서 도쿄가 더 나을 수도 있다고 생각하지만, 초등학교 6년 동안 아이의 성장을 생각하면 홋카이도의 자연 속에서 배우는 교육만큼 좋은 환경은 없다고 남편과 함께 이야기했어요."

게이오대학교의 타마무라 마사토시 교수는 젊은 세대와 육아 세대가 꾸준히 이주하며 인구가 증가하고 있는 히가시카와초에 주목해, 오랜 기간 이 마을에 관한 연구를 하고 있다. 그는 지자체가 이주를 촉진하기 위해 펼치는 노력을 높이 평가했다.

"히가시카와초 마을 주민센터의 담당자들은 주민들이 인생의 각 시기에 무엇이 중요한지 깊이 고민하고, 필요한 것을 정확히 파악해 맞춤형 정책을 설계하고 있습니다. 이주와 육아 등에 대해 다양한 지원책을 세심하게 마련해, 그런 프로그램을 경험한 사람들이 다시 이주해 오는 선순환이 이루어지는 것이죠. 또한 '지역살리기협력대' 대원들을 꾸준히 모집해 마을과 연계된 일자리를 제공하는 것도 큰 역할을 하고 있습니다."

인구 감소의 시대에 역설적으로 히가시카와초에서는 세심한 정책을 통해 '사람이 사람을 부르는' 선순환 구조를 만들어가고 있었다. 대도시의 바쁜 일상, 높은 물가, 치열한 경쟁을 벗어나 대자연이 펼쳐진 홋카이도 히가시카와초에 둥지를 튼 청년세대와 젊은 육아 세대가 늘어나고 있다. 이들의 이주를 지원하는 다양한 프로그램과 지역살리기협력대의 활발한 활동 덕분에 히가시카와초의 경제와 문화는 점차 활성화되고 있다. 지방소멸의 그림자가 짙어지는 일본의 다른 지역과 달리, 미래 세대에 대한 장기적인 관심과 지원이 홋카이도 변방의 작은 시골 마을을 활기차게 만들고 있는 것이다.

선택의 기로에 선 일본

　1980년대 말 거품 붕괴 이후, 일본 사회는 오랫동안 '잃어버린 30년'이라 불리는 경기 침체기를 겪었고, 아직도 긴 침체의 터널을 빠져나오지 못하고 있다. 긴 세월을 지나며 경제성장의 신화는 깨졌고, 청년들은 부모 세대가 누렸던 삶을 다시 누릴 수 있다는 기대마저 사라졌다. 일본의 청년들은 자신만의 꿈을 적극적으로 표현하고 성취하려는 의지를 점차 잃어가고 있다. 대신 자신이 가진 것을 지키고자 하며, 안정적인 삶을 추구하는 경향이 커지고 있다. 그러나 '안정적인 삶'이라는 말조차 더 이상 보편적인 미래의 목표가 아니라, 실패를 피하고자 하는 방어적 선택지로 변질된 상황이다.

　지금의 일본 청년들은 성장의 사다리가 부서진 사회 속에서 위로 올라가는 대신 가만히 멈춰서 움직이지 않는 방법을 찾고 있다. 이것이 현재 일본 청년들이 처한 현실이다. 일본 사회는 더 이상 '노력하면 보상을 받는다'는 믿음을 주지 못하고 있다. 대신 청년들에게 남은 것은 불안정한 고용, 과중한 경쟁, 그리고 불확실한 미래뿐이다. 이런 상황에서 일부 청년들은 소확행을 추구하며 욕심을 줄이고 소비를 자제하는 삶을 선택했고, 또 다른 일부는 새로운 기회를 찾아 일본을 떠나기 시작했다.

청년 없이는 미래도 없다

청년들이 프리터나 아르바이트를 전전하는 이유는 단순히 자유로운 삶을 추구해서가 아니라, 조직과 계약이 요구하는 사회적 구속과 과도한 책임을 감당하는 데 거부감을 느끼기 때문이다. 이들은 오히려 불안정한 고용 환경 속에서 최소한의 자율성과 삶의 통제권을 지키려 애쓴다. 오늘날 일본의 청년들은 더 이상 전통적인 성공 경로를 따르지 않는다. 무기력하게 목표 없이 살아가는 것이 아니라, 목표를 세운다 해도 그것이 실현되기 어렵다는 현실 앞에서 의도적 회피를 선택하는 것이다. 이는 단순히 '게으름'이나 '의지 부족'으로 치부할 수 없는, 구조적이고 현실적인 문제라고 할 수 있다.

청년들은 실패를 피하기 위해 스스로 욕망을 포기하는 선택을 하고 있다. 집을 사지 않고, 차를 소유하지 않으며, 결혼과 출산을 미루거나 포기하는 현상은 개인의 문제가 아니라 일본 젊은 세대 전반에 만연한 사회적 분위기다. 장인정신으로 대대로 이어온 가업에 대한 의식도 점차 희미해지며, 자신의 행복과 인생 목표를 우선시하는 가치관이 생겨나고 있다. 이러한 가치관의 변화와 사회·경제적 구조의 변화 속에서 일본은 미래 세대를 위한 새로운 사회 설계를 고민해야 하는 시점에 와 있다.

지금의 일본 사회는 고령층 중심의 사회·경제적 시스템이 고착화되어 있다. 연금, 의료, 지역 정치 참여 등 기존 시스템은 기성세대가 설계하고 유지해온 것이다. 이를 지탱하는 젊은 인구는 줄고 있는데, 혜택을 받는 고령 인구는 계속 증가하는 모순적인 구조가 고착화되고 있다. 결혼, 출산, 창업, 소비 등 경제활동의 핵심 동력인 청년세대에 대한 배려와 고려가 현 시스템에는 적극적으로 반영되지 않고 있다. 이러한 현실 속에서 일본은 이 구조의 지속 가능성에 심각한 문제를 제기하고, 근본적인 전환을 모색해야 하는 한계 상황에 직면한 것이다.

해결의 출발점은 청년을 단순히 지원 대상이 아닌, 함께 미래를 설계할 주체로 존중하는 데 있다. 또한 고령층과 청년세대 간의 대립이나 갈등이 아닌, 세대 간 연대와 자원의 재분배가 필요한 시점이다. 단기적인 재정 지원에 그치지 않고 정책 패러다임을 전환하여 청년세대가 장기적인 관점으로 주체성을 갖고 스스로의 미래를 설계할 수 있도록, 자기 결정권과 도전의 기회를 돌려주는 경제·사회 시스템 설계가 절실하다.

홋카이도의 히가시카와초, 오카야마현의 나기초, 와카야마현 타나베시에서 만난 청년들의 삶은 단순한 지방 정착을 넘어, 일본 사회 전체가 직면한 구조적 질문에 대한 대안을 제시하고 있었다. 누구도 주목하지 않던 마을에 사람들이 모이고, 떠났던 청년들이 다시 돌아오는 현상은 결코 우연이 아니다. 홋카이도 히가시카와초, 와카야마현 타나베시에 모인 청년들은 단순히 정착에 그치지 않고 배우며 스스로 일자리를 만들고, 지역에 기여하면서 자율성과 공동체성이 조화를 이루는 실험적 생태계를 만들어가고 있다.

한편, 시드니와 하노이에서 만난 일본 청년들은 워킹홀리데이를 통해 자신의 삶을 개척하고 자신의 꿈을 찾아 해외 무대에 도전하고 있었다. 이는 청년 중심 사회로 패러다임을 대전환해야 한다는 중요성을 여실히 보여주었다.

지자체의 지역살리기협력대 사례에서 알 수 있듯이, 행정 주도의 일방적인 정책이 아니라, 지역에 거주하는 청년들이 직접 기획과 운영에 참여할 수 있는 자치 기반을 확대하는 일이 무엇보다 중요하다. 홋카이도 히가시카와초나 와카야마현 타나베시의 청년들은 우리에게, 청년들이 단순히 '살아가는' 공간이 아닌, 청년들을 '살리는' 공간으로 어떻게 전환될 수 있는지 그 가능성을 보여주고 있다.

'청년을 위한'이 아니라 '청년과 함께' 만드는 사회로의 전환

일본은 지금 인구 구조와 경제 구조의 균형이 무너진 채 전례 없는 초고령화 사회에 접어들었다. 노동력의 중심이 빠르게 줄어드는 상황에서, 청년세대는 불안정한 고용, 높은 생활비, 공동체와의 단절 속에서 미래를 준비할 기회조차 잃고 흩어지고 있다. 일본을 떠나 다른 나라에서 삶의 가능성을 찾고 있는 청년들의 이탈을 막기 위해 일본은 과감한 사회적 전환에 나서야 한다. 단순히 일자리를 제공하는 데 그치지 않고, 청년이 자신의 삶을 주도적으로 설계할 수 있도록 시간과 공간 그리고 자율성을 보장해야 한다. 이를 위해 주거, 교육, 돌봄, 창업 등 전 영역에 걸쳐 청년 친화적인 인프라를 재구축하고, 실수와 실패를 포용할 수 있는 사회적 구조를 마련해야 한다. 과거 일부 지자체에서는 청년 유입을 장려하며 창업 지원금을 일시적으로 지급했지만, 장기적인 정착을 위한 지원 시스템이 뒷받침되지 않아 상당수가 1~2년 내 지역을 떠났다. 실패를 낙오로 간주하는 문화 속에서 청년들은 재도전의 기회를 얻지 못했고, 결국 정책은 단발성 성과에 그쳤다. 반면, 오카야마현 나기초에서는 청년 창업자들이 실패를 겪은 이후에도 지역 커뮤니티와 행정이 함께 멘토링과 재도전 기회를 제공했다. 그러자 일부는 두 번째 시도에서 성공적으로 사업을 정착시키는 성과를 냈다. 실패를 받아들이고 이를 성장의 디딤돌로 삼는 문화는 청년들의 자율성과 창의성을 끌어내는 핵심 기반이며, 이는 일본 사회가 청년과 '함께' 나아가기 위해 반드시 구축해야 할 사회적 자산임을 보여준 것이다.

청년이 살아갈 수 있는 사회는 결국 모두가 함께 지속 가능한 미래를 만들어가는 기반이 된다. 이는 단지 청년만을 위한 정책이 아니라, 일본 사회 전체의 존속과 발전을 위한 핵심 전략이다. 이제 일본은 선택의 기로에 서있다. 청년이 삶의 무게를 견딜 수 있도록 고령층 중심으로 구축된 경제질서와 자원배분 구조를 재편하고, 청년에게 경제적·사회적 혜택이 돌아가는 시스템을 설계해야 한다. 도시에서 지방으로, 제

미래 세대를 위한 대전환의 갈림길에 선 일본 사회.

도적 통제와 주입 중심에서 참여와 상생 중심으로, 그리고 과거 중심에서 미래 세대를 위한 구조로 전환하는 것, 그것이 일본이 나아가야 할 새로운 출발점이다.

지금 일본 사회는 대전환의 갈림길에 서있다. 미래의 지분을 가진 다음 세대를 삶의 주체로 인정하고, 과감한 선택을 해야 한다. 미래에 대한 희망을 잃고 일본을 떠나는 청년들의 현실을 직시하지 않는다면, 청년들이 몸과 마음을 붙일 수 있는 공간은 점점 더 사라질 수밖에 없다. 일본 경제의 활로는 '청년을 위한 경제'가 아니라, '청년과 함께 만들어 가는 경제'일 때 비로소 열릴 것이다. 청년의 가능성은 일본 사회가 지속 가능한 미래로 나아가는 가장 강력한 자원임을 잊어서는 안 된다.

엑소더스 재팬

초판 1쇄 인쇄 2025년 7월 21일
초판 1쇄 발행 2025년 8월 5일

지은이 | 이성범

발행인 | 박재호
주간 | 김선경
편집팀 | 허지희
마케팅팀 | 김용범

표지 디자인 | 김형균
교정 | 구해진
종이 | 세종페이퍼
인쇄·제본 | 한영문화사

발행처 | 생각정원
출판신고 | 제25100-2011-000320호
주소 | 서울 마포구 양화로 156(동교동) LG팰리스 612-2호
전화 | 02-334-7932 팩스 | 02-334-7933
전자우편 | 3347932@gmail.com

ⓒ 이성범 2025

ISBN 979-11-93811-56-6 (03300)

- 이 책은 저작권법에 따라 보호받는 저작물이므로 무단 전재와 복제를 금지합니다.
  책의 일부 또는 전부를 이용하려면 저작권자와 생각정원의 동의를 받아야 합니다.
- 잘못된 책은 구입하신 곳에서 바꿔드리며, 책값은 뒤표지에 있습니다.